Letters to Lily

给莉莉的信

关于世界之道

〔英〕艾伦·麦克法兰 著
管可秾 严潇潇 译

商务印书馆
The Commercial Press

Alan Macfarlane
LETTERS TO LILY

Copyright© 2005 by Alan Macfarlane.Chinese (Simplified Characters) Trade paperback copyright© 2006 by The Commercial Press.The Simplified Chinese Characters Edition arranged by Profile Books Ltd.through Andrew Nurnberg Associates International Ltd.

All Rights Reserved

本书中文简体字版根据普罗菲尔图书出版公司2005年英文版译出

致中国读者

很荣幸,能向你和广大中国读者介绍我所著《给莉莉的信——关于世界之道》及其中译本。

众所周知,当前中国正在经历有史以来任何文明未曾经历过的最大最快的变革。在仅仅一代人的时间内,中国取得了西方和日本花费了一百多年才完成的各项进展。一切改革,包括精神、文化、经济、法律、技术和科学领域的改革,都在同时同步进行,并影响着地球上五分之一人口的生活。中国的日日尝新,确实令每一个目睹者惊叹不置。

在这样的形势下,你和你的很多同胞自然希望能够深刻地理解中国的变化。而且,你一定尤其希望了解西欧和美国现状的由来,以及欧美社会的运作方式,因为许多现代理念和现代技术都发源于欧美世界。置身于一个瞬息万变的时期,我们很容易不知所措,很容易迷失某些深层的定律和趋势,而这些定律和趋势非常重要,它们决定了一切人类文明的运行之道。

莉莉是我的外孙女,一个英格兰女孩,假定年龄为十七八岁,正处于一个喜欢思索和提问的阶段,也面临着类似的困惑。因此,我给她写了一系列三十封信,力图向她清晰地铺陈历史的模式,阐释当代的文化。我的分析主要基于西方文明最近两千年所发生的情况,尤其基于英国的故事。但是,我在尼泊尔、日本和中国的多次访问和研究同样为我的分析提供了依据。所以,本书也能诉诸中国的"莉莉"和其他心怀好奇的人们。

"上帝是谁？"、"爱情是什么？"、"巫术是什么？"、"暴力是必要的吗？"当我探索诸如此类的问题时，我的答案背后是我三十年来作为历史学者和人类学者的经验。我一直教导我在剑桥大学的学生们，可以如何逼近这些问题的答案，现在我也愿意和你分享我的心得。

我的所有信件都含有一个基本理念，那就是，人类各文明的历史中确实存在常规的趋势或规律。例如，人口通常会迅速增长，不平等通常会加剧，既成体系通常会封闭，战争通常会变得更富侵略性。我试图站在孟德斯鸠、马克斯·韦伯等哲学与社会学巨擘的肩膀上解释这些趋势。一旦你理解了究竟是什么潮流在裹我们向前，那么你将能更加自如地弄潮其中，躲开旋涡，回避礁石，让自己不致没顶和受害。这些信告诉我们，实际上存在多种选择，我们完全可以选择最佳方案，而规避最糟的趋势。选择，再加上机遇，确曾在某些国家或某些时代引导人类走向进步。

依我之见，中国人在 21 世纪很可能再次成为世界文明的主导力量。因此，更新和保存他们在历史长河中为世人贡献的高标准学术、艺术、手工艺等方面的成果，以及独创性、勤劳、和平共处等品质，是至为重要的。

倘若本书能帮你认识中国可以如何适应广大世界，以及中国与广大世界关系如何，我将非常高兴。如果本书能向你和你的同胞展现你们可以选取的一些生活方式，则它已经达到了写作的宗旨之一。我给莉莉写信，为的是让她比较容易进入一个飞速变化、从而令人惶惑的成人世界，对于你，本书也可以产生同样的效果。不言而喻，当我在武汉的一所中学和中国其他地方对中学生们谈起给莉莉的信时，他们立刻憬悟了这些问题的深层意义，并能迅速领会和欣赏我给出的答案。

本书目前正被翻译成九种语言，读者不限于西方人，也包括许多东亚人。在韩国，本书被推荐给青少年读者，甚至被推荐给中小学生的家长，以帮助他们解答孩子的问题。日本和中国台湾也出版了本书。因此你是国际读者群的一员，勤思好问的你和其他人一道，正在尝试认知所有那些影响了全人类的变化。

当前，人类生活在一个日益拥挤和濒危的世界，迫于这种情势，本书力图诚实而直接地思考我们面临的问题。它将向你解释家庭、社会、爱情、友谊的奥秘，它将向你介绍什么是权力和暴力、宗教和巫术、经济和现代通信、身体和头脑，等等。

已经读过本书的读者发现，这些信不仅提升了他们的认知，而且赋予他们更大的信心，使他们敢于直面貌似危险和混乱的大千世界。写作本书时，我心里容纳的是所有那些想问"为什么"的人，不论他们在中小学、大学，还是已经毕业。我们西方人大都对中国发生的事情兴趣盎然，并对中国的未来满怀憧憬。我的书，是我对世人瞩目的中国之发展的一个微薄奉献。我真心希望你喜欢它，也希望它能增进你对"世界之道"的理解。

艾伦·麦克法兰
2005年9月23日，于剑桥

献给莉莉,并蒙其允许
献给挚友格里·马丁

目 录

第一束信：这是些什么信？

1. 为什么给你写信？ 3
2. 你是谁？ 11

第二束信：爱与友谊

3. 为什么家人总难相处？ 27
4. 爱情是什么？ 41
5. 谁是我们的朋友？ 51
6. 为什么要玩游戏？ 61

第三束信：暴力与恐惧

7. 暴力是必要的吗？ 71
8. 战争是什么，我们为什么打仗？ 81
9. 巫术是什么？ 93
10. 恐怖分子是谁？ 103

第四束信：信仰与知识

11. 上帝是谁？ 115
12. 我们能控制神灵世界吗？ 127
13. 我们怎样学习？ 141

14 教育可以毁掉知识吗？ 151

第五束信：权力与秩序

15 民主运行良好吗？ 161
16 自由从何而来？ 173
17 为什么实行官僚制度 183
18 我们怎样伸张正义？ 195

第六束信：自我与他人

19 为什么世上有不平等？ 205
20 什么使我们成为个人？ 217
21 人们为什么辛勤劳作？ 227
22 我们的数字世界是怎样形成的？ 237

第七束信：生与死

23 增长有哪些局限？ 251
24 为什么有这么多人饿死？ 257
25 我们为什么生病？ 265
26 为什么要生孩子？ 273

第八束信：身体与头脑

27 什么使我们感觉愉快？ 283
28 性是什么，它对你有益吗？ 297
29 什么在控制我们的头脑？ 307
30 我们为什么在这里？ 319

译后记 329

第一束信

这是些什么信?

1

为什么给你写信?

亲爱的莉莉:

我们设想一下,如果有一位客人从某个遥远的星球前来探访,他会怎样看待人类历史呢?让我们远远地俯瞰人类历史的博物馆吧,而你,莉莉,就是其中的一个展品。

这位天外来客十有八九会断言,人类真是莫名其妙啊。他们明明只是动物,可他们好像自以为别具一格。他们拿不定主意,到底应该看重自己的精神还是肉体。他们也委决不下,到底应该看重自己的感官还是思想。他们自视不朽,而终于要死亡。他们自诩为造物主,却沦为许多其他物种的爪下牺牲。他们聪明绝顶,然而这份智慧只不过把他们引向愚行和无理取闹。他们自称是真理的唯一判官,却在谎言中度日。他们不乏仁爱之心,却不惜光阴地彼此仇恨、互相损害。

人类是合作的生物,然而他们也极其自私。他们有能力创造伟大的艺术,却把世界弄得丑陋而混乱。他们用种种神奇的技术创造了巨大的财富,但他们大多数生活在有辱尊严的贫困之中。他们热爱和平,却无止弗休地杀戮。他们竭力追求平等,却又发明和维持说不完道不尽的不平等,设置在阶级之间、教派之间、男女之间。他们鼓吹宽容和理解,却为了不同的信仰而相互折磨。

这位天外的观察家怕是免不了迷惘,只好点头叹道:"人类是悖论的化身,是矛盾的集成。"人类具有很大潜力,足能在地球上建立一种丰富的、美好的、成就斐然的生活,而实际上呢,他们却为自己和其他物种制造着不幸;这种潜质与现实之间的鸿沟,是尤其叫人迷惑不解的。

* * *

作为你的外祖父,我愿意帮助你理解这迷乱的和令人迷乱的世界。既然我不会永远留在这里,那就很有必要即刻为你留一些东西在纸上了。

我是一个历史学者和人类学者,终生都在努力理解世界之道。我已经写出了多种学术著作,但是我年纪越大,越喜欢尝试用更简单明了的方式,去解读和描绘更宏大的画幅。

我从一个特定的视角写作,那是一个年长的、白种的、英国的[①]、男性的学者的视角。然而我又希望我适度地逃离了这些藩篱,能够说出一些适用范围更广阔的道理。此外,我在为一个具体的人而写,那就是你,我的外孙女,一个英格兰女孩。你今年才七岁,不过我设想的是十年以后的你。话说回来,虽然这本书是专门为你写的,但我希望比你大或比你小的人,以及国籍和背景不同于你的人,对我所说的话也能心领神会。我愿西班牙人、法国人、俄罗斯人,还有中国人、日本人、印度人、美国人等等,能够将他们的体验同你的体验进行一番对比。

这些信是故意的急就章,而且我也没有参考多少书籍。我觉得最好直接根据我的经验畅所欲言,因此缺憾在所难免,有些观点还会引起你的质疑。这是一些私信,旨在告诉你我对一些问题的想法和感受。我毕生在欧洲和亚洲各国旅行,在剑桥大学教育了好几代学生,阅读并写作了很多有关历史与当代的书籍;我的一生便是这些信札的铺垫。

---

① British。原文中的 British 和 Britain,中译本在一般情况下分别译为"英国的"和"英国";原文中的 English 和 England,中译本分别译为"英格兰的"和"英格兰"。(本书注释均为译注)

我之能把我的想法容纳在一组短信内，那是因为，归根结底，全部信件的背后只隐藏着两个基本问题。第一个问题是：人类究竟是什么样的生物，他们的本质是残暴的还是仁爱的，自私的还是社会性的，富于创造的还是麻木不仁的？第二个问题是：我们居住的这个世界，它的起源是怎样的，它的性质又是怎样的？

* * *

我们从日常经验中得知，虽然我们不能绝对地预言未来，我们却能够作出有益的猜想，而事实往往证明我们的猜想大致正确。如果没有那些生发在往昔、延伸到未来的模式，人类和地球上的别种动物根本无法生存。我们确定人类的动机，总结历史事件的模式，以此为基础，我们方才作出无数大大小小的决定。没有一成不变的定律，但有相似性和趋势。

你我都期待星期三的傍晚时分听见售卖炸鱼配炸薯片的大篷车，而它总是按时到来。以既往模式反复再现作为基础的这种可预见性，假如你不能依赖它，你就无法开展哪怕最微不足道的行动，从吃饭，到玩游戏或骑自行车。

在信中，我愿尽力描述我认为我已经发现的某些模式，期盼在此之后你能站在我的肩膀上，比我看得更远。这并不容易。恰如诗人约翰·济慈所言："万事非经体验不为真。"你几乎不可能想象爱情或饥饿是什么样的感觉，除非你亲身体验了它。但是我希望，当这类体验降临时，如果你手边有了这本书，它会帮你把它们放进一个大语境，让你明白你并不孤独。

莉莉，既然你我都是英国人，信的重心自然时时落在我们英国的特殊体验和历史上。有人或许觉得，我未免对英国文明的优点褒扬过甚，但是我真心诚意地认为，故事情节真如我所讲述的一样，我也就如实道来，不去理会似乎昭然若揭的偏见了。

再说，莉莉，我想让你了解自己的根。要想解释你根植何处，我只好引导你注意英国历史的一些特异之处。我相信这对别人也同样重要，因为，出于偶然，英国历史仿佛成为一个漏斗，从中流淌出了现代世界的一大部分。全人类都为现代世界的诞生贡献了很大的力量，然而不巧，正当工业革命和科学革命塑造我们的现代世界之际，英国恰好变成了全球最大的帝国。这不仅给美洲、非洲、澳大利亚和印度打上了印记，也给其他许多地区留下了标识。

* * *

我们总觉得世界的现状理当如此，我们自己的生活也理当如此，这是因为我们已经对之习以为常。我们很难想象别样风光。你或许以为，你在学校里学习的科学、你在家里使用的工具、你正在观赏的油画、你操用的语言，以及你享受的财富、自由和权利，全都是"理所当然的"和"普世存在的"。世界注定了要变成今朝的模样，那是自然而然的事情——不相信也难。但是事实果然如此吗？

我们的那位外星来客肯定不会认为，与世上古往今来的所有人对比起来，你是一个常人。不，你根本不典型。假如你是典型的，那么，你现在已经结婚，而且马上会生养好几个孩子。你的婚姻是包办的，你选择丈夫的出发点不是浪漫爱情。从五六岁开始，你就要下地干活，在劳作中度过你的童年。

此时此刻，你该一边努力应付孕期，一边在又湿又冷的天气里或在酷暑与沙尘中竟日做苦工。你常年病痛不断，肚子里闹寄生虫，饱受脓毒、咳嗽和痢疾之苦。恐怕你还会染上更严重的疾病，像是疟疾或者艾滋病。你小小年纪便已丧失了许多至亲。

你过着一种无望的不安全的生活，权势者向你的家庭无止境地索取，掠夺成性的军队可能经常在你们村里造成浩劫。法律却不会向你提供保护。你营养不良，饥肠辘辘。你失学，得不到改善人生的机会。在人们心目中，你比你认识的每一个男人都低贱，包括年龄比你小的男性亲属。你完全可能被拘羁在一堵高墙或一张面纱背后。早在幼年时期你的脚骨已经被折断，或者你的外阴已经被损毁。你瞧见这画幅了吧。

再想想你自己的实际情况。你受着教育，你锦衣玉食，你享受医生、牙医和医院的免费治疗，你拥有挚爱的父母，享有政治和宗教的自由。你不必像奴隶一样出体力，你可以自由选择你在人生中想做的事情，选择什么时候结婚、同谁结婚，选择要不要孩子。你相信你与任何男子平等，你相信你能活到高龄，那时你将受惠于一笔养老金，在一个没有秘密警察，也没有巧取豪夺的地主寄生于你的国家颐养天年。最重要的是，你生活在和平之中，不受严重的暴力和恐惧的侵扰。

然而，有了这一切，你仍然时常感到焦虑、孤独、迷茫，而且犹豫不决，不知道该做什么。我希望这些信能让你更加深刻地理解一种如此人性的动物，那就是你；虽然你非常特殊，但也拥有这一切恐惧不安和举棋不定，它们正是我们之成为我们的一部分因素；而我们呢，乃是环绕一颗垂暮的太阳运行的一颗渺小星球上的人们。

* * *

过去我领受的教导总是：读书要从头读到尾，所有的章节都要给予同等的注意。因此，当我偶遇哲学家弗朗西斯·培根的一段评论时，不免吃了一惊。他建议："有些书需要品味，另一些需要囫囵吞枣，还有少数则需要咀嚼和消化。"他的忠告同样适用于这里的各各不同的信件。

有一些信，你会发现它的内容你基本上耳熟能详，或显得很简单，那么你可以快速地浏览。另一些信颇具假象：我尽力让思想的表达保持简明，但是字面下往往潜藏着十分复杂或许完全陌生的概念。它们可要费点时间才能吸收。还有一些信你需要慢慢地读，一次读一封，不要再多。因为其中的思想浓度很大，要像粉尘或水一样，让它们浸润你的心田，然后从里向外洇开。

不必按照本书的排列顺序去读这些信。从你最感兴趣的不拘什么问题开卷，然后前后跳读。每当你脑海里出现一个新的谜团或新的疑问，请你去查一查，看我是否已经写到。有时候你会发现这样做很有益处：读完一封信以后，再读点别的东西，或者同朋友们谈论一下信里的话题，稍后重新展读那封信，届时它便别有意味了。

或许这本书看起来仅仅是又一部百事综览，但我希望对于你来说，它的意义不止于此。我愿它成为你未来脑力工作的一个友伴，你我可以在一个持续不已的对话中共同探索世界，直到我垂垂老矣，直到我死后很久的时日。我曾一边行走一边谈话，和你谈，也和格里[①]谈。我和格里曾多次像这样出行，而这本书也是献给他的一个纪念。我愿继续我们的行走，穿过树林，越过山峦，在江河之畔，在花园和博物馆。

---

① Gerry Martin，作者逝友，欧陆公司前常务董事及共同创建人，曾与作者合著《玻璃的世界》(*The Glass Bathyscaphe: How Glass Changed the World*，商务印书馆中译本，2003)。

2

你是谁？

亲爱的莉莉：

你是谁？你从哪里来？是什么使你成为这样的你？

你听到这些问题，恐怕十分奇怪，于是回答说，我完全知道你是谁嘛。"我是莉莉·比；我是一个出生在澳大利亚的女孩，但我的父母是英格兰人，现在我住在英格兰，觉得自己是英国人。"

一切都像是简单不过的。但是让我们稍微深究一点看。

儿时我在学校里读书，我总是假装给自己写信，道是：

艾伦

麦克法兰

菲尔德黑德宅

霍克斯黑德乡

兰开夏郡

英格兰

欧洲

世界

宇宙①

从中你已经可以看出，我把自己视为许多人的浓缩。一个取了

---

① 英文信封文字的排列顺序恰与中文相反，可见思路也完全相反。

名字的人，一个麦克法兰家族的成员，一个某住宅、某村庄、某郡县、某国家、某地区、某世界和某宇宙的居民。让我们按照同样的轨迹，从个人层面扩展到世界范围，来看看你是谁吧。

你是一个单独的人吗？

你觉得理所当然：你是"莉莉"，而莉莉是一个与他人迥然有别的个人。你具有强烈的自我意识，认为自己是一个"个人"。大概你还推想人人都是这样看待自己的。确实，大多数人对于自己的单独性具有一定意识，但是作为英格兰人，你属于一个有史以来或许最为个人主义的社会。因此，单独性的意识和个人感，在你是格外的刻骨铭心。

在大多数社会，家庭占居首位，个人淹没在家庭团体之内。这意味着，实际上你不可能在想到自己的时候不同时想到别人。主格的"我"和宾格的"我"①，这两个字眼儿简直没有意义。某些地方的语言对这类词汇的使用极其有限，就很能说明问题。在很多社会里，你只有同他人构成了相对关系，你的存在才有意义。你是相对于父母的女儿，你是相对于子女的母亲，你是相对于丈夫的妻子，你是相对于领主的农奴或仆佣，你是相对于祖先的在存者，这些便是你的身份的由来。

正因为此，到了一个我曾度过许多时光的尼泊尔村庄，你不会被人叫作莉莉或看作莉莉，而是"大女儿"。你的头一个孩子出生以后，你又成了"某某的妈"。处在很多别的社会，你一辈子会多次更名。你且去想象吧：你十岁以前叫莉莉，后来几年叫简，接下来又叫艾丽丝，以此类推；而且你的姓也变来变去。

---

① 即"I"和"me"。

相反，事实上你感到很自由，以一个完全人的身份飘来荡去，拥有各种各样的潜力和可能性。你可能是一个女儿，可能是一个母亲，但你之成为这样的你，并非这些名目所造就。你就是莉莉，别的一切东西只是你本人的一些表现。你生平的第一个基本推定——即你具有明确无疑的个人身份，连同特殊的个人情感、权利和自由——是非常特殊的。

你是一个女人吗？

你将自己描述为"女孩"或"女人"。你的意思大概是：你不是一个男人，你具有某些生理特征（乳房、子宫），它们赋予你一些不同于男人的潜能（哺育和生孩子）。完全正确。不过除了生理差异以外，你还有一些特点，它们在你呱呱落地的当儿，就被你往往无意识地吸纳了。我们不妨称之为"性"。女权主义者西蒙娜·德·波伏瓦的一段话所指正是这个，她写道："一个人并非天生是女人；一个人是后天变成女人的。"

你可能把头发蓄得比大多数男人要长，使用化妆品和香水，拿一只手提包，偏爱某些颜色，穿某种式样的衣裳，读女孩杂志，只玩某些游戏（例如曲棍球，而非足球），考虑某些职业（如媒体和教育）而不打算从事另一些职业（如军队和证券交易）。你把它们当作女性的方式和目标加以选择，然而这样的选择只是偶然和教育的结果，无所谓"理所当然"，也无所谓遗传性。

某些社会里留长发的是男人，女人倒是剃光头；使用香水和化妆品、穿裙子的是男人（幼年我在学校因为穿"裙子"，即苏格兰格呢短裙，而受到戏弄），闲坐着议论家长里短的也是男人，女人却承担了一切繁重的体力劳动。如今，女性观正在迅速变化，妇女在从军作战，在发挥男人的多种作用，也在呈现男人的多种品质。

如果你在"女人"前面加上"英格兰的",你就尤其不同寻常了。一位英格兰妇女,就是一个基督教社会的继承人,生活在一个特定的国家,恪守它的法律,顺应它的习惯。你的"女性"主要是一个特定历史的建构物。

比如说,在今日的英格兰"做"一个女人,你便赋有了在法律面前平等的权利、主宰自己的身体的权利、占有财产的权利、投票选举的权利、自由选择丈夫的权利、享受同等尊重的权利、享受进入天堂的同等机会的权利——假如你相信有这么一个地方的话。然而,在有史以来的几乎一切文明中"做"一个女人,那么打从出生之日起,你便自动地无缘于上述所有权利。

你所操用的语言里,性差别的设立要少于大多数别种语言。例如在法语或意大利语中,一切名词必须指明性别;在传统日本,语言中也植入了男尊女卑的概念。

因此,你不仅是一个女人,而且是一个特殊的、史无前例的女人,建构于几千年来无数的随机结果和偶然事件。你不是一架人造的机器人,但你绝对是一些伟大的偶然变数的产物。其过程发生在你与每一个现存者的每一次互动之中,在你花费于读书和看电视的每一个时刻,在你说出的每一句话里,也在你产生的每一个思想里。

你属于什么种族?

你说你是一个英格兰女孩,可这句话是什么意思呢?你大概认为它的意思是:倘若你追溯你的祖先,你只能发现盎格鲁和撒克逊人。实际上,你的曾祖父的家庭恐怕是维京人(丹麦人),你的不少祖先又是凯尔特人(苏格兰人和爱尔兰人)。你的DNA检测说不定揭露出一条又一条的混血踪迹。目前我们正在发现,我们的祖先是何等的混杂。

甚至在DNA检测前的时代，任何了解英格兰史的人都知道，"英格兰人"是一个格外混血和杂交的种族，17世纪以前是凯尔特人、罗马人、盎格鲁人、撒克逊人、丹麦人、挪威人、法国人、荷兰人的混杂，自那以来又是大英帝国和后帝国的各色人等的混杂。由此可见，某某人是"英格兰人"，这样一个概念其实只是说到一种建构的身份。它在定义你的时候，脱不了同其他人的干系，例如同法国人、日耳曼人甚至苏格兰人的干系。尽管如此，它实在意义不大。

你是英国人吗？

你大概不仅把自己描述为"英格兰人"而已，你还会说自己是"英国人"，也就是说，在你的护照上以及在你的自我感觉中，你的国籍是英国。隐藏在背后的东西，是民族国家的概念。所谓民族国家，是一个限制在一定范围内的政治、语言、文化和领土的单位。你或许以为，你自认为属于一个民族国家，像这样的归属概念非常普遍，事实上人皆有之，它是大多数世人长期以来的心态。但这是颇可质疑一番的。

现在多有人主张，世界上大部分地区的民族国家，实际上是最近二百年的一个发明。1800年，印度、非洲、近东和远东尚无民族国家。当时确实存在国家和帝国，但是如果你问人："你属于哪个民族？"他们准会莫名其妙。假设你把问题变一变："你的同胞都是什么人？"或者："你管自己叫什么人？"你准会得到一些叫你瞠目结舌的答案。甚至在法国、意大利、日耳曼或西班牙，人们也不觉得自己是法国人、日耳曼人、意大利人或西班牙人，而是布列塔尼人、加斯科涅人、伦巴第人、巴斯克人、安达卢西亚人，等等。

直到大约1870年以后，法国的大多数居民才开始觉得，自己首先是法国人。欧洲大陆所有国家的情况也如出一辙。至于世界其他地方，譬如东欧和中东，变化发生得还要晚一些。全球有许多地区甚至现在才刚刚开始发生变化。1960年代末我去喜马拉雅地区，在中央山区同我一起工作的人仅把加德满都谷地称为"尼泊尔"。他们认为自己住在尼泊尔以外，生活在自己的村庄、团体和地区内，尽管在地图上它们都叫做"尼泊尔"。

民族国家是虚构或想象的共同体，其中，彼此不相识的、鲜有共同之处的人们逐渐认为自己是"英国人"或"法国人"。有人说，这是印刷普及的结果，从而也是报刊和书籍采用民族语言的结果。也有人主张，这一相对较新的思想方法之所以产生，乃是因了一种经济体系的蔓延，它通过一种共同的通货和同一套货币交易，将人们绑缚在一起。还有人视之为工厂和城市的产物，或新型教育体系的产物。不论起因何在，可以确定的是，民族国家只是最近二百年才成为世界主流的。

纯粹出于偶然，你恰好出生于一个比较古老的民族国家。因为我们生活在一个很早就采用了共同语言、共同法律、共同经济和同一套政治制度的小岛上，所以我们英格兰人早在公元8世纪阿尔弗雷德大王①时代，就开始形成一个民族国家了。假如你五百年前问一个人，他属于哪一个民族，他很可能说："英格兰。"后来，到了1603年，苏格兰国王同时当上了英格兰国王，而且自17世纪，苏格兰人和英格兰人开始定居爱尔兰，于是英格兰人变成了英国人。如今这些人正在重新变回英格兰人、苏格兰人、威尔士人或爱尔兰人。

我们打仗，我们歧视外来者，我们移民，仿佛真有民族国家

---

① 英格兰韦塞克斯王国国王（871—899），学者及立法者，他击败了丹麦人的侵略，使英格兰成为统一的王国。

这回事似的。然而它们不过是地图上的一些线条。民族国家时而建构、时而解构，没有什么理所当然和确定无疑。它们是想象的和虚构的概念。世界上不存在不列颠民族，不存在英格兰民族，除非存在于我们的想象中。有些人甚至放言，它们是短命的杜撰，民族国家的纪元即将结束，我们将融入一个全球性的世界。时间不会太久——据那些遭受过国家主义①恶果的折磨的人说。譬如难民阿尔伯特·爱因斯坦写道："国家主义是一种婴儿期疾病，它是人类的麻疹。"

你将发现，所谓"英格兰的"和"英国的"，两者的意义在你一生中肯定会此消彼长，你的民族身份感将频频发生巨变。当它变去变回的时候，当它被战争的叫嚣唤醒，或者被欧洲整合的谈判催眠的时候，牢记它具有多大的建构性，将是很有裨益的。世界上大部分民族国家的居民也应铭记在心，不管他们住在塞浦路斯、以色列、日本、朝鲜、越南，还是别的什么地方。世界在某一群人周遭变化不息，与此同时，民族身份的脉动也时徐时疾；谁"是"某一民族的，这话的含义也会发生深刻的变化。

你从哪里来？

除此以外，我们还虚构了自己的来龙去脉。我们一不留神就陷入了一种观念，以为我们周围的事物只是我们自己的社会发明出来的，至少是我们自己的社会彻底修正过了的。可是只要稍加思索，你将发现，几乎每一样事物别的文明也发明出来了。

人类学家拉斐尔·林顿如此描绘美国的普通人：

---

① nationalism，或译"民族主义"。国家主义和民族主义在英文中是同一个单词。

> 他从一张式样发源于近东的卧床上醒来……他掀开用印度栽培的棉或近东栽培的亚麻做成的被子……他脱下睡衣，也就是印度发明的一种袍子，然后用古代高卢人发明的肥皂洗浴……去吃早餐之前，他透过用埃及发明的玻璃制造的窗户，向外看一眼，如果天在下雨，便穿上用中美印第安人发现的橡胶制成的套鞋，并带上东南亚发明的雨伞……在他去吃早餐的路上，他驻足买一份报纸，用古代吕底亚人发明的硬币付账……他的盘子是钢制的，那是印度首创的一种合金；他的叉子是中世纪意大利的发明物，他的匙子是一种罗马原创物的翻版。

我们才刚刚说到早餐呢，一整天，世界各地的文化还在源源不断地汇集。但是终于，"当他领教够了外国的种种麻烦之后，假如他是一个保守的好公民，他会用一种印欧语系的语言，感谢一位希伯来的神灵，为了自己生来是一个百分百的美国人。"

可见我们大家都是历史的合成物，从我们的往昔累积而成。英格兰是一个特别明显的例证，作为临近一块大面积陆地的一个小岛之一部分，作为一个善贸易的帝国国民，它从外国吸取了它的几乎全部文化。我们在音乐、绘画、建筑、科学、知识等领域拥有的一切，至少直到18世纪，基本上都是借用的结果。

尤其显著的例子，是帝国时代给英国生活造成的影响，印度的影响尤其深刻。从多处着眼，一个火星人很可能以为今日的英格兰不过是印度的延伸。这倒不仅仅是因为在英格兰，较之其他制造业，更多的人卷入了咖喱生产，也不光因为我们利用来自印度的财富建设了英格兰，构筑了它的无数大厦、园林、艺术收藏馆和图书馆。不止于此。

不少用语和概念具有印度的根：阳台、竞技会、睡衣、烩饭、平房、马球。多种家具、食品、建筑和植物来源于印度和喜马拉雅地区。不单是印度而已。打量一下英国的基本消费模式吧，它们形成了帝国时代的一个镜像，在食品和口味上尤其历历如见。

沿着英国西海岸南行，举凡有大港口之处，历史上必有食糖从西印度群岛滚滚而来。食糖涌入之际，它弄甜了英国人的牙齿。因而在格拉斯哥和苏格兰，人们多爱甜食，尤其喜欢把糖和面粉搅拌起来，烘制蛋糕和饼干。我幼时一看见印有"麦克法兰·朗，饼干制造商"字样的卡车，便豪情顿生，但是从来没有问问自己，苏格兰人为什么以他们的甜酥饼名震四方。

更往南去，食糖曾在兰开夏郡诸港口靠岸，然后一路奔赴肯得尔，那里生产一种纯粹就是糖块的点心，叫做肯得尔薄荷蛋糕。布里斯托尔则成为西印度货物的一大口岸，当地还开发了布里斯托尔甜雪利酒。当时，英国全境概莫能外，吃的、喝的、穿的，样样都受到外来影响。此外还有许多舶来品，包括花园里的各种植物，以及橡胶、茶叶、咖啡和棉花等重要的日常必需品，也变成了"英国"方式的内容。

世界各地同样概莫能外。许多典型的"地方"事物，其实是从别处舶来。现代印度在很大程度上源于英国，同理，现代英国也在很大程度上源于印度。现代日本在很大程度上从中国舶来，同理，今日中国在很大程度上是"日本制造"。澳大利亚恰如北美一样，也是一篮子外国的舶来品。我们借用，我们模仿，我们交易，我们偷窃，然后我们很方便地忘却。

你怎样虚构你的生活？

既然民族国家是虚构的，既然门外的世界里没有什么东西在根本上是英格兰的，那就值得思考一下了：我们是怎样建构五花八门的事物，又是怎样接受它们的。民族国家的建立，利用了一些政治符号：国旗、国歌、起源神话、英雄和圣者，以便使我们相信民族国家的统一性。这些东西也是玩弄历史的产物。

创造一个民族国家的艺术，是遗忘的艺术。那是说，要忘掉很多分裂我们的东西，而一心关注那些团结我们的事物。在巴尔干国家或爱尔兰，以及世界各地，只有当人们学会忘却过去的苦难、抹煞过去的记忆，至少学会将它们搁置一旁，那里的伤口才会愈合。这并不是一个患健忘症的消极过程，它也含有建构统一性符号的积极行为，人们称之为传统的虚构。

人类十分擅长于接受共同的传统、共同的历史和共同的行为方式，要不了多长时间，它们看上去就像是古已有之的了。这是一个普遍现象。比如说，锡耶纳[①]赫赫有名的赛马，叫做"帕利欧"的，很多人以为它连续不断地举办了六个世纪，其实，几个世纪以前人们曾经抛弃了它，最近才又将它发明或重新发明出来。

再比如说，很多人以为印度咖喱餐馆是早已引进英格兰的一个古老传统，其实，过去英格兰并没有我们今天光顾的那种咖喱餐馆，它们直到1950年代才发明出来，而且是在英格兰发明的，后来才出口到印度。甚至咖喱本身，也是一个比较晚近的发明。16世纪欧洲人开始把来自南美的咖喱主要成分（马铃薯、西红柿、红辣椒）输入印度之后，咖喱才有可能发明。同样，在印度，商业性的种茶始于1840年代，然而印度人只是从1920年代才开始煞有介事地喝茶的。

英格兰永远在发明新"传统"。例如在剑桥，国王学院每年举办非常"传统的"九经颂圣节[②]，它已经成为英格兰精神的图标，在

---

① 意大利城市，每年在市中心广场举行中世纪式的赛马会。
② 1918年圣诞前夜由当时的国王学院院长埃里克·米尔纳-怀特首次举办，1928年开始对世界各地广播。

圣诞前夜向全世界播送，其实它只是一个20世纪初的发明。不妨承认，它星星点点地包含着更古老的词曲，但它的形式和结构却是20世纪的。

事实上，每当你打量某些皇家庆典，譬如加冕礼和王室婚礼，你总会发现，仪式的大部分内容是为了当代目的而发明和大力改造的。外国也一样。1870年在日本，演讲或演出结束时鼓掌的传统尚闻所未闻。第一次有记载的鼓掌，是一位传教士在庆应大学演讲厅拍响的。从此以后，日本人学会了鼓掌，并认为它是表达赞同的常规方式。

在我国的文化中，我们以为古老的、不可更改的和"理所当然的"东西，很大一部分是仅仅几年前的刻意发明。我们甚至在家庭或学校也看到了同样的现象。某一年我们为圣诞节的庆祝发明了一些传统，第二年就觉得我们古来如此。发明并不局限于人们的活动。剑桥揽胜的游客很少有人意识到，他们看见的建筑物差不多全是很晚才建造的，历时不足二百年。剑桥城显得古色古香，但它时时刻刻在进化，在被人重新发明。

世界是一个村庄吗？

只要你想一想所谓全球化的快马加鞭的步伐，你那挥之不去的、自以为是一种独立文化之一分子的感觉，立刻会风流云散。

全球化当然是一个古已有之的现象。自从大约一万年前人类走出非洲以来，世界各个地域之间就发生了牢不可破的联系。关于人类交流的强大力量，关于人类怎样漫游世界，四处散播他们的语言、基因和文化，我们的认识与日俱增。毫无疑问，自打亚历山大大帝势如破竹地开进印度，世界便已会合；自打大批货物和大量思潮沿着中国与西方之间的丝绸之路络绎往返，世界便已相遇。

15、16世纪，葡萄牙人和西班牙人借助他们的海上帝国，促使世界更加势不可当地进一步整体化。英国人的"日不落"帝国更是彻底完成了世界的整合。最晚在18世纪，人类已经居住在一个名副其实的全球性世界了。

但是处身21世纪，由于电子通信的缘故，我们确实感觉人类联结得愈加密切了。20世纪发明的电视、互联网和移动电话，已将全人类空前紧密地召唤到一起；而这些20世纪的发明物，又以更早期的全球整体化——那是通过陆线电话、电报和收音机而实现的——为基础。现在，我们的银行业务在印度处理，我们的货物主要来自远东，我们的电视影像来自美国，此时，要想保持极端特立独行的感觉，是何其难矣。今天不再有任何一个男人（或女人）自成一岛了。

因此，你成长在一个非凡的世界，在这里，时尚、疫病或金融动荡只需几小时就可以从一个国家蔓延到另一个国家。世界市场一日之内的货币流量，比全美国的经济总值还要高。

你可以通过互联网编织虚拟的友人关系网，也可以在电脑空间航行。有朝一日，你或许能在转瞬之间抵达澳大利亚或中国，像我们今天抵达爱丁堡或都柏林一样迅速。计算机能量每十八个月翻番的"定律"正在改变一切。在你未来生活的世界里，遗传操作、纳米技术（微机器）、电脑虚拟现实将是家常便饭。简直不可想象啊。

你怎样才能幸存？

置身于技术的洪流，置身于善变的政治风云，你必须靠着双重的认知而生存。一方面，你一定要让自己与祖国的历史和文化保持足够距离，以便能够认识，种族主义的、性别化的、国家主义的陈规主要建立在误读上。你是一个世界公民，你与这个星球上的每一个人共享你的人生开端。

另一方面,虽然我们屡遭新知识的痛击,虽然我们觉得自己是一场世界大棋赛里的走卒,我们却不应该俯首帖耳,听凭外界把我们在棋盘上东挪西移。那样我们就很容易愤世嫉俗起来,我们可能渐渐认为:真理这玩意儿并不存在,公平是一个神话,现实只是虚无,所有的观察研究无非是根深蒂固的偏见,所有的理论无非以政治成见为依据。

这一切怀疑都有几分道理。总有人告诉我们他们发现了真理,探知了正确的道路,找到了终极目的,对他们,我们必须心怀警惕。但是,如果我们不相信真理、正义和终极目的是可以找到的,至少是可以追求的,那么我们的生命也就基本上没有意义了。

但是话说回来,你仍然是独一无二的、前所未有的、极端惊人的、不同凡响的莉莉,是我正在致信的莉莉。你的存在前无古人后无来者。地球上人皆如此。尽管人皆如此,也抹煞不了人生的奇迹。

现在,你知道了周围有多少东西只是一种虚构和创造,应该说,你已经占据了一个更加有利的位置,能够更好地享受世界了。尤为重要的是,你已经能够揭露隐藏在野蛮和偏见背后的愚昧无知了。一旦你发现世界在很大程度上并非"理所当然的",亦即天赋神授的和不可更改的,而是"文化"使然,亦即因人类的发明和想象而存在,你就能够解读乃至改变世界了。

你在展读其余信件时,请记住,我将要解释的是:我们具体的、英格兰的世界是如何创造的。这英格兰的世界,天生并不比古往今来的任何一种发明更高明,也不比古往今来的任何一条道路更正确。我向你解释英格兰的世界,皆因它是我们的世界。在其他地方,许多人诞生在同等有理、但大相异趣的环境之中。他们将怀着惊异阅读信中的叙述,却未必在每一个方面都嫉妒我们。

第二束信

爱与友谊

3

为什么家人总难相处？

亲爱的莉莉：

有朝一日，你会觉得最近五年真不容易。你和父母争执，和妹妹吵架，你感到绝望、气恼、自恨、不安全。把你养育成人的那些人，你对他们怀着深切的爱，或许也怀着怨恨。你很可能已经开始领会奥斯卡·王尔德的评论："孩子们最初爱父母，后来批评父母；他们极少原谅父母。"而你的父母呢，他们恐怕要对莉莲·卡特的评论产生共鸣了。这位美国总统吉米·卡特的母亲说："我爱我所有的孩子，但是他们当中有几个我不喜欢。"为什么双方都怀着爱恨交加的矛盾感情呢？

我们的家庭体系蕴含着特殊的张力。一个婴孩刚刚出世，它就受到含蓄的鼓励，要做一个自立自足的个人。人们一般把它放在一张单独的床上，或放在有围栏的婴儿床上，远离父母；按时给它喂食，但并不总是按它的需要去喂，让它尽管哭去，除非哭成了一种严重的事态；还用远远不止一种方法鼓励它用自己的双脚站立。最终的结果，众所周知，是孩子总有一天离开了家的卵翼。过去的孩子们少小离家去做佣工或学徒，今天的孩子们可能离家去另一个城市读中小学、读大学、就业。

从此以后，甚至早已未雨绸缪，孩子就要成为一个经济、宗教、政治和社会的单独实体了。他，或她，终将以完全"成年人"的面目出现，为自己的人生作出一切重大抉择，自己去找工作、结婚、旅行、购物。

这种现象可不寻常。几乎在所有的社会，孩子们一出世，就鼓励他们去做团体中的一员，并要求他们终生孝悌，服从父母和尊长。重大的事情要由亲属来决定。个人不是单独的实体。

这两种对于家庭的想象方式各有利弊。西方的体系赋予个人以自由，但是自由也可以成为沉重的负担，随着孩子年龄渐增，它经常导致两代人之间发生可能极具破坏力的斗争。

孩子早晚要脱离父母，告别兄弟姐妹和其他亲属，但是过程既不可太快，也不可太慢。父母（及学校）必须哺育、保护、忠告、教育和锻炼孩子，与此同时，既不要施加太大的压力，又要明白目的是最终造就一个自由独立的人。父母切勿拿一种使孩子变得依赖性太强的爱，去压抑、娇宠和困扰孩子，但是又必须向孩子提供安全和扶持。要做得恰到好处实在是难。

出于同样的道理，孩子也需要一面学会自由行动，一面承认现实：在任何具有一定结构的团体中，哪怕在小家庭中，某一决定无法获得一致同意的局面必然会出现。万一它变成了各方意志的大决战，孩子就必须二者择一：要么认可父母的权威，要么出走。这是一个痛苦的过程，两造都可能觉得很受伤，有时觉得很扫兴。小说家安东尼·鲍威尔对个中的悲哀洞若观火，他对通常的评论反其道而行之，写道："有时候，父母多少有点儿辜负了子女，他们不履行早先许下的诺言。"

父母和子女为什么争吵？

家庭的张力给我们的全部生活染上了颜色。它促使人们发明了千奇百怪的招数去减轻困难。很久以前，造访英格兰的意大利人和法国人非常惊奇，他们注意到，不少英格兰人在孩子非常幼小的时候（仅仅七岁）把他们打发出去，到别人家里长大成人。有钱人家的孩子去当侍从官或女侍臣，穷人家的孩子去当佣工或学徒。英格兰人解释道，他们这么做，是因为非亲非故的陌生人或朋友可以采取父母觉得困难的手段，对孩子施行良好的纪律。

后来，一种教育体系从中演化出来，那是我亲身经历过的。从八岁到十八岁，我在寄宿学校就读，父母远隔重洋，在印度，我简直见不上面。我同祖父母一起生活，他们对我施行纪律，与此同时，我的父母却像一般的祖父母一样，可以向我表示一种丝毫不是五味杂陈的、高高在上的爱。

长期以来，大多数社会恪守另一种养育方法，把家庭中的晚辈成员不折不扣地当作"孩子"，直到他的父母去世。于是，19世纪在爱尔兰的某些地方，一个五十多岁的成年男人，如果他的父母在场，还可能被人称作"这男孩儿"。这种体系的好处是，不会有人怀疑权威在何方——父亲如君王。它的坏处是，人们很难冲破樊笼，成长为担负完全责任的成人和成熟的公民。要想成熟，唯一的办法是尽早离开家庭，很多爱尔兰人、印度人、中国人和很多移民已经这样做了，他们亲身体验了"逃离"家庭后的独立感（以及孤独感）。

家庭的冲突和张力因时而异。当前的房价飙升可能意味着，孩子们很难离开家庭自立门户，而不得不滞留在父母家里，直到二三十岁。此外，如果分门别户，养老费用会涨得更高，所以子女可能不得不把年迈的父母接过来同住，或者搬到父母家里去同住。

两种同住状况都可能造成令人疲惫不堪的紧张。依据人们的基本理想，现代社会的人际关系应该是个人主义的和平等主义的，但是任何一个组织内部又需要某种等级制度和纪律，而两代人同住，必然导致理想与需要之间发生直接冲突。爱父母或爱子女，与自爱自尊之间，会因为同住而燃起致命的战火。老年，是未入老境者绝不能理解的一个境遇。

家庭是怎样运转的？

极少有人了解家庭是怎样运转的。不过假如我们稍具宏观知识，便能将上述冲突和张力置于一个大语境。家庭问题大多与你自己的特殊个性无关，肇事者其实是我们身居其中的现代个人主义社会的家庭体系，事实证明，它实在古怪透顶。倘若你认识到这些，就比较容易理清这一团乱麻了。

大多数人类社会相信血缘关系只能从男性一脉去追索，少数社会相信血缘沿着女性一脉而下传。只有屈指可数的几个社会，包括西欧和美国，相信男女两性都能传承血脉。

假设你属于一个坚信只能以女性血缘而产生亲属关系的社会，譬如你与太平洋上的特罗布里恩德岛民为伍，那么，你的父亲就不是你的亲属，他只是一个和你母亲同居的男人。妇女若是怀孕，人们相信那是鬼神播种的结果。

如果认为只能以男性血缘或女性血缘而产生亲属关系，便极易形成中国人或印度人那样的排他性大氏族。可是，倘若通过父母双亲追索亲属关系，你将发现，一目了然的家庭团体不复存在。没有什么"比"姓的氏族，你得到的只是这样一张亲属关系网，上面罗织了 cousin[①] 类、nephew 及 niece[②] 类、uncle 及 aunt[③] 类。

这灵活多变而又模糊不清的体系，就是你身居其中的体系。未经一番钻研，你发现根本画不出一张亲属关系图谱或族谱，让它追

[①] 意为"堂/表兄弟姊妹"。这一个以及以下的亲属指称，均无法用仅仅一个汉语词汇翻译出来（足见中英的亲属指称体系何等不同），故保留英语，另加注。

[②] nephew 意为"侄子"或"外甥"；niece 意为"侄女"或"甥女"。

[③] uncle 意为"伯父"、"叔父"、"舅父"，乃至"姑父"和"姨父"；aunt 意为"姑母"和"姨母"，乃至"伯母"、"婶母"、"舅母"。

溯到不止一两代人之久远，包罗不止五十人之多，并且他们的名字、他们与你的关系，全都标注得一清二楚。然而在许多别的社会，人们叫得出好几百个亲戚的名字，说得出不止五代祖先的行状。

我们怎样称呼我们的亲属？

英格兰人指称亲属的方法，无助于记住远亲。我们的指称体系造就了一种语言文字的套环，像是洋葱的层层皮肉。最里面的一环是我们的至亲家人。我们管他们叫母亲（妈妈）、父亲（爸爸）、哥姐弟妹、儿子女儿。他们是我们的骨肉至亲，在我们心目中别有分量。我们不可以和他们结婚或发生性关系。

接下来是其他种种亲戚。我们父母的姐妹叫做"aunt"，父母的兄弟叫做"uncle"。这些亲戚的子女则叫做"cousin"。我们同胞手足（兄弟姐妹）的子女叫做"nephew"和"niece"。我们还有明细的定语，如"一等、二等、三等"表亲，用来指亲等；或者"隔一辈、隔两辈"，用来指辈分。

我们还需给这种指称体系附加一些说法，以适用于婚姻带来的非血亲关系。如果婚姻使我们和某人产生了亲属关系，我们就叫这个人姻亲，换言之，叫"in-law"[①]。因而，我们姐妹的丈夫是我们的"brother-in-law"[②]，我们丈夫的母亲是我们的"mother-in-law"[③]，以此类推。如果结婚以后又离婚和再婚，我们使用"继"[④]的说法。我和你妈妈的母亲结婚了，于是我成了你的继外祖父。我和你没有血

[①] 合成词成分，帮助构成指姻亲的合成词。其例见下文。
[②] 意为"姐夫"、"妹夫"，乃至"大伯子"、"小叔子"、"内兄弟"、"连襟"、"丈夫的姐夫或妹夫"。
[③] 意为"婆母"，或者"岳母"。
[④] 英文用前缀"step-"表示。

缘关系，但是有继亲关系。一个孩子的生物学母亲去世以后，另一个女人嫁给了那个男人，遂成为邪恶的继母——她在童话故事和民间传说里如此臭名昭著，因为关系硬是这么难。

这一切，纵使你有点儿似懂非懂，你或许仍觉得它理所当然。其实它并不寻常。在寻常情况下，人们对亲属的称谓要精确和明细得多，每一个亲属都要用一个专门的词汇来描述。这样，当数以百计的亲属比邻而居的时候，人们就可以弄清楚到底是要和谁说话了。

在一个尼泊尔的村庄里，你父亲的长兄叫做"biggest father"，父亲的弟弟叫做"younger father"①。你母亲的兄弟有一个专门的称谓。母亲的这位仁兄，是长辈里面顶重要的亲戚，仅次于你的父母。你的"cousin"们各有不同的称呼，它们清清楚楚地区分出哪些人你可以与之结婚，哪些人不可以（因为他们被看作血缘太近的亲戚）。

英格兰的家庭世系和称谓体系，自从公元6世纪盎格鲁—撒克逊人将它们引进以来，一直运行得还不错。然而在最近两代人的光景，一些巨变发生了，给我们的体系带来了极大的张力。

母亲是什么？

直到近期为止，一切都显得简单明了。男人和女人发生性关系，怀孕，随后孩子出生。父母是孩子的生物学父母。如果他们结婚，或者以同等性质的合法关系同居，他们也是孩子的社会学父母。

---

① biggest father 和 younger father，字面意思是"（最）大父亲"和"小父亲"，有如汉语中的"大伯父"和"叔父"，都突出了一个"父"字。显然当地语言不像英文那样，把他们笼统称为不含"父亲"意思的"uncle"。

可是现在，有了试管婴儿、人工授精、代孕母亲，马上可能还有克隆人，情况变得极其复杂了。我和那个捐献了他的精子从而让我孕育出来的陌生人算是什么关系呢？我和那个为了拿到一笔报酬而在她的子宫里孕育胎儿、产下婴孩以后又交给别人的妇女算是什么关系呢？我和那个付出一笔钱收养我的家庭又算是什么关系呢？

上述案例还比较简单，只涉及四个成人，在某种意义上，他们每一位都对"父亲"或"母亲"身份具有要求权。但是情况可以更加复杂，目前法律已经力不从心，很难厘清各种权利和义务。同时，个人由于缺乏正式的指南，正不得不修正和发明新的亲属关系、亲属类别和亲属称谓，以应付新的情况。

面对似乎前所未闻的新问题，我们聊以自慰的是，甚至在人工授精时代尚未到来的时日，人类已经发明了一些天才的办法，以对付类似的局面。学者们曾在北美发现过一个典型的例子。

努尔人是必须有孩子的，而且血缘关系只以男性传承。那么，一个没有儿子的人家又该怎么办？有钱人家可以给女儿提供一笔财产，让她用来"娶"另一个女人。新过门的"新娘"将通过某个男人受孕。付钱给新娘以后，富家女就当上了生下来的任何一个孩子的社会学父亲。因此，如果你问一个孩子，父亲是谁，孩子会指向一个女人。换句话说，生物学的父亲身份和社会学的父亲身份是分裂的，一个人可以拥有一位"女"爸爸，或者一位"男"妈妈。

另有一个变种是"鬼"婚，即一个男人死后，让他的鬼魂和一个女人结婚。新娘（通过一个生物学伙伴）生下的孩子属于这位"鬼"夫，因为他的家庭已经付钱给她。血脉于是后继有人了，尽管受孕之际孩子的父亲已经死去。这件事为今日冷冻精子问题提供了范例。

我们怎样称呼我们的父亲？

今日英国的婚姻，大约有三分之一以离婚和再婚而告结束。很多人拥有一连串的"搭档"，一同生孩子，却不结婚。一个简简单单的困难产生了：你怎样称呼所有这些在你的生活中至关重要的人？

当年我开始和你外祖母共同生活的时候，你妈妈八岁。她已经有一个人叫"爸爸"了，她该怎么叫我呢？"艾伦"听起来有点太严肃，所以她叫我"艾哩"。这听上去又有点儿太短，于是她润色一番，改称"艾哩爸哩"。你牙牙学语时，她建议你也叫我"艾哩爸哩"。你把它改成了"艾呀巴呀"，很容易上口，不过一口气说出来终究嫌长，所以你把它削短，成了"巴呀"。我就一直是这"巴呀"了。我作为"巴呀"，便和你妈妈的父亲有了区别。

假设你出自社会上一个不同的阶级背景，你的做法也许不一样。今天在英格兰的许多地方，当前与孩子的母亲一同生活的男人叫做"爸爸"，而孕育了孩子却生活在别处的那位生物学父亲，不论他是谁，总归要称呼他的教名。这和你妈妈的做法恰恰相反。

我们可以和宠物结婚吗？

直到近年以前，基督教婚姻的定义大致是"一个男人和一个女人的终身自愿结合"。大约一百年前，这个定义开始破产，因为，当时至少在天主教会以外，人们可以和一个人彻底离婚，然后和另一个人合法结婚了。这番变化颠覆了"终身"一说，虽然在结婚仪式上它仍然保存在"直到死亡将我们分离"的誓言中。尤有甚者，男人与男人、女人与女人的同性结婚正在获得越来越广泛的认可。婚姻还剩下点儿什么呢？

当初人类学家分析不同社会的婚姻时,他们立即发现,西方的基督教婚姻观在世界上的某些地区行不通。明显的捉襟见肘之处是,有些地方一个男人同好几个女人结婚,或一个女人同好几个男人结婚。此外,有些地方的婚姻不会持续终身,甚至不会持续一段稍长的时间,因为离婚和再婚实在是易如反掌。

一些令人惊诧莫名的"婚姻"类型浮出了水面。当时学者们发现有人和同性者甚至死者结婚,努尔人就是一例;还有人同某人(社会高层人士,能给予社会地位)先结上婚,然后永不谋面,却与另一个人同住和生孩子;有人甚至同一个人的身体部位——某友的胳膊或小指头——"结婚",同一块石头或一棵树"结婚",作为确立财产权和其他权利的一个手段。

当时,为了囊括婚姻的所有变体,婚姻的定义变得越来越冗长,直到最后变得复杂难解才罢休。时人觉得顶好是把婚姻看成一对人——作为性伙伴、子女生育者、家庭里的合作者、家庭外的挣钱者——订立的一束相互权利和义务。

一旦这些权利被认为是明朗的了,就很容易看出权利可以怎样被拥有:是由一个人一揽子拥有呢,还是由一帮人拥有。尼日利亚的约鲁巴人有一个悠久的传统,他们把一个女人在各种各样的人中间分配。她的性、她生下的孩子、她的一部分家务劳动权利,属于她的丈夫和丈夫的大家族;她在特定情况下的一部分家务劳动属于她娘家的大家族;她的经济能力和资源属于她本人。西非著名的妇女贩卖市场反映了这样的分割,因为妇女可以保留自己挣得的钱财。

倘若我们如此看待婚姻,我们当能发现,同性结婚照样有意义。最近我读到一件印度的个案,有位小伙子和他的耄耋之年的祖母结了婚,以便更容易照顾她。恐怕有人甚至认为,同他们心爱的阿猫阿狗结婚,倒也不失为一个妙计,能够保障小东西的幸福和规避遗产税哩。

家庭是脆弱的吗？

环绕血缘和婚姻造成的亲属关系而组建生活，是极端有效的举措。在大多数社会，整个政治生活的基础是家庭团体，其成员在世仇和族间仇杀中互相支持。例证见于许多部落社会，譬如亚马逊森林的雅诺马马人、苏丹的努尔人，也见于中国的不少地方和昔日的印度。相比之下国家倒不重要了。婚姻被家庭当作政治结盟来包办，一切财产在家庭里传承，工作机会主要依靠家庭的社交关系而获得。你和谁一起工作吗，那取决于你的家庭的社交关系。至于金钱、生意和市场交换组成的非人格世界，只存在于边缘地带。

在这样的社会，宗教活动全部围绕家庭而进行。人们崇拜祖先，与家人一起举行仪式，并且需要子孙帮忙，把自己送往一种幸福的冥界生活。大部分社交生活也以家庭为基础。能够信赖的唯有家人，不论休闲还是工作，家人是亲密无间的朋友、同志和伙伴。家庭欢迎新成员，然后新成员渐渐长大，进入性成熟期，结婚，老来受到照拂，最后得到安葬。

这离我们的世界何其迢遥。我们的家庭也可以保持相当的重要性，但主要是在个人的意义上——家庭对于我们个人情感的宣泄、对于我们成长发育的头十五年、或许对于我们的晚年是重要的。但我们的政治忠诚、我们的宗教信仰、我们的就业、我们的友谊和我们信赖的人们，基本上是与家庭分开的东西。家庭仅是这一切之中的一个因子。

比较起来我们的情况的确独树一帜，它显然非常适合一个高度流动的工业资本主义社会，因而过去常有人认为它是晚近的现象。他们相信，它一定产生于19世纪工业革命和城市革命致使社会解体的那一过程之中。

然而历史学家业已证明，你正在经历的、我们不妨谓之为个人主义的和富于弹性的家庭体系，其实发源于好几百年以前。证据比比皆是，包括我们使用的认亲法、亲属指称法、遗产继承制，还包括谁和谁一同生活、他们具有哪些权利。在英格兰，一千年来，家庭并不为建立社会提供基础。如许岁月中，家庭一直包含着内在张力，一方面是渴望亲密和依赖，另一方面是渴望自由和成年。

不论今昔，我们的状况与多数社会大相径庭。加利福尼亚的一位北美波莫族印第安老人的话，描述了我们和他们的强烈反差：

> 人是啥？啥也不是。若是没有家庭，他的重要性还赶不上爬过小路的那只虫子哪……一个人必须和家庭一道，才能在我们当中排上号儿。若是他没人相帮，他卷入的第一个麻烦，就是会被他的敌人杀掉……没有哪个女人肯和他结婚……他会比刚出世的婴儿还穷，他会比蛆虫还穷……再看白人的行事，家庭就没有这么重要啦。警察和士兵负责保护你，法庭给你公正，邮局给你送信，学校教育你。什么事儿都有人照管，如果你死了，连孩子都有人照管。但是我们呢，这些事儿全该家庭管。

现代西方人一生中与家庭的关系变化不息。最初父母是权威人物，也是一切好东西的渊薮。后来父母变成我们反抗的对象，甚至可能是嘲笑的对象。到了风烛残年，他们有望变成我们的子女所热爱的祖父母。同样，孩子最初是叫人疲于奔命的快乐之源，后来变成造反的怪物，然后算是一报还一报，他们邀天之幸，变成了我们的孙儿女所热爱的父母。

可以肯定地说，在西方的家庭体系中，父母不能要求子女给予无条件的爱和服从，孩子也不能要求父母给予无穷尽的爱和赡养。爱，源于自我牺牲和宽容，源于我们不怀抱过高期望，源于我们不在子女身上修复自己的失败和不足。至于子女一方呢，爱有赖于他们理解年事渐高是怎么回事，理解年迈带来的孤独感。惟其如此，我们才能避免那位波莫族印第安老人指出的危险：

> 对我们来说，家庭曾经是一切。现在呢，家庭啥也不是了。我们越来越像白人，这对老年人可不妙。我们不像你们那样有老人之家。过去老人很受尊重。他们有智慧。你们的老人一定是些傻子吧。

4

爱情是什么？

亲爱的莉莉：

你作为一个十几岁的英格兰少女，浪漫爱情的意象已经开始从四面八方——影院、杂志、电视——向你狂轰滥炸。外界在怂恿你相信：通向幸福之路，是找到名叫"如意"的那位先生。

你的韶华将是一次寻找爱情之旅。英格兰人对爱情世界的理想之卓尔不群，并非在于我们感受着炽热的爱情，而在于我们将爱情变成了婚姻的前提。

任何社会都不乏浪漫的爱恋，也就是一个人对另一个人的压倒一切的爱和欲。它通常发生在异性之间，性成熟期来临前后最为强烈。所以说，"爱情"不局限于所谓"爱情型婚姻"的社会。

然而在印度、中国、非洲广大地区和中东等大多数社会，结婚和生孩子却是一个用来谋取政治、经济和社会前途的基本机制，因此婚姻太重要了，不可能由着个人胡来。谁应该和谁生孩子，这件事不应该听任一种自私而又不理智的激情去发号施令。

少男少女们可以唱爱情歌曲，有些社会的少男少女甚至可以发生性关系，但是在上述地区，婚姻和生育必须由家庭里的长辈包办，或者让职业媒人运筹。两个集团之间进行锱铢必较的经济交易，和以人换人的交易。安排婚姻的基础，是双方长辈的交谊，个人的感情与婚姻大计风马牛不相及。当事人不能亲自决定何时结婚、同谁结婚，别人替他作出了抉择。

我记得，虽然理论上我知道是这样，但是在尼泊尔的一个村庄，当我去一位朋友府上拜访，问他第二天要干什么的时候，他的回答仍然使我深受震撼。他说他要结婚。我向他道喜，但评论说，前一天可没有听他提起这件事啊。他回答，那是因为他的父母今天早上才通知他为他安排了结婚。我问他新娘是不是漂亮温柔，他说他不知道，从来没见过。

爱情从哪里来？

把这道风景与英格兰悠久的文学和法律传统对照一下吧。从盎格鲁—撒克逊时代的诗歌，到中世纪的爱情诗，再到乔叟、莎士比亚和更加晚近的诗人及小说家，英格兰的文学激荡着爱情和随之而至的婚姻的洪波。爱情是唯一一个最伟大的主题。那可不是蜻蜓点水似的描写少男少女的调情，而是永恒地反映着这奇特的、非理性的、雷霆万钧的感情，它可以把一个人掠入一次今生今世永不变心的、对另一个人的献身。无数忠告、尺牍、布道都离不开爱情的主题，劝谕人们如何识别和回应爱情，无爱的婚姻是如何举步维艰，等等。

这也并不限于文学现象，或一种理想主义的、虚无缥缈的、与现实生活杳不相关的文学传统。我们不妨再看看历史遗留的乡村档案、法庭案卷和法学论文。它们说明，在16世纪以前的很长时期，一个十四岁的男孩和一个十二岁的女孩是可以结婚的，无需牧师和父母在场。结婚的时间和对象不由家庭或共同体决定，而是个人的选择。与一个"婚姻友伴"结成心心相印的感情伴侣，结成彼此扶持、共克孤独的伙伴，这事儿太重大了，岂能听任他人越俎代庖。

当然也有例外。贵族阶层中，父母与子女经常为婚姻发生冲突。较低阶层内无疑也时有抵牾。就常例而言，很多人肯定要在未来伴侣身上寻求可分享的利益、社会适应性和经济潜力。但是掩盖在这一切背后的那个体系，却在关怀如何衡量情感，如何衡量实用优点，如何从各种值得追求的目标中选择最值得的目标。

为什么要结婚？

过去，保持独身异常困难。即使到了今天，委内瑞拉的雅诺马马人也能一眼看出谁是单身汉，因为他很脏，不理发，面黄肌瘦，病体怏怏。没有妻子他简直不算人。同样，女人超过二十岁而未结婚，在很多社会也是匪夷所思的。她们穷愁潦倒，无人保护，是家庭的耻辱。一般说来，昔人要想获得生命的乐趣、儿孙满堂的福祉，那就非结婚不可。大多数人看不出除了结婚以外还有什么别的选择，纵使很多社会的婚姻尤其对妇女来说，等于宣判了她们服终身苦役，外加没完没了的生孩子和挨打受骂。

英格兰是一个长期的例外，它宽容甚至鼓励不结婚。曾有四百年之久，我的鼻祖们，即剑桥大学国王学院的院士们，被禁止结婚（违者剥夺院士资格），是佣人照料他们的起居。17、18世纪，英格兰人口中终身不结婚的男女人数高达四分之一。结婚只是人生二择之一。总体而论，英格兰人可以认为子女的结婚计划有损颜面、令人烦恼、令人失望或令人振奋，但是归根结底，结不结婚还是子女自己说了算。这是他们自己的生活。

今天，对永久伴侣关系和婚姻敬而远之的做法风行一时，妇女尤其突出。在日本、印度、欧洲、美洲，甚至中国，为数众多的妇女到了三四十岁还不结婚，或者还不生孩子。她们生活舒适，职业体面，衣食无忧。她们意识到，结婚、生孩子和服侍男人将对这一切形成威胁，选择结婚，无异于选择了某种形式的坐牢和牺牲。今日广大妇女要问的问题，不是为什么要保持独身，而是为什么要结婚和生孩子。虽然我们大都梦想得到一位爱我们胜过世上一切的灵魂佳偶，但是假若并没有一个绝对特殊的人走进我们的生活，我们也不打算退而求其次。

我们祖祖辈辈的婚姻，多是在家长和更广泛的社会压力之下缔结和维持的。结婚，终归强似放逐，强似一缕失败的况味，强似成为最后一听"货架上无人买走的罐头"。但是今天已经有了天壤之别。你完全可能只结交男友，而不发展终身伴侣关系，尽管你如此美丽；从而你将成为独立自主、雄心勃勃的新型妇女大潮中的一朵浪花，你们平等地与男人比肩而立，却免不了几分茕立世间的意味。你们的座右铭很可能是"谁需要男人？"

你或许以为这是新鲜事物。但是，最近我们访问中国西南地区的一个少数民族群体，竟发现他们彻底放弃婚姻已达几个世纪之久。男人们一年之中有半载贩运货物到印度，女人留下来担负全责。

由此而生的景象是婚姻的彻底遁迹，即使婚姻早先存在过。男孩十三至十六岁甫一进入青春期，人们便敦促他去别人家找一个女伴。继而他开始了一种行为模式：夜间出门去伴侣家睡觉，一直持续到晚年。

每家院落设计了一个主区，供成年妇女们和小孩子们居住，本家庭的妇女们生下的孩子全部住在这里。院落另一面养牲口，有猪有牛。第三面建有足够的房间，每一个与外来伴侣交往的成年妇女都能拥有一个居室。男伴们夜幕四合时来访，破晓时分离去，各自回到女亲属家里，在那儿吃饭和干活。

土地和房屋属于女性为首领的整个家庭团体，以及团体内部出生的所有孩子，因此不存在财产权和遗产继承问题。一对伴侣终止关系以后，孩子们留在妇女身边，不需要生物学父亲继续为抚育孩子献力。那儿没有结婚仪式，没有表示"结婚"的词汇，也没有

"brother-in-law"或"sister-in-law"[①]等表示姻亲的词汇。

与此大同小异者，是加勒比海地区发现的西印度模式，以及世界各地发现的其他一些以母亲为中心的家居模式。妇女留在家宅中，抚育子女，与一连串男人临时同居，男人们生育一个或几个孩子，然后继续搬迁。有人将此归因于无业男人的脆弱的经济地位，有人归因于奴隶制遗风，也有人归因于以母系认亲的古代非洲家庭体系。不论原因何在，男女临时结合、异父异母子女同住一堂的模式正日益风靡世界。

爱情和婚姻有什么关系？

我们英格兰的婚姻模式之能发展，基督教是一个重要的因素。基督教婚姻的鲜明特性早已定型，各种基本表征早在公元9世纪便已彰明较著。基督教是这样的宗教，它鼓励不结婚（独身生活），鼓励一对一的婚姻（一夫一妻制），鼓励自由选择，它倡导严厉的性教条，禁止婚前和婚外的性关系。

昔人以独身生活为理想，他们晚婚，并在生理欲望与宗教禁律之间搏斗，这些行为显然都是浪漫爱情模式的内容。把激情驱往婚姻之途，让性与婚姻以世上一切文明中罕见的程度成为同义语，让生物学冲动通过艺术和幻想的渠道去宣泄，诸如此类的特殊表征，甚至16世纪宗教改革以前，已经在西欧地区显现了若干个世纪。

在那些以家庭为本而绵密交织的社会，伉俪之情的丝毫展露都可能与家庭里的其他亲属关系发生冲撞。我们很多人已经注意到，每逢与亲戚相处，我们就变得束手束脚。大家族亲属关系处于强势

---

① brother-in-law，见前一封信第32页注①；sister-in-law意为"嫂子"、"弟媳"、"小姑子"、"小姨子"、"妯娌"，乃至"丈夫的嫂子或弟媳"。

时，婚姻必然被包办，夫妻的恩爱降格为次要的力量。

爱情型婚姻崛起的原因，关系到小家庭在大家族网络中的卷入程度。我们已知，盎格鲁—撒克逊时代以降，英格兰即存在以夫妻之间深切伴侣关系为基础的家庭体系，没有迹象表明大家族集结对于英格兰广大民众的日常生活具有什么重要意义。浪漫爱情是一个具有双重力量的体系，它既能繁荣个人主义的社会，又能将它凝聚在一起。

如果家庭团体并不去包办个人的婚姻，个人干嘛要结婚？一个原因是，基督教世界认为发生婚外性关系是一桩重罪。与此相辅相成，它又认为"炽热的浪漫爱情"是一条锁链，能将人们结为长期的联盟，这种联盟非浪漫爱情不能实现。个人充满理性，且孜谋利，若非为了浪漫爱情这种"制度化的非理性"，大概绝不甘心安守一成不变的关系。我们也不妨把浪漫爱情看作一对夫妻养育子女的必要动力。总之，浪漫爱情鼓励长期的结合，而非短期的性交往。

爱情是盲目的吗？

不论在婚姻市场，还是在有形货物的市场，选择总是一个难题。信息永远不够充足，变数永远过分复杂。人们不得不凭着对一个销售商或一个销售集团的信赖，去购买一台新电脑或新电视机，这可真够糟糕的。糟虽糟，东西买错了至少可以扔掉，选择终生伴侣却不知道要繁难多少倍，其中包含了无限的凭空猜想。

必须有点儿欲望作为外力，来帮助个人作出选择，于是火热的"爱情"排山倒海而来，它雄辩滔滔，成为一个显然外在的、不由分说的权威。另一方面，婚内的爱情未必是火辣辣的或"无理性的"。它可以波澜不惊、工于算计，仿佛是另一份工作。不过，一旦人们决定斩断关系，给出的理由往往是，那神秘莫测的"爱情"

已经失去。

因此，在不确定性和冒险性最大的当儿，也就是在人类必须作出选择的阶段，爱情似乎最为炽热。这次选择，最终会把一种偶然的契约关系变成人生最深切最牢固的束缚，而在如此重大的人生选择关头，爱情仿佛从外面跑来横插了一脚，又盲目又专横。心儿自有它的理由，哪怕头脑疑虑重重。

所以我们可以提议，不论婚前还是婚内的浪漫爱情模式，都是一系列动力造成的结果。各种文化中普遍存在的，是求偶的生物学冲动，其基础为异性相吸；但是不同的文化如何鼓励、利用和阻碍这种冲动，却是千差万别。绝大多数社会从不鼓励浪漫的感情，婚姻和爱情毫不相干，婚姻由他人包办，只有这样，才能把人们织入家族的网络。

爱情怎样切入我们的生活？

无疑具有讽刺意味的是，随着社会日益变得官僚主义和"理性"，社会体系的深层却逐渐滋生了一种任性的非理性情感，它与挣钱毫无关系，人们只是渴望不顾一切、不讲理性地逃逸到浪漫爱情中去。

在一个没有浪漫爱情就会变得死气沉沉、冷冷冰冰的世界，浪漫爱情使生命有了意义。自成一体的个人组成孤独的人群，浪漫爱情却承诺了你与另一个人的合二而一。浪漫爱情克服孤独，给予疲于选择的个人一段休息，一道至少暂时廓清了疑云、中止了彷徨的绝对命令[①]。

[①] 康德提出的伦理命题，指没有任何目的、利益和欲望的绝对的、无条件的道德原则。

爱情天地里的获得、拥有、占有的欲望，丝丝入扣地吻合了经济领域中同样非理性的积累欲、占有欲和拥有欲——它们是经济活动的几个基本动力。现代世界的消费社会显然在利用浪漫爱情兜售商品，广告已经把爱情捧上了文化的塔尖。爱情在提供各种承诺，承诺自由，承诺更深邃的生命意义，甚至承诺返璞归真，回到失去的伊甸园。

5

谁是我们的朋友?

亲爱的莉莉:

朋友将占据你终生的大部分思想和感情。为什么友谊对于我们的生活如此重要呢?在很多社会,人们交往的对象主要是造化所定,无非家人、邻居、同一阶级的成员。他们既不是因选择而来,也不是与我们平等的人。如果他们是亲戚,他们要么属于尊长(父母、哥哥姐姐),要么属于卑幼。同理,如果他们是其他阶级的成员或异性,他们要么生来比我们高贵,要么生来比我们低贱。多结识一些平等人吗,那是连想都不用想的。只要发展了类似于友谊的关系,这关系多半要一面倒。

什么是一面倒的友谊?

庇护关系含有一面倒的友谊,实际上,双方之所以保持他们的交往,正因为他们的差距。其中一人提供某种资产,比如高贵的一方可能提供政治保护,受庇护人则阿谀奉承,或支持对方的图谋。他们的关系全面而持久,不像我们与官吏或店主之间,只打一次具体而有限的交道。庇护关系包含了一些温情,也包含了对关系持之以恒的希望。

世界上广泛流行庇护制,因为它是家庭外部解决问题的主要途径。庇护制特别风行于西班牙、葡萄牙、意大利、中东等地,以及地中海列强的南美殖民地。它甚至波及到人与上帝或人与诸神的关系，基督教和佛教的一些教派中，有庇护圣者或庇护神，人们希望得到好处的时候就向他们祈祷。

每一位庇护人通常拥有若干名受庇护人。受庇护人也设法拥有好几个庇护人，把守各个要害，帮助自己获益，保护自己免遭其他强者的侵害。受庇护人经常怂恿庇护人在自己家里占据一个名誉位置，让他们成为教亲，譬如教母教父。

你有庇护人吗？

与此适成对照，拥有一个名副其实的朋友，不去开采和利用他，以图私欲，是非常希奇的现象。它一般见于这样的社会：那里存在许多大致平等的人，而且流动性很大，总能遇见潜在的新朋友。它所风行之处，人生的荦荦大端基本上无须利用私人关系而谋得，人生的需求基本上通过非人格的官僚制度而满足，那是一种以法律制度为后盾的买方卖方关系。唯有在人们不必利用人际关系而图存的环境中，无利害的友谊才是负担得起的奢侈品。

英国的独特之处在于，长期以来，庇护关系一直不是重要的人际关系组织方式。英国确实有人被称为艺术或知识的"庇护人"，也有人控制行业或把持利益。但是假如我问你，你的庇护人是谁、你的受庇护人又是谁，你准会一头雾水，就像数百年来你的先辈一样，因为他们听到这问题多半也会张口结舌。

美国有些地方的居民是盎格鲁—撒克逊裔的白人新教徒，庇护人—受庇护人关系在那里不很发达，同样，数百年来它在英格兰也不成气候。除了某些种族群、政治派别、艺术及专业、犯罪团伙以外，庇护制只是《教父》和黑手党世界的苍白的影子。

如果说在英格兰，家庭纽带和庇护关系未能凝聚众人，浪漫爱情也只让我们一次依恋一个人，又有什么东西能使人们相伴相依呢?简洁的回答是友谊。这就是你在学校花很多时间交友和断交的原因。你的一生是快乐而成功,抑或是孤独而失败,主要取决于你结交"朋友"——不论短期或长期——的能力。那么,这个盎格鲁—撒克逊字眼儿所描绘的奇物究竟是什么呢?

友谊是什么?

友谊的精粹是平等。友谊绝不可以变成不平等的权力和馈赠,因为不平等是庇护关系的本质。一旦如此,友谊便遭摧毁。此外,相互喜欢、怀有共同兴趣、能分享感情和思想,也是友谊的根本。"喜欢"一个人和"爱"一个人绝非一码事。我听人们说起自己爱父母(或兄弟姐妹),却不大喜欢他们。很有可能。不过说到底,喜欢和爱都是友谊中不可或缺的因素,可以肯定,假装的友谊,即毫无共同之处和共享之处的友谊,是维持不下去的。

友谊不是静态的事物。它有如一条河,唯有朝某个方向奔流才有意义。它需要不息地发展、变化和扩张,不断地吸纳新体验。有人说得不错:"英格兰人没有朋友;他们唯有诸事之友。"友谊背后是共享的活动和共同的需要。世上的人熙熙攘攘何止万千,为什么唯独和这个人共度时光?因为我们喜欢有他们相伴,他们"挺有意思",他们逗趣,和善,能支持我们。和朋友一起游戏的时候,这些品质最为彰显,如下一封信所述。

朋友万万不能是喜欢操纵和工于算计的人。友谊遵守着一条核心道德准则:"待人之道,当以斯人为鹄的,勿以斯人达鹄的。"倘若你觉得一个朋友在"使用"你,友谊即告结束。友谊不能买卖,一如真正的爱和美不能买卖。你不可能去代理商那里购买或租借一个朋友,虽然你可以租借一个人的头脑或身体,去干一件具体的工作。

由此可见，两个平等者长期喜欢对方之时便是友谊。在英格兰，友谊可以发生于异性之间，也可以有忘年交。男人可做女人的朋友，成人可做儿童的朋友；甚至丈夫和妻子，在做同伴和性伴侣的同时，也能做"朋友"。这可是一个古老模式哩。史学家艾琳·鲍威尔曾描述，中世纪的生活如何"充满了夫妇朋友"。英格兰人甚至可以和他们的宠物结交为某种程度上的朋友。小说家乔治·艾略特说："动物是多么随和可人的朋友啊，他们绝不提问，他们绝不批评。"宠物是唯一一种可以花钱买来的朋友，但是即使对它们，我们也必须尊重。

友谊需要建设。它不会从天上掉下来，如果不闻不问，它也不会维持。朋友好比一座果园，他们需要精心栽培、剪枝和呵护。然而朋友不能变成你独占的私人财产，你将终生体会到，世上最艰难的事情莫过于分享友谊，和偶尔失去友谊。

友谊时常与别种人际关系起冲突，尤其不见容于家人，特别是情侣。不过只要它正常发展，就可能成为人际关系中最深挚的一种。你小时候常和我一起听亨德尔的一首著名咏叹调，它的蓝本，是圣经故事中大卫王哀悼他那被谋杀的朋友约拿单的一首挽歌。亨德尔的音乐准确表达了他俩的爱慕之深切[①]。

朋友怎样交流？

说来奇怪，与朋友交流的最妙形式往往是沉默。友谊不在说了什么，更重要的是不说什么。"信息"无需以话语传递时，便有真正的友谊显身。友谊所追求的，是达意于"字里行间"，一切尽在

[①] 见《圣经·撒母耳记》，大卫云："……我兄约拿单啊！你是我内心的喜悦，你对我的爱情奇妙异常，远超过妇女的爱情……。"后世常用"大卫和约拿单"比喻生死之交。亨德尔采用其事于清唱剧《扫罗》。

不言中。

这种"消极"交流之所以重要，是因为它比积极交流更要求亲密无间。信息发送者和接收者相距愈远，愈是需要表达得一清二楚和直截了当。唯有两人或多人拥有大量共同点的时候，更节俭的消极交流才会发生。

一切话语都是权力的施行，因为必有一个说者和一个听者。信息说得越响亮、越清晰，接收信息时就越难使用鉴别力，亦即听者的自由意志。一道毫不含糊的命令最坏，比如军队里的命令，因为它是强制性的，说一不二的，断然要求服从。

另一方面，间接、消极和蕴蓄的交流是友谊的典型特征，它使思想畅然流淌，使感情不受挫伤。让人做了朋友，等于让人得到了一个如此总结的机会："或许你愿意考虑……"这种说法兼有多种优点，例如避免侵害对方的完整人格；对方显然凭自由意志参与活动，犹如理性的个人订立契约。因此，我们请朋友帮忙，不说"你必须做"，而说"我倒想你能不能……?"

如果互动者是些自由而独立的个人，这种策略十分必要。在一个先进、开放、平衡的社会，人的恐惧降到了最低，此时，除了甜言蜜语、请求劝说以外，别无良策。人非奴隶，也非受庇护人。需要温婉地引诱他们走进体面的友谊，不可能强迫他们保持友谊。他们可以拒绝友谊，也可以把友谊挪走。

什么是尊重他人？

友谊以尊重和礼貌为基础。礼仪礼貌意味着为他人设身处地，并"以他者的眼光看自己"。人们首先得相信双方在本质上是接近和平等的，足以基本了解对方的感受和困境，尔后才能发生某种形式的体谅和同情。

然而礼仪礼貌又是疏离的机制，因为它们一边为双方建立一定程度的亲密感，一边让人们保持一臂之遥。它们可用来强调其中一方的个人需要、个人愿望和私人社会空间。疏离，可以表现为尊敬对方的个人身份。中国哲学家孔子曾暗示平衡之难，他说："唯女子与小人为难养也！近之则不逊，远之则怨。"

社会空间围绕个人运转，这是一个重要的概念，是个人主义自我观的核心。在大多数社会，攫取权力的主要手段是践踏弱小者的社会空间，也就是强迫别人放弃自己的时间、空间和欲望以适应我们。浪费别人的时间，比如动辄让人耽搁好几个钟头，无异于虐待别人的肉体。真正的礼貌与此形同冰炭，它尊重个人的社会空间，在表示关心的同时保持一定距离。

什么时候可以接触别人的身体？

社会空间或多或少是象征性的和无形的，故须通过手势、姿态和语言来处理，然而它又或多或少是物理的，因此能见于身体的距离。可接受的身体距离大有悬殊，它的遐迩，端视亲密度和平等度。据信人际关系中确有不同的度。

处于两极之一的是"不可接触性"，或许按严格的字面意义而执行（比如种姓制度中），或许通过保持距离而示意，比如一位贵族讨厌离一名平民太近时的做法。这两种绝对的情形，我们一般认为和英国生活无关，尽管时有例外。

处于另一极端的，是在一些部落社会和农民社会看到的情形。族群内部几乎没有社会的和物理的距离，人们经常紧挨在一起坐或站，按西方人的品味，近得令人不安。反之，一些非洲人觉得西方人显得太孤僻，站得太远。

有些社会似乎不大赏识私密和独处，不理解为什么要划出一个他人不得闯入的私密保护区。我在尼泊尔村庄生活时感到的震惊，至今在我记忆中栩栩如生。那里门户洞开，人们有事没事跑进来，对我正在做的每一件事情评头论足。我们企图去村外制造一点儿私人空间，他们却一路跟来。甚至我们想私人去上田野里的茅房都很困难。

由此看来，英格兰人大都能达成折衷，实在是有趣的现象。不论关系远近，人人保持一个大致相同的物理距离。人人头顶同一个定律，那是折衷的定律，不远也不近的定律。应当近到能够表示投入和参与，但又不能近到引起尴尬和形成闯入。总体而论，英格兰人觉得未经邀请而闯入其私人空间的行为很古怪，还可能暗含威胁。

私人空间的困难在于它是一种微妙的折衷，而且随着时光的流逝和风气的变化，情况会变得混乱。吻女性朋友和女熟人的脸颊，拥抱男人，二十年前我会觉得奇怪极了。但是今天，这些大陆习惯广为流传，每每弄得我手足无措。

过去多么容易啊，同朋友会见，开始和结束时分别握一次手就行了。现在我却常常自忖：我们什么时候该亲吻和拥抱啦，又该怎样亲吻和拥抱呢？不同文化交叉起来，问题更大了。在日本，大庭广众下亲嘴是淫猥的姿势，纵使亲嘴的那对男女是夫妇。不久以前，哪怕在公共场所碰碰别人，也被认为下流不堪。初次见面鞠上一躬，递上一张名片，会晤结束时不过再鞠上一躬，或献上一个微笑。

不过，就连简简单单的握手也是微妙的艺术。握手象征着友好、平等、彼此心领神会，换句话说，它象征着投入；而由于伸出了自己的手，它又象征着采取一次暗中盘算过的冒险（是否会被拒绝呢）。与此同时，胳膊伸展出去，却也挡开了对方。与拥抱截然不同，握手不是拉拢距离的姿势，而是一个拘谨的姿势：让我们交个朋友吧，不过让我们同时保持相互的距离、尊重彼此的独立吧。握手曾与一种保守的、中产阶级的老派英格兰风格相得益彰。

两个朋友恰如一对磁铁，两人可以相吸，万一太近，又可以相斥，把对方推到一个更安全的距离。所以友谊是一种平衡行动，如同芭蕾舞或其他舞蹈。它既是自发的，又需要主动建设；它既是天然的，又是人工的。像幸福一样，它不期而至，不可强求。它通常来自其他兴趣的副作用。

人类是社会性极强的动物，喜欢爱人和被爱。能在好友或佳偶的陪伴下感受脉脉温情，不亦乐乎！这倥偬促迫的、个人主义的生活何其孤独，友谊能帮我们去克服。如今我们不再是岛国，而成了大陆的一部分。我们从别人身上找到了照见自己的镜子，找到了困境中的支持和援手，发现了施与富余之物的快乐。我将永远珍惜的某些时刻是和你共度的，你我作为真挚的朋友一同探索世界，时而欣赏一座新的花园，时而参观伦敦的自然史博物馆，时而发现格林兄弟童话的宝藏，我们心中的快乐，是独处时绝对体验不到的。

6

为什么要玩游戏？

亲爱的莉莉：

你小时候特别喜欢玩寻宝和奇装游戏，也老是和妹妹一块儿玩精致的"过家家"。大部分童年时光你居住在一个奇幻世界里。

看着你，我不由想起，人类一向被定义为 Homo ludens——这一拉丁语汇表示"游戏的人"。因为游戏的特点虽不至于将人类与其他物种截然区分开来，却在人类身上格外地发达。你身边在在有证据，表明人类多么热衷于竞争性的游戏，包括赌博和体育运动。人类的很多日常行为也显出一股顽皮劲儿，虽然我们通常不以为那是在"游戏"或"玩耍"。

游戏分为不同的种类：凭技巧的游戏和凭运气的游戏，一对一的游戏和团队对团队的游戏，游戏还包含形形色色的器物和各种各样的规则（用于球类、棋牌类、赌博类）。每一种游戏发挥的功效略有不同，并诉诸我们心理的不同侧面。

为什么要玩耍？

人类行为的强烈动机是好奇心，以及一种顽皮的本质，也就是一种竞争、梦想、想象和奋斗的欲望。儿童身上的顽皮劲儿格外突出，不过它还将持续终生。顽皮由各种元素集成，包括好胜心、支配欲、超越对手的渴望、精彩表演的喜悦、肌肉协调运动的满足感、社会活动的满足感、估量风险的乐趣，等等。

游戏是一种超越时空的体验。在一场游戏中，个人或团队以几乎完全平等的状态开场，再按同一套规则玩耍，最后以一方暂时征服另一方而收场。游戏从同一之中创造差异，它充满活力和闯劲，将相似性化为多样性，人为地制造冲突，将玩耍之前互相团结、彼此平等的人分裂和分隔开来。玩"强手棋"①时，一个人得到礼帽，通吃公园巷和梅费尔，只要这盘棋还在持续，他就是一个大肆掠夺的地主；另一个人得到靴子，只好拥有老肯特路。

这与印度、非洲和中国等诸多文明的情形恰恰相反。那里的人极力在社会生活中压制和贬抑公开的竞争。相反，他们利用仪式这种秩序井然、标准化、重复不已的行为，去减少对抗和变化。因此，仪式能在不平等的文明中制造一时的平等和亲密。仪式联结了众人，创造了统一。

在现代社会的很多重要建制中，我们都看到游戏似的程序在起作用，证券交易所、国会和法庭的进程仿佛真实的运动场。这些机关一律采取有板有眼的游戏形式，在一个容许规规矩矩的冲突的竞技场上开练。于是，变化得以发生，大社会又不至乱套。

只要不超出游戏的特殊"场地"和有限时间段，人们不妨做出怪异的、常常不负责任的行动。他们可以穿奇装异服（巨型头盔、白色裤子），他们频频地相互痛击（拳击运动）、扭倒对方（橄榄球）、彼此扔东西（板球）。他们可以隔着下议院宽阔的地板，冲着对手破口大骂，可以在法庭上粗鲁相向，可以在证券交易所东奔西突、手舞足蹈。但是这样的行为总有个限度，终场时分人们应该握握手，又成朋友，因为只是"游戏而已"。

---

① 一种棋盘游戏，玩家假装买卖和租赁房地产（如下文提到的"公园巷"等地产名目），以争取垄断权。下文所说"礼帽"和"靴子"是两枚棋子。

谁玩游戏？

至少从16世纪开始，英格兰人变成了各类竞争性团队游戏的大发明家。想一想世上现存的诸般游戏吧，它们差不多全是英格兰发明或改造的，板球、足球和橄榄球更是其中翘楚。

除了玩游戏，英格兰还变成了运动大国，热衷于赛马、赛狗、登山、打猎、钓鱼和射击。而且，英格兰人从古到今是了不得的业余爱好贩子。乔治·奥威尔[①]指出："我们不仅是一个爱花者的民族，而且是一个集邮家、养鸽迷、业余木匠、票券剪藏者、投镖游戏玩家、纵横字谜爱好者的民族。"不过英格兰人仅仅是欧洲模式的一部分，因为法国人、意大利人和荷兰人也成了"游戏"文明的成员。

我们大概以为游戏的热情无处不在吧。但是根据我的初步印象，仅仅几年以前这种热情还十分有限。我听说，近代以前日本没有竞争性团队游戏，却有大量难以归类的活动。它们严格说来不是游戏，因为它们好像含有一种肃穆的仪式的成分，于是人们常用"武术"之类的字眼描述它们。就连举世闻名的茶道，也既非游戏又非爱好，既非娱乐又非仪式，但是又都有那么点儿意思。

这些活动处于艺术、仪式和游戏的交叉地带，所以感觉起来怪怪的。其中一个系列带有"*do*"后缀（如 *kendo*、*judo*[②]），意思是"道"或"法"，暗示它们的半宗教的面貌。还有一些活动，感觉也不大像游戏，比如叫做"相扑"的摔跤，或者所谓"弹球盘"（一种弹子球戏）。过去日本并没有那种两个团队互相"战斗"的球类游戏。

直到最近几百年，西方的竞争性团队游戏才蹦着、踢着、打着，来到了世界各地，惹得世人纷纷上瘾。于是人人为足球癫狂，

---

① George Orwell（1903—1950），英国小说家及散文家，代表作有《1984》、《动物庄园》。

② *kendo*：剑道；*judo*：柔道。

为板球痴迷。变化发生得如此晚近,说明必须具备一定的政治、经济和社会条件,游戏才能开展。某种程度的政治平等和社会平等既是团队游戏的起因,也是它的结果。团队游戏可能因导致混乱而遭禁,也可能迅速演变成一种政治活动。印度人发现自己打起板球来可以击败他们的白种主人,还可以合法地在一块场地里闲荡几个钟头而没人骂他们是懒骨头,他们玩板球的热情不由更加高涨。

游戏在传播途中可能发生激进的变化。太平洋上新几内亚的特罗布里恩德岛民玩起板球来,改变了几乎所有的规则,结果每一方都有一打队员,身穿战袍,互相猛掷东西。新几内亚还有一个地方的人学会了踢足球,但他们一次踢好多场,不到双方踢成平局绝不罢休。

科学是游戏吗?

游戏气质的表征一般包括:尝试这样那样的举措,作出疯狂大胆的猜想,依照直觉和预感行事,背离逻辑思路,喜欢从事冒险,不肯正儿八经,不愿固执于一说一术,喜欢创新和实验。科学的成功往往也需要大量顽皮的、夸张的、幽默的、蛮横的假想和实验。可以肯定,重大的进展每每发生在意外的地方,头脑一跃,忽然福至心灵。过分严肃、逻辑森然、一丝不苟、恪守纪律的头脑,很容易错过那些能够给予新洞见的重要而奇特的线索。

一个饱学的儒学家或佛教高僧,比起一个长得膀大腰圆,喜欢逗趣、游戏和胡闹的大学生,取得突破的可能性恐怕要小一些。弗朗西斯·克里克[①]写了一本书,描述 DNA 的发现,书名饶有深意,

---

[①] Francis Crick(1916—2004),英国生物物理学家,曾获 1962 年诺贝尔生理学—医学奖;下文提及的《多么疯狂的追求》是其自传,已有名为《狂热的追求》的中译本。

叫做《多么疯狂的追求》。DNA发现过程中的那些念头如此牵强附会和不着边际，多数人会当作笑话而放弃的。

求知在不少社会是一个不小的问题，因为它威胁了太多的既得利益。探知大自然的奥秘可能带来权力，对统治者构成威胁；可能颠覆古老的知识，对教士构成威胁；可能改变身份地位，对长者和社会高层集团构成威胁。伽利略一经指出地球围绕太阳运行、而非相反，便受到酷刑的恐吓，被迫公开收回了他的宣言。

我们发现设立界限是游戏的一个中心特点，我们还发现它又是法律、政治和经济领域的基本特点，其实它在科学领域也具有同等的分量。从事怪异探索的人经常被当作魔术师或巫师而驱逐出界。在奉行新教的欧美地区，思想控制不那么严密，因此尤其在这样的地区，以往几个世纪的科学家能够埋头进行半爱好、半游戏的专项研究，不用惧怕愤怒的暴民。他们一边探索一边希望：这种忤逆了一位最大对手（即那位狡猾的造物主，他把大自然的线索都给藏了起来）的"游戏"，其中所包含的技巧和天才能够因其精湛而被世人承认。

儿童为什么要玩耍？

学校通常大力鼓励玩游戏，多少是因为玩游戏可以增强肌肉，消耗过剩的体能。此外，团队游戏还被认为有助于提高社交技巧。团队游戏的精髓是把利己性和社会性加以平衡，前者是个人出风头和争强好胜的欲望，后者是帮助自己所属团队获胜的欲望。两者的平衡，也是社交生活中很难做到的一件事。什么时候该持球，什么时候该传球，不啻一门延伸到多种日常活动的艺术。游戏规则组成了结构化的环境，有效地教会了人们如何在精诚合作与独断专行之间取得平衡。

还有人认为，游戏可以教人们学会怎样为生活划分界限。只要游戏还在玩儿，我们遵守一定之规；哨声一响，我们便无需坚守。学会怎样对待失败（我花了好几年才学会比赛失败后不哭），怎样同一个才智和技能高于你的人从容相处，是游戏教给我们的又一门重要艺术。

一边在规则之内玩儿，一边在规则之内尽量找机会找窍门，同样是一门微妙的艺术，随时能在生活中派上用场。你必须学会行业或职业规则，但是假若死抱着规则不放，缺乏创造性思维，你的前途将平淡无奇。假若你违反规则而又被抓个正着，结局就更糟。怎样才能既遵守规则、又超越规则？这里需要的是技巧、个人谋略、训练有素、对他人明察秋毫，等等。一个例子是，"旋转球"的概念在板球场上可以让球的运动变得诡异，也可以在政客对付公众时，帮他掩蔽自己的真实动机。

游戏有什么魅力？

人类是喜欢竞争和支配的动物，所以热衷于玩游戏。玩耍、奋斗、智取、获胜，俱为重要的生存手段。不过游戏的意义不止于此，团队游戏更是意义深远。板球队、足球队、滚木球队的全体成员一起玩儿，非常社会化，并由此而产生友谊和表现友谊。象棋赛中或壁球场上的友好竞争也能加固友谊。不论是让头脑配合身体，还是依靠队友并分享一切，两种行为都能给人极大的满足。

朋友们一起玩耍。所以，学校强调学会玩游戏，也是为了教学生学会友谊。玩耍和友谊一样，不导向任何实用的目的，它只是"游戏而已"，但是当心，拒绝游戏等于摆出了拒人千里的姿态。

同等耐人寻味的问题是，人们为什么要观看游戏和运动。有观众的运动极其火爆，这一点，已成当今世界的一大标记，它无疑是电视的深刻影响所致，也因为运动和性组成了兜售商品的两种主要途径。

科技史家刘易斯·芒福德建议，当代的运动可以定义为"有组织的游戏形式，其中观众比运动员更为重要"。它们形成了一道奇观，在很多方面更像戏剧或仪式，而不像玩游戏。

群众变成了合唱队的成员，大家在情感和心理上混为一体，一时间被吸引到他们的日常生活和烦愁之外。人群时而欢声雷动，时而嘘声四起，无异于古罗马角斗士与野兽的格力场上的观众，也无异于观看斗牛、甚至马戏的现代同好。哪怕在家里私下看电视，人们也用自己运动队的颜色穿扮起来，举杯痛饮，假装是观众席上的一员。

混在人堆里我们变得胆壮起来。我们狂吼乱叫，说平常不好意思说的话。我们经常趁机公开我们的偏见和火样热情，不管那是为了我们的祖国，还是为了我们的政见或我们的仇恨；此时此刻我们的模样，是我们作为单独的个人时认为绝无可能的。怪不得一切独裁者都热爱群众的派性大集会，喜欢发动群众游行、唱歌和呼号呢。

群众游戏和私人玩耍还变成了挥霍的形式。现代社会闲暇太多，所以人们用游戏充实业余时间，也有人用游戏炫耀他们新近的发迹。人们经常在大庭广众面前公开玩儿，不过也频频私下里玩儿，比如在计算机游戏和网上对手的天地里。

机器造成了越来越多的闲暇时光，它必须加以填充。花样百出地玩耍，便成了人类闲暇时的爱好。如果说有什么东西是世人的新"宗教"，那就是足球。如今运动、游戏和业余爱好催生了最多的金钱、激情和行动，世界上任何别的东西无出其右者，惟战争或有一比。确实，战争对于它的某些鼓吹者来说，是一种最壮观的游戏形式。在普通竞赛的刺激性上，战争又添加了死亡的风险做佐料。不过对于大多数民众来说，在世界杯里打，还是比在战壕里打好得多。

第三束信

暴力与恐惧

7

暴力是必要的吗？

亲爱的莉莉：

英语里"暴力"这个字眼儿的意思比较狭窄，主要指猛烈的物理行动。它的含义为：使用不必要的、不受欢迎的物理力去针对他人。"不受欢迎的"一说很要紧，因为物理力的使用其实是日常的功课。从地上抱起孩子，医生或牙医干活儿，我们玩游戏，都有物理力涉入其中。但这不叫暴力。如果我们揍别人的脸，打掉别人的牙，强行拥抱别人，这就叫暴力行为了。暴力永远需要物理力参与其中。

法文单词"*violence*"[①]则包含更宽泛的意义，物理暴力和所谓"象征性暴力"都涵盖在内，比如我们不妨说，语言、建筑、姿势、绘画、政府指令、阶级或性别含有象征性暴力。我栖身于国王学院礼拜堂隔壁的一座宏伟建筑[②]，它的设计思路正是向参观者灌输敬畏感，至于巍峨的礼拜堂本身，更是强迫进入者产生一股崇敬之情。这类案例大多不直接涉及物理力的使用，但是它们确实对个人施加了可能违背其愿望和兴趣的压力。在这封信里，我将采用"暴力"一词的更宽泛意义，即它的法语意义。

[①] 法文，"暴力"，与英文单词 violence（暴力）的拼写相同，但作者认为其内涵更宽泛，见下文。

[②] 指国王学院的办公楼。

我们非互相伤害不可吗？

人类的相互关系很少有不含暴力的。父母即使不用物理力控制子女，也总是用象征性暴力管教他们。父母一会儿吩咐孩子闭嘴，一会儿吩咐孩子听话。他们利用礼物和馈赠为手段，对子女施行控制，甚至使用间接暴力，例如溺爱子女或诱发子女的愧疚感。他们恩威并举，但是表象之下永远暗藏着强力。这种强力，部分地体现了父母—子女关系中所植入的不平等，它很容易从人们认为合情合理的管束滑向"虐待"，也就是过分使用或不适当地使用权力。平衡是微妙的。

在许多社会，父母和子女的关系极不平等，以致不论使用象征性暴力还是物理暴力，人们都不觉得是"虐待"了。比如传统的罗马或中国社会，父亲的权力大到可以杀死不孝之子、拷打不驯之妻。还有一些社会，兄长杀死发生风流韵事、因而危及家庭名誉的姐妹，可能是责无旁贷的举动。我们设定的虐待标准往往非常高啊。在有些地方，暴力简直是男子义不容辞的行为方式，可以显示某人是一条"好汉"。

如果我们以为，人类社会是从家庭暴力不足为奇的早期阶段，稳步发展到了家庭暴力不得人心的现代时期，我们可大错特错了。很多狩猎采食者社会几乎没有人际暴力，而在所谓的"文明"世界，很多地方的暴力程度高得惊人。我在尼泊尔的一个村庄度过了三年，仅在唯一一个家庭里看到了为时不长的物理暴力。除此以外，我从不曾看见哪个大人打孩子、哪个妻子打丈夫、哪个丈夫打妻子。象征性暴力近乎为零，恐吓、叱骂、贿赂也极其鲜见。打从襁褓时期起，始终靠温和的压力——如果这么说不矛盾——和忠告轻轻推动人们去采取一个行动，或产生一个思想。

最近两代人的光景，英格兰发生了相当激烈的变化。家庭内部的不平等受到了挑战，人们正在讨论如何立法，禁止学校和家庭内的体罚。

然而，别处的人际暴力似乎有增无已。抢劫、谋杀、强奸等暴力犯罪好像日甚一日，媒体也充斥着暴力形象，文艺虚构和真实新闻莫不如此。因此人们普遍忧心忡忡，唯恐遭到袭击，即使从暴力的实际趋势和犯罪统计数据来看，他们的恐惧通常没有什么依据。就日本和英格兰而言，数十万人因交通事故致死或致残，但很少引起注意，假如一个小男孩杀死了另一个小男孩，或者两个女学生被谋杀了，全体国民无不伤痛万分。

为什么我们残忍地对待其他动物？

人类只是动物的一个门类。他们的 DNA 有百分之九十八和黑猩猩的一样。不过人类总把自己想象成一种与众不同的、比较高级的生物，基督教神学就支持这样的观点。因此人类对其他动物的态度不免很矛盾。

观察人类对其他动物的态度，很难发现单一的发展模式。许多早期社会似乎相信，人类和动物之间有大量的重叠，人类可以变成动物，动物也可以变成人类——神话叙述了这样的转化，而且动物具有人类的灵魂。几千年前人们开始驯养动物，其他物种与人类的关系由此变得更密切了，也更疏远了。猫和狗领进家中，绵羊、奶牛、山羊、水牛圈在栏中，就这样，动物与人类以矛盾百出的方式分隔开来。常见的发明是一种三重分类法。

猫和狗之类陪伴人类的宠物，马之类供人类骑乘的动物，属于内圈。它们好比孩子或近亲，又依赖又顺从。吃掉宠物、从而给它们来一个物理上的吞并，是受到禁止的行为。组成第二个圈子的是家畜，如绵羊、奶牛、牦牛、水牛和猪。它们好比表亲，关系很近，但不是家庭成员，可以被吃掉，通常它们确实被吃掉，从而亲密地走进我们的生命。最后一圈是野生动物，好比敌人或非亲非故的外人。它们也划分为两类：可吃的和一般说来不可吃的。前一类包括鹿和各种野味，后一类包括豹、虎、熊、狼等肉食动物。

可见以往数千年中人类和动物既互相依赖，又彼此分隔。尤其值得注意的是，某些宗教断言，是一个酷肖人类的神创造了各式各样的物种。基督教的神话说，上帝有一天创造了动物，另一天创造了人类。他建造了伊甸园，让动物满园，再任命一个男人做了伊甸园的统治者。动物听凭人类生杀予夺，造物之初它们就是明确有别于人类的物种。

19世纪中叶，人类与动物之间存在鸿沟的观念彻底破产，查尔斯·达尔文提出了物种长期进化的概说，并揭示，人类在那棵包含一切物种的大树上，只是一个晚生的、较小的枝杈。自此以来，我们日益憬悟到，我们和动物重叠得多么厉害。昔人认为的那些区分人类与动物的因素，而今已荡然无存。有些动物也利用工具，具有幽默感，使用简单的语言，具有自我意识，甚至可能感知自己的必死性。它们感觉着，思想着，希望着，恐惧着。

既然事实越来越清楚地表明，动物像人类一样受苦和思考，我们或许料想，人类会更加敏感和体贴地对待动物了吧。一些倡导素食和防范残忍的组织确实表现了这样的迹象，不过他们目前只触及了问题的皮毛。不难指出：我们目击了无数物种的灭绝，也目击了动物及鱼类的工业化养殖，所以说在当今世界，穷凶极恶的开采和系统化的残忍已经到了史无前例的地步。我们仍在设法抵赖我们与鲸、猪、牛、鸡的亲戚关系，继续折磨、屠杀和吃掉它们。

在我们大嚼肉排、香肠、汉堡包、炸鸡的当儿，我们这亿万人中谁曾想到（或者关心）同胞生物们的悲惨处境呢，恐怕谁也不会想到吧；除非有一天地球上诞生了更高级的新物种，某种电脑化的机器人，它们把人类养殖在小笼子里，给他们填食，榨取他们的胆汁，吃他们，我们才会认认真真地开始一场"十字军运动"，废除这种动物吃动物的同类相食。在此之前，地球上最大一族肉食动物仍在吧唧吧唧，嚼遍动物王国。我们进退维谷，因为我们是肉食物种，我们的大部分蛋白质是从其他动物身上吃来的，要我们改变习惯，简直不可想象。但是，只要有足够的意志，我们仍可想出办法，将我们施与同胞物种的苦难降到最少最小。

人们为什么加入犯罪团伙？

犯罪组织之存在，盖因它们服务于一个目的。以许多黑手党式的组织为例，这些犯罪团伙是在经营一种非正规的或"黑色的"经济，有了它，正规的或"白色的"经济才能运转。在俄罗斯、印度等国，以及昔日的意大利南方，正常的市场运转不良，本应支撑市场的法律机构却缺乏信任度，警方、官僚机构和政客也被广大民众视为腐败。那里不是效率低下就是管理过度，不花大力气、不行贿，绝对办不成一件事情。

在这样的局面下，地方上的黑手党借助忠诚和恐惧的锁链、"*omerta*"[①]（名誉、守诺）的概念、惩罚背叛的手段，提供了政府所不能提供的保险和安全。

假设一个人丢失了一样贵重的东西，求助于那些低效而腐败的警察将徒劳无益，而诉诸黑手党的"哥们儿义气"，结果就要好得多。黑手党放出话来，眨眼工夫被盗的东西便完璧归赵，偷儿也吃了惩罚。又比如说，一个人想做一笔交易，与一个陌生人签署合同，那么，不管你只是要买卖一头牛，还是要修建一条新公路或

---

① 意大利语，意为"（秘密团体内的）保密禁规"。

一座飞机场,都有必要让对方承受一点儿压力,好让他尊重这笔交易。于是黑手党被用来充当全面的担保。

为了避开一些费时费钱的障碍物、许可证手续、习俗壁垒和规章制度,黑手党将会鸣锣开道。"*cosa nostra*"①——"咱们的人"——的国内外触角可以摆平一切。

黑手党做成这些事情,靠的是物理暴力和象征性暴力的兼施并用。黑手党徒偶尔受命用子弹、匕首和燃烧弹解决问题,不过多半是恐吓一下便足矣。阻挡人类眼神交流的墨镜、大型黑色防弹轿车、一个仙人掌果留下来当名片、一颗爱畜的头颅放在枕头上、一种不祥的语调和威胁的手势,所有这一切,使你碍难拒绝献给你的保护。

黑手党一般在合法与非法之间的灰色地带运作。他们居住的王国人欲横流,充溢着狂赌、酗酒、滥交、非法体育赛事、毒品之类的恶嗜,国家对此一面容忍,一面试图铲除。

共同体之间为什么互相攻击?

当然,人类社会的种族暴力和宗教暴力已有数千年的历史。胡图族和图西族②之间在非洲进行恐怖大屠杀,穆斯林和印度教之间的暴力在印度间歇性地发作,科索沃和巴尔干地区发生着令人毛骨悚然的事件,听到这类消息,我们好像生活在一个共同体之间暴力大涨潮的世界了。不过我们一旦想起,20世纪初叶多达一百万亚美尼亚人遭到屠杀③,20世纪中叶好几百万犹太人在种族灭绝行动中

---

① 意大利语,实际意为"咱们的行当"。
② 卢旺达的两大部族,因历史原因,多次发生族间屠杀。
③ 当时的奥斯曼土耳其把国家分裂归咎于亚美尼亚等民族与外部势力的勾结,故于1915年春到1916年秋,屠杀了一百余万亚美尼亚人。

惨死，我们又觉得好像可以追溯到历史深处，找到不计其数的暴力例证了。

只要通过宗教和种族观念，用一种"我们"意识将人们凝聚在一起，好像立刻就有了一道分界线。"我们"是人类；"他们"是类人，不比我们任意折磨和屠杀的动物高超。

或许最令人哀伤和困惑的是，适才人们似乎还在和睦相处，且能容忍对方的差异，一瞬间就变成了不共戴天之敌，穷凶极恶地互相施加暴行。头一个星期邻居们还在举杯言欢，第二个星期就化作了妖魔，像是大有理由要去奸污邻家女儿，或剁掉邻家儿子的一只手。

人类显然伸缩性很强，耳朵根也软。他们似乎本不怀有天生而永在的敌意，时不时"爆发"一阵，相反，他们的差异在正常情况下无关紧要，不会引起冲动。问题是，人类的情绪一旦被希特勒等暴君所操纵，或者被一个风云突变的政治大气候所左右，恐惧感便勃然而起，理智而宽容的人变成了狂徒。保护家庭及共同体、冤冤相报的本能也油然而生，片刻之内你的朋友化作了仇敌。

这和巫术迷信的心理不无相像，如果你怀疑别人是女巫或异类，别人的笑脸刹那间可以在你眼中从友好变为险恶。假设有人能够设计一套"种族和宗教仇恨引信拆除器"，能用来扑灭尚未燎原的恐怖之火，那才是了不起的贡献呢。

国家暴力是什么？

国家是一个垄断了暴力使用权的组织。国家暴力主要有两种形式。一种是针对别国的暴力，我们称之为"战争"。另一种形式几乎所有的国家都在实施，它是对付本国公民的有组织的暴力。这里也包括象征性的暴力，例如法西斯主义的建筑设计、通过宣传机器实行的思想控制、大游行、国家主义音乐，等等。刑法和法律制度的发展也属此类，因为它们将国民分成了两等：自由的和被监禁的。

说到国家的监禁，值得提醒一下，这种惩罚随着时间的推移而发生了变化。对于大多数古代文明而言，把人在牢房里一天锁上二十三小时，委实太贵，所以犯人以别的方式受罚，例如砍手刖足，派去做划船苦工，派去踩水车，遣送到种植园和劳改营，还有一些人沦为奴隶。唯有富裕的文明才有能力让大批公民坐牢，或者把数百人养在死囚区里等待行刑。每二百个公民中抓一个关进牢房，美国人都负担得起，充分说明它是一个非常有钱的社会，有人会说，它也是一个缺乏想象力的和残酷的社会。

由于现代国家的财富和现代人的观点所致，监狱人口的数量呈现与时俱进的倾向。把人们锁得远远的，比根除犯罪和改造罪犯要少些麻烦。所以英国的监狱人口正在无情地悄然攀升，逐渐私有化的监狱①正在滚滚生利，"坚决打击犯罪"的政治家声誉日隆。

受到忽视的是人类潜能的浪费，以及根本的不公正，因为监狱创造了一个贬低人格的无望环境，而且人们动辄归咎罪犯。国家渐渐变成了监禁的机器。并很容易变成一个"管制国家"，让公共场所布满闭路摄像机，让富裕的公民住进戒备森严、高墙合围的私宅，让警力逐步武装到牙齿。正所谓以暴制暴，半斤八两。

我们终于逃不掉一个严峻的事实：人类注定是暴力的动物，无异于地球上的一切物种。他们不掠夺大自然、不互相捕食就无法生存。佛教等宗教和贵格会②等教派劝诫信徒，应弃绝暴力，和平生活。理想诚然可敬，但是只要我们呼吸吞吐、举手投足，我们就在

---

① 自1990年代初，英国监狱开始了私有化进程。

② 又称"公谊会"，该教派注重默想，聆听"内在之光"，强调简朴的生活及人间的平等与和平。

毁灭别种生物。

  一切只是一个程度和意图问题。贵格会教友和耆那教徒（耆那教① 希望避免引起任何苦难，即使对小昆虫也不例外）极力避免导致痛苦。毫无疑问，他们和那些蓄意施暴的人判若云泥。下一次你吃肉或杀死一只蛞蝓的时候，这个问题可值得你想一想了：你是在干什么，它是否可以叫做暴力。

---

  ① 公元前6—前5世纪在印度与佛教同时兴起的宗教。

8

战争是什么，我们为什么打仗？

亲爱的莉莉：

很多人纳闷，人类是不是生性好斗？如果是，则是否解释了战争在人类史上扮演着重要角色的原因？纵览全部人类史，任何人都能得出结论：互相杀戮和残害是人类最普通的消遣，仅次于食、性和游戏。

人类像其他动物一样有生存本能。如果生存本能提示他们，打仗和杀戮有助益，他们通常是会动手的。也有不少人打仗为取乐。打仗相当于一种刺激性和竞争性的暴烈游戏，颇让人跃跃欲试。莉莉，对此你也不陌生，你只须回忆一下小时候玩过的打仗游戏，你还装扮过老虎、肉食鸟之类的利齿兽哩。

南美洲、马来西亚等地发现了一些非常和平的狩猎采食者社会，那里的人不知战争为何物，宁静地生活在族群之内。像中国和日本这类强大的文明，也间歇性地经历过数百年几无波澜的和平。

但是纵览全部人类史，我们发现，人类对其他动物（包括人类的其他成员）使用物理力是一个极为普遍的现象。既然现在连妇女也开始应征入伍，开赴前线了，说不定有朝一日你发现自己也在从战杀人哩。

然而，历史上个人卷入战争的主要原因，不能简单地解释为生性好斗，酷爱打仗，或渴望幸存。悠悠数千年，大多数战争卷入的毕竟是不情愿的战士。政客和将军一声令下，接着，为恐惧、需要、忠诚、攫取战利品的愿望所驱遣，士兵们投身战争，掳敌杀敌。

个人的好斗与此关系不大。我们怎么也不会觉得,那位向广岛扔原子弹的飞行员是一个好斗的人。他只是干他的工作,他一点儿也不比一位正在换挡的汽车司机或一位正在播种的农夫"好斗"。假设人类被内置了一种程序,能主动反对使用物理暴力,战争无疑不会打响。反过来看,在如此竞争的世界,如果被设计了这样的程序,没有哪种动物能够长存。

战争是什么?

我们需要区分积极的战争和消极的战争。积极的战争是持续一定时期的武装冲突,由直接的物理暴力行动构成,不妨称之为"热战"。消极的战争又叫做"冷战",它使用恫吓和对应性恫吓,几乎不采取真枪实弹。冷战是一段永远充满焦虑、恐惧和凶兆的时期,1945 至 1989 年,世人经历的就是冷战,如今世人又重新发明了它,名曰"反恐战争"。

第二个重要区别,是永久战争和有限战争的区别。永久战争的别名为"夙仇"。在夙仇中,每一个暴力行动自动生成一种条件,孕育对应性暴力行动,也就是《圣经》上所说的"以眼还眼"[①]。好比跷跷板,每一次杀戮都会改变平衡,然后必须矫正回去,但是在用暴力回答暴力的时候,局面会再次失衡。这种无止无休的战争或夙仇,是部落社会的典型形态。"夙仇"或"不共戴天之仇"的说法,正是来自一个部落社会,即历史上的高地苏格兰人。

这种长期争斗常见于贝督因部落[②]、阿富汗和中亚各部落,和以此著称的阿尔巴尼亚及巴尔干地区。山区、沙漠地区和艰苦的畜牧

---

① 语出《圣经·出埃及记》所载摩西律法,但在《新约》中,耶稣提出了不同看法。

② 在阿拉伯半岛、叙利亚和北非沙漠中游牧的阿拉伯部落。

地区缺乏中央政治管理,那里是夙仇的经典之地。

还有一种夙仇形式见于森林部落,例如居住在阿萨姆邦[①]—缅甸边界、菲律宾群岛、亚马逊流域的那些割取首级的部落人。他们的模式是不停的袭击和不息的村际战斗,通常伴有割取敌人首级的行为。"以血还血"和割取人头作战利品,是永久战争的标识。

为什么要这么没完没了地打?为了弄清原因,我们必须认识永久战争的各种"功能",比如说,它可以将人口密度降低到适应于有效资源的水平,此外,从战者自己也提出了各种非打不可的理由。

他们的理由总不外乎荣辱感、追求光荣欲、大丈夫气节、捍卫本族群及其地位的必要性、报复侮辱的必要性。那是一个由恒常的、阵发的、无解的夙仇构成的世界,那里缺乏止息争端的机制,没有人人认可的中央权威,故而只能是一个朝盟夕散、互不信任的世界。

卷入夙仇的人大都目标有限。他们一般不关心征服领土或歼灭敌人,仅满足于烧掉几所房屋,偷得一些食物、头颅、妇女,或不拘什么贵重的东西。夙仇是有板有眼的暴力游戏,自有其错综复杂的规则和花样繁多的荣誉观。不少人看出,今日以色列和巴勒斯坦等地的行为均属此类。

国家为什么要打仗?

战争的另一大类型是对阵战,它胜败分明,起点、中段和尾声也一目了然。虽然它时间有限,造成的破坏却绝非有限。这类冲突,发生在我们含讥带讽地称为"文明"社会的地方。就是说,对

---

① 印度东北部的一个邦。

阵战早在大约五千年前，领土国家兴起之时就诞生了。

它们是马其顿人、希腊人、罗马人、土耳其人、蒙古人、法兰西人、不列颠人、美国人从事过的战争。对阵战有起始日和终止日，例如1914—1918年，1939—1945年，在某一天开打，又在某一天收兵；战争持续期间，战火往往比部落战争蔓延得更"全面"。对阵战旨在击败或征服另一个有界国家，因此时常发生大规模的屠杀和破坏。打一场对阵战，死去亿万人不算稀奇，若非死于打仗，便是死于战争带来的饥馑和疫病。

这类战争的原因与凤仇战争很不一样，或许有一些象征性原因与凤仇战争相似，例如尊严受伤、嫉妒或复仇，但是最主要的两个原因是恐惧和贪婪。

恐惧的确法力无边。既然敌人摆出了威胁姿态，我们自当先发制人。直到近期为止，这曾是"文明"战争的一个最常见动机和辩护辞。20世纪后半叶，国际法增订了一条新则，禁止对主权国家发动先发制人的袭击。最近，某些西方强国的领袖修正了最古老的战争辩护辞，他们宣称，一国袭击该国觉得有朝一日可能成为威胁的另一国时，若此次袭击确实符合该国之自身利益，它就是正当的。这一举措使我们倒退到了一个以恐惧、军备竞赛、先行袭击为基调的世界。

第二个主要动机是贪婪，因为普遍的事实是：众人失，少数人得。得利者包括武器制造商、某些银行家、成功的战争贩子、某些政客。有人贪求权力，一场胜仗可以助长政治权力，扭转批评。有人贪求土地等资源，通过征服可以夺取资源。

众所周知，从古代的巴比伦人和中国人，到罗马人、哈布斯堡人和不列颠人，再到当今的美国人，帝国侵略战争未曾有过间歇。一种不妨称为"多米诺骨牌反向效应"的力量，加强了国家不断从事战争的倾向。

说到正向的"多米诺骨牌效应","反共战争"可为一例,据说,一朝失去一个国家,譬如越南,将导致竖立在附近的所有多米诺骨牌(柬埔寨、老挝、泰国等)一齐"倒"入共产主义怀抱。而在多米诺骨牌的反向效应中,某块领土一经吞并,便对胜利的征服者构成了巨大压力,使之不得不考虑继续收服下一块。

罗马帝国史提供了一个榜样。罗马人为了保卫空前扩张的领土,不得不陷入更多的吞并行为。大英帝国也如此。为了"保卫"印度,英国人觉得必须直接或间接控制印度边境上的一些地区,包括阿富汗、克什米尔、尼泊尔、阿萨姆、缅甸。不久以后英国人的眼睛又盯上了中国,甚至日本。

帝国不可能静止不动,它们要么向外界挺进,要么在进攻边陲"蛮子"的沼泽里没顶。美国已经在这样的沼泽里愈陷愈深。既可以莫名其妙地忽视前车之鉴——如越南覆辙,也可以重新唤起国人,使之再求一逞,去消灭危险的游牧部落。

武器怎样改变战局?

"无限的"或凤仇的战争,与有限而又全面的战争,两者的区别还表现在技术和组织方面。凤仇战争是季节性地打,业余地打,由男性人口组成的一小批非职业战士打。文明战争倾向于一年四季打(除非气候碍手碍脚),由职业的(招募的或雇佣的)军队打。训练的量、军纪的性质、军内的等级制,也都有差别。

此外,武器经过一段时间也会变化。历史上大多数战争使用简单的武器,例如弓、矛、剑。然后国家体系进化了,新一级武器随之开发出来,于是风云为之一变。

从 14 世纪开始,火药型武器改造了西欧的战争格局。由于造化弄人,若干世纪以前发明了火药的那个国家,即中国,很快在实质上取缔了火药，或者不使用火药了。事实上，18世纪以前世界上几个最伟大的文明，有五分之四——包括伊斯兰国家、中国和日本——禁用火药型武器。唯独西欧发展了加农炮和使用火药的小型武器。多少由于这一分殊，欧洲最终取得了破坏性的优势，于15至19世纪间殖民化了地球上的几乎每一片土地。

战争可以是好事吗？

以往五万年的人类史上战云密布。无尽的夙仇战争可能在多方面抑制了各文明的发展，比如，小有财富即遭破坏，人口保持稀少而分散的状态，生态虽然得到了保护，却难有重大创新。一个族群刚刚繁荣起来，稍许放松了尚武的风纪，立刻会被更贫穷和更好战的邻族战士毁灭。

数千年中，世界上那些穷兵黩武、热衷夙仇战争的边缘社会，时时在攻打那些定居一方、地处中央的农业文明。最大的争夺战发生在中亚的游牧部落，即蒙古人，与定居的农业国民之间，蒙古人的铁蹄踏遍了中国、印度、俄罗斯、东欧和中东。

这是人类两种不同组织形式之间的千年大冲突，结果蒙古人毁灭了许多伟大的文明，统治了亚洲大陆上四分之三的疆土，直到18世纪。马匹和蒙古弓弩是蒙古人的主要破坏技术，大约1700年以前，一直优胜于那些定居国家的战争技术。只是在更精良的火药式武器发展起来之后，西方才取得了决定性的优势。

所以说，在历史的长河中，战争大概没有为人类发展作出什么贡献，除了打磨男子的体格、激发英雄主义的诗篇、为战争艺术增添注脚、改进马的育种、令某些国民产生使命感和英雄荣誉感。权衡得失，失远远大于得。

然而，世界上唯独有一个地区，战争在那里导致了技术进步。

中世纪以降，西欧各小王国战事频仍，一种政治的"适者生存"论迅速成熟。在这种你死我活的竞争中，建筑、造船、航海、金属锻造等技术应运而生，物理学和几何学的某些分支也开始勃兴。

假如1400至1800年欧洲像中国或日本一样安宁，可信知识大概不会迅速增生，技术的巨大效力恐怕也不会产生。

若非这四个世纪改进了加农炮的口径，蒸汽机的汽缸不可能制造成功，以蒸汽为动力的工业革命也不可能发生。如果我们把人类控制物理世界的能力作为标准，来衡量人类的进步，那么西欧型的战争确实导致了某种进步。但这进步必须放在恐怖和不幸的侧畔进行对比。

战争带来哪些灾难？

战争在遏制人口增长的三大阻碍中占首位。主要原因并非战场上的屠杀，而是一些难以避免的副作用。"三十年战争"[①]期间，外国军队在北欧闯进闯出，致使三分之一的人口死亡，但主要死于饥馑和疫病。军队需要当地给养，故而士兵们掠夺储粮和谷种，毁坏即将成熟的庄稼，屠宰牲口，烧毁农具。

战争的年头也是疫病猖獗的年头。营养不良降低了人体的抵抗力，大批士兵和随营人员又从外面带来了新菌种，因此地方上的农民死亡无数。伤寒、霍乱、瘟疫、斑疹伤寒等流行病在蔓延，痢疾和疟疾等地方病也在剧增。老人、妇女和儿童最柔弱，通常最先死亡，但是实际上人人都脆弱不堪。

一向与世隔绝的部落族群风险最大。西班牙征服今为墨西哥的那片国土时，当地二千万土著死去了一千九百万，大部分不是死在

---

① 1618—1648年间在欧洲以德意志为主要战场的战争。

刀剑下,而是死于饥馑和疫病。同样,北美洲、南美洲和太平洋地区也有成千上万的人死于天花、流感、麻疹等疫病,因为他们对这些疫病不具有免疫力。

五千年来的"文明"战争,是否果真以优胜劣汰的方式改善了人类的智力和体力,这事十分可疑。实际上它们带来了重重恐怖,造成了种种灾难和暴行,任何敏感的有识之士都为之绝望透顶。

战争使我们沦为奴隶吗?

今日,战争的始作俑者比往日离战争的恐怖更遥远,更不沾边,因此他们或许觉得自己不用分担个人损失。其实不然。因为战争还有无形的成本和隐性的伤害,虽不如强奸、伤残、死亡、疾病和饥馑那么显著,但是对于卷入战争的文明来说,致命性不下于肉体的创伤。

部落社会的凤仇战争使各族群保持势均力敌,因此趋向于制造平等。一个族群赢得了暂时的优势,会吸引邻族的掠夺性攻击,于是又退回了平均水平。相反,文明战争具有制造不平等的强烈趋向,包括交战团体之间的不平等和团体内部的不平等。战争的直接后果是使被征服者沦为奴隶和囚徒,永久遭受征服者强权的奴役。

战争在历史上的另一个效应是,国家兴起以后,一个武士阶层——通常是买得起贵重武器的武装骑士——随之萌生,并成为其余国民的主宰。武士阶层可以利用他们的优良武器和坚固城堡,镇压手无寸铁、无力自卫的广大民众。战争为武士的特权提供了辩护状,同时将任何质疑其武器拥有权的行为打成叛国罪。

尤有甚者,战争增大了走向中央集权国家的可能性。对外战争使提高税额和豢养常备军变得理由十足,并鼓励发展一个庞大的官僚体系去管理国家的税务,鼓励中止或废除公民自由权,鼓励毁灭一切批评政府的人们。

常有人指出战争对罗马的影响：将罗马从一个生气勃勃的共和国变成了一个独裁的帝国。战胜和战败成了不相上下的灾难。罗马帝国严令禁止针对国家及其动机的一切反对意见和质疑，只要求奉献愚忠和盲目的爱国主义——"是非终吾国"①。可见战争能将自由平等的内核毁于一旦。

有例外吗？

这种反民主的倾向，大陆帝国和大陆国家表现得最为强烈，原因是它们永远都在担忧邻国的进犯。英格兰和日本，以及以往若干世纪的美国，都可视为孤立的"岛国"，无所谓邻国的威胁，这就暂时免除了它们的担忧。

说起英格兰，它倒是一个经常打仗的国家，但多半出于自愿的选择，且发生在别人的领土上（很长时期在法国）。每逢需要为打仗而额外课税，小有权力的英格兰臣民便抓住机会讨价还价，从统治者（他们不拥有常备军）那里争取更多的权利和自由，因而战争趋向于增进自由。英格兰只是大趋势的一个分支。拿破仑时代以降，战争一向是扩大公民权的有力工具，因为国家需要依靠民众组成军队，需要从民众中征兵。

19世纪的美国也高枕无忧，所以它的居民不可能受到取缔自由的讹诈。2001年9月11日象征着一个纪元的开端，美国从此在实质上与欧亚大陆连成了一体，至少很多美国人感觉如此。所以，对和平习以为常的美国如今也在连连打仗了，即使对象只是一个影影

---

① 美国海军指挥官斯蒂芬·德凯特（Stephen Decatur，1779—1820）的名言。

绰绰的敌人。

在这场新的战争中，有人觉得民主处于恒常的威胁之下，于是美国如今有了一支庞大的、并继续膨胀的常备陆军和海军。美国觉得自己必须先发制人，进攻那些好像在虎视眈眈的邻国，哪怕它们相隔万里。有人在试图捣毁分权制衡①设置，取缔言论自由权和思想自由权，破坏陪审团制度和保护个人权利的其他程序。在这场新的永久战争中，我们大家都是输家。

---

① checks and balances。采取分权制衡的典型国家有英国和美国，分权制衡思想不承认一切权力归某个机构的合理性，并特别强调司法独立。

9

巫术是什么？

亲爱的莉莉：

几乎每一天我们都面临困惑，不知道该怎样解释发生不快之事的原因。一会儿朋友受伤，一会儿孩子生病，一会儿我们自己出事故和受折磨，一会儿我们计划得尽善尽美的事情不能如愿以偿。为了应对痛苦和防患未然，人们当然要探究不幸的根源。为什么不早不晚，车子偏偏今天打滑和撞毁？为什么非甲非乙，偏偏是我染上了痛苦难熬的疾病？

我们不难发现一目了然的原因。道路太滑，灯光太暗；然而我们在这条路上开了无数次车也没出过问题呀。喝了未处理的生水，上了一家新餐馆，被虫子叮咬了；然而我们在别的时候也冒着同样的风险却没有生病呀。你瞧，我们从小就学会了区分两类问题："怎么样"和"为什么"。前一类问题问事情发生的方式，后一类问题问事情发生的原因。

有一个故事，说是一个非洲人得了疟疾，去看医生，自称中了魔。医生说疟疾是蚊子传播的，病人听了回答说：他知道，但又是谁派来蚊子的呢？

事物的原因分两等，一等是物质的，另一等我们喜欢归结为人类的故意。一座谷仓倒塌了，压死了一个北非的阿赞德人[①]。谁都

[①] 居住在刚果（金）北部高原区的部落人，人类学者对其多有研究，故提及。

明白直接原因是白蚁蛀坏了木梁。然而为什么偏偏是张三从下面走过、而不是李四呢？谁是那位把偶然变成了蓄谋的女巫^①？

我们自小至今所遭遇的事情，总像是别人的决定造成的结果，所以我们不免认为，那时时折磨我们的痛苦，是某种类乎人类的力量造成的。我们认准了这种性质的原因后，可以有多种选择，选什么，端视我们身居怎样的文化。我们选定的原因可能是恶魔、祖宗、上帝，或女巫。

选择巫术作答案，也就是说，解释成另一个人类同胞的恶意，这样做有一系列优点。恶魔基本上无法控制；认为祖先（如果我们信仰祖先的话）陷害，我们心里又不舒服；上帝呢，又应该爱我们和照顾我们，而非杀害和残害我们。反之，我们认识很多对我们且爱且恨、忽冷忽热的人，他们或许正在暗暗祝祷我们遭灾，或许也确有能力实施他们的恶意，因为他们是巫。

干嘛不相信巫术？

在当今绝大多数人类社会，人们一如既往地相信，世上的痛苦和麻烦多由巫术造成。解释为星象、偶然性或上帝惩罚的结果，都不如解释为巫术那么正中我们下怀，主要是因为其他迷信叫我们奈何不得。星辰没有思维，也不可企及；运气无法控制，来去无因；上帝神秘莫测，经常批我们的逆鳞。相反，巫是可以侦缉和打击的。他们像我们一样思维，只不过怀抱恶意。我们可以找占卜家帮忙把他们搜寻出来。

---

① witch，通常指女巫；欧洲巫术迫害史上遭处火刑的巫，也多为女性。但此词有时也指任何行巫者，故下文有代词"他或她"的用法。译文视情况采用"女巫"或"巫"，虽倾向于"女巫"。

占卜术是侦缉灾难起因的技术,侦缉手段包括五花八门的神谕或萨满教①仪式。察看镜子或水晶球里的征兆,掷骰子、骨头、石头,察看留在灰沙上的脚印,招来鬼魂听它的话音——通过这些办法,能指出加害者为何方之巫,随后即能采取行动剿灭他,或她。我们也可以发明反巫术的工具,比如某些特殊的物质或牺牲,用来避邪或治疗受害者。一切占卜术都采取了防止露出马脚的措施。如果治疗失败,那是因为巫太强大,或禳解的法术操作不当。如果巫术指控搞错了对象,那是因为真巫在故布疑阵。

巫术迷信是一个封闭的世界,不可能从内部挑战它的基本前提。昔人无不相信巫术的威力,偶有无神论者,不是被指控为巫,就是被指控受到了巫的蛊惑。巫术迷信酷似你听说过的其他封闭体系,譬如某些主义。世上的许多苦难它都能提出一个解释,每一次新的事件都增加了它的力量。对于生活在水深火热之中的人类,它确实非常迷人。

巫术迷信有助于减轻我们的负罪感吗?

我们对周围的人亦爱亦恨,即使对至友和家人也照样爱恨交加。我们盛怒起来,恨不得伤害亲生父母和同胞手足。这类矛盾感情,大都在巫术迷信中得到了部分解释,甚至得到了圆满辩护。巫术迷信帮我们把罪责转移到巫的身上,由此减轻了我们自己的负罪感。

我们在街头被一个面黄肌瘦、鹑衣百结的乞丐拦住时,每每不知所措,如果这乞丐是一个女孩或抱小孩的妇女,我们尤其惶惑不安。她开口要钱,我们偶尔给,但经常扬长而去。为了自己的不

---

① 一种原始多神教,流行于亚洲北部和中部;欧洲北部、北美、南美和非洲也有类似宗教。

善不施，我们在心底自我辩护道："这钱肯定只会用来酗酒，所以它只会助长行乞。"我们宽慰自己说："不论如何，我是不打算向恫吓行为低头的。"但我们还是自觉有罪，负罪感又往往导致无能感，甚至令我们恼羞成怒。

在世上许多地方，包括三百年前的英格兰，滋生巫术迷信的典型场景如下述。一个穷婆子上门求助，她是我们的邻居或者远亲，以往我们一直帮助她，不过这一次我们拒绝了。我们的宗教告诉我们应当施与，然而我们唯恐助长依赖性，或者担心不够满足自家的需要，于是我们对她说"不"。我们觉得有罪。

我们赶走她的时候，自以为听见她在嘟哝什么，或看见她做出了阴鸷的表情。她的样子看上去有点儿吓人，像是女巫。我们担上了心事。几天以后我们的一个孩子生病了，或者一头牲口死了。我们怀疑这是她恶意的愤怒使然。我们要么求助于占卜家，要么告上法庭，从而把内心的怀疑化作了外在的行动。其他人支持我们，也报告了类似的事情。穷婆子马上被关进牢房，以女巫的罪名受审。那就是我在英格兰法院档案中多次读到、在一个尼泊尔村庄中亲眼看到的情形。

因此，不论在知性意义上还是在社会意义上，巫术迷信都可以说很有吸引力。我们不应该惊奇巫术迷信扎根如此深广，应该惊奇的是居然存在例外：有些社会（例如数千年来的日本）显然从来不信巫术。有些地方更加奇怪，巫术在那里曾是一种重要的信仰体系，后来竟逐渐绝迹了。17世纪末的英格兰以及18世纪中叶以降的欧洲大部分地区便是这样。

巫术迷信为什么式微？

直到17世纪末，欧洲人大都相信确有巫术，法庭审讯了无数的疑似女巫①。以后的一百年,知识分子逐渐抛弃了巫术迷信,法庭也不再受理巫术审判案。

如果说巫术迷信是不可驳斥的循环论证,那么它是怎样被颠覆的?如果说巫术迷信具有严密的逻辑性,那么人们为何要放弃它,而迎来我们今日居住的世界,尽管这世界更不能满足我们的情感,以致我们喋喋不休地追问"为什么",再以"我不知道"、"纯属偶然"、"既无意义也无规律"作为回答?如果说巫术迷信把负罪感一脚踢到别人头上,因而帮我们克服了愤怒和矛盾感情(我们今天继续怀抱这种感情),那么人们为何要抛弃它,而让自己单独承受痛苦和负罪感?我们似乎选择了一个既乏味又不圆满的选项,即使如此一来我们从酷刑和死亡中拯救了许多穷人。

有人说,17世纪实验性的科学在西欧兴起,破坏了魔法巫术世界的根基。这只是部分史实。我们只需回想一下,不少早期科学家本身就是巫术信徒。我的"养"侄女在尼泊尔某城市的一所学校学过生物,也学过其他科目,我问她信不信巫术,她说当然信。每逢爆发了神秘的不治之症,她便怀疑罪魁是巫。

这说明在某种意义上,以原子说和细菌说作为"科学的"解释,仅能回答"怎么样"的问题,而解答"为什么"的必要性依旧存在。一批杰出的现代科学家主张宗教的必要性,事实上,科学与宗教的混合正是他们所坚守的东西。阿尔伯特·爱因斯坦以优美的词句道出了个中三昧:"没有宗教的科学是瘸子,没有科学的宗教是瞎子。"

另一种论点认为,大量巫术指控是由风险和苦难引起的,但是自17世纪末,风险和苦难开始减少。它提出,原来人们是在用魔

---

① 女巫迫害活动于16—17世纪达到顶峰,部分起因是人们认为女巫与恶魔缔结盟约、向恶魔称臣,以图换取魔力,行使超自然妖术。

法和巫术迷信去填补自己控制物质世界之能力的空白,当人们缺乏技术的、组织的或社会的解决方案时,他们只好诉诸魔法。

乘一条风雨飘摇的舟楫航行于波涛汹涌的大海,我们用魔法保护自己。面对公路的不测,我们在车里悬挂护身符和辟邪物。千百万人死于神秘的疾病而无以解释,我们用驱邪符和魔法来护身。这种论点还主张,一旦经济形势不安全、犯罪率增长、火灾蔓延,对魔法世界的信仰就会抬头。

相反,如果火灾、洪灾、老来贫困、犯罪和疾病的危险减小,信心就会上升。据说,不安全感是"培育"巫术迷信的"渊薮",不安全感枯竭了,巫术迷信随之式微。

这种论点同样不无道理,但是它存在很大困难。事实上,巫术指控和巫术迷信止息以后,上述大部分不安全因素仍持续了若干世纪,势头并未明显减弱。要有好几代人望眼欲穿,一个更安全的世界才终于到来。直到19世纪末,疾病的原因才开始得到正确的认知,公共卫生和老年人及患病者的经济保障制度才得到显著的改善。

我们可以看出,巫术迷信是忽升忽降的。三十年来我多次访问一个尼泊尔村庄,我的经历告诉我,1970年这个地方满目都是巫师和巫术禳解仪式,二十年后萨满教巫师们却无踪无影,巫术的公开信仰和指控已成强弩之末,拿魔法作答案已经引不起多少兴趣。虽然各种风险依旧存在,而且村庄一级也无法获得西方的科技解决方案,如医药、电力、化肥等,但是人们信仰新技术,认为新技术比鬼怪和巫师更厉害。

诚然,村里巫术式微的原因之一大致出于偶然。正如有人认为医生"生产"疾病、律师鼓励争端、教师引发无知、传教士灌输罪恶情结,同样,村里保留一个常驻占卜家,让他靠侦查巫师赚钱谋生,显然也引发了、至少加强了巫术迷信。不料那位萨满教巫师离开村庄去城里挣大钱了,巫术迷信、至少巫术指控的源泉即告枯竭。

但是,世界上也有一些地方的巫术恐惧在加剧。据说,非洲不少城市和贫民区里的巫术意识在上升,禳解巫术以自卫的愿望也在增强,搜巫的狂热再度掀起,占卜家的生意十分红火。

昔日剿巫行动背后的激情和恐惧而今犹在。现在我们仍忙着"搜巫",尽管搜索对象可能变成了疑似共产主义分子或疑似恐怖分子。我们以此拒绝承担过错。不论走在本国的街头,抑或去往发展中国家,当我们转过脸去,不理睬饥饿而绝望的人们,反而谴责他们咎由自取的时候,负罪感便不那么啮咬我们的心灵了。不管出门旅行、参加考试,还是去医院做手术,我们仍把冒险举动交给魔法去发落,我们仍在解读星象,仍在半信半疑地窥测未来。

我们从巫术迷信中学到了什么?

我们学会了区分不同类型的力。有一种力做好事,我们赞同它;还有一种力做坏事,如果它是冲我们来的,我们憎恶它。人们由黑色联想到黑夜和邪恶,于是把后一种力叫做"黑色"巫术,把前一种叫做"白色"巫术。

我们区分出一种内在的力,它关乎思想和情感,导致祈祷或诅咒,我们把它叫做巫术迷信或宗教信仰。这种力来自乞求的言辞,即人们向撒旦或上帝之类的伟力发出的请求或演说。我们或祈求恶魔之力,或祈求吉神之力。

与此相对的是诉诸外部行为,比如,剪出一个小人儿再用针扎住,焚烧头发或指甲,兑出药水再大声念求神咒语。通过操纵器物,并常常辅以话语,我们强迫或恳求大自然去行动。这就是魔法。

这种著名的区分法，是学者们在研究阿赞德部落时首创的。它类似于宗教与科学之间的区分法。巫术迷信是内在的和不可见的，犹如宗教。魔法是外在的和可见的，犹如科学。魔法像科学一样，旨在控制大自然，它的具体目标也和科学的具体目标十分相似。

我们解除了魔法吗？

我们的现代生活，不论看起来多么"理性"和不为迷信所左右，依然包含大量的魔法式思维。我们诅咒国内的政客，多少有点儿希望这咒语能打垮他们。我们一受到惊吓，立刻祈祷拯救。所以，我们一天二十四小时要举行千百个微型禳解仪式。自我检讨一番，你会发现你采取了许多魔法行动，恐惧和失控时则来得格外频繁。巫术和魔法的世界绝没有远离我们而去。

哈利·波特、霍比特人①，乃至漫游奇境的艾丽丝，他们引起巨大反响的一个原因就是，即使我们已经成年，我们仍不甘心弃绝魔法。有人争论说，最伟大的艺术是从入魔状态或魔法信仰中获取力量的。当然，许多艺术大师看上去确实很像魔法师。

我们或许以为，我们生活在一个"解除了魔法的"今日世界，我们已经驱除了女巫、吸血鬼、精灵等等。但是只要在"现实世界"待上五分钟、逛逛书店、看看电视、去学校操场玩一玩，我们马上发现这样的假定大谬不然。魔法还活着，无疾无恙。它的首都是迪斯尼乐园。

---

① 或译"穴居矮人"，为生于南非的英国作家约翰·托尔金（John R.R.Tolkien，1892—1973）小说《魔戒之王——霍比特人历险记》中的人物。

10

恐怖分子是谁?

亲爱的莉莉:

许多秘密组织致力于颠覆国家,按通常的归类,它们的活动不是起义,就是恐怖行为。这里的逻辑不难理解:一个人的自由斗士,必然是另一个人的恐怖分子。在一些车臣人、缅甸克伦族人[①]、爱尔兰天主教徒、巴斯克人[②]、库尔德人[③]、纳加人[④]、巴勒斯坦人、"泰米尔之虎"[⑤]看来,唯有采取有组织的暴力,去反对他们心目中的高压政府,才能实现他们对独立的梦想和渴望。他们深信自己在为自由和尊严而战,然而对当权者来说,他们却是恐怖分子。所以主要是一个视角问题。

我们很容易看出这种角色转换。瞧,恐怖分子一达到目的,立刻变成了非恐怖分子。当他们变成了以色列国或非国大[⑥]领导下的南非,恐怖分子的标签就被审慎地忘记了。纳尔逊·曼德拉是一个从"恐怖分子"变成民族英雄的极佳范例。

这类组织的数量似乎与日俱增,一方面反映了获得武器和炸弹

---

① 聚居在缅甸东部克伦邦。
② 聚居在西班牙巴斯克地区。
③ 聚居在伊拉克北部地区。
④ 聚居在印度北部纳加兰邦。
⑤ 斯里兰卡泰米尔人成立于1976年的激进组织。
⑥ ANC,全称为African National Congress(非洲国民大会),南非政党,1994年起为南非第一大党和执政党。

的便利，一方面反映了财富的增长。它们一般集中于殖民主义列强在世界各地划分的国界上。大部分国界是19世纪划定的，它们拦腰截断了或者彻底忽视了种族团体，如库尔德人、巴斯克人、纳加人、泰米尔人和非洲的大批种族团体，因此人们往往觉得，国界把显然武断而异己的规则强加给了种族团体。

这个普遍问题的根源，好像在于缺乏相应政策，使人们既自由又团结。打造一把国际大伞、一切类乎主权国家的种族团体均可在其庇护下按照自己的愿望和习惯继续生存，似乎是一个难以实现的理念。

反抗运动和恐怖主义最近一个世纪的血腥历史，本可导向一种双层模式：上面有一个笼而统之的国家，仅为高层次合作而履行某些必要职责，其余一切则放任自流。比如说，有人希望欧盟将能实现的目标，就是这样一种模式。但它好像很难操作成功。由于缺乏差强人意的法律解决手段，各大国面临着地方恐怖主义或反抗运动的"穿流效应"。

一个似乎比较新鲜的现象，就是这类组织的席卷全球。新型恐怖行为颇具国际性，一些恐怖组织在合并，另一些恐怖组织在兴起，最后导致所谓的"反恐战争"。然而其实，这假想的"战争"并不特别新鲜。

为什么人们觉得受到了威胁？

权力在握的人难免杯弓蛇影。历史上曾经谣诼蜂起，说是犹太人策划了国际大阴谋，要颠覆基督教的价值观。人们相信犹太人吃小孩，举行淫秽仪式，总之是一切美好伦理的破坏分子。12、13世纪间，亚洲流传过来的某些信仰被宣布为异端，教皇还率领了一次穷凶极恶的十字军行动，用剑与火剿灭了清洁派[①]教徒或法国南部的阿比尔派[②]教徒。

15世纪，人们认为一个更大的威胁露出了峥嵘。撒旦或恶魔出笼，领导他的女巫军团偷袭文明了。整整二百年，人们相信女巫们组织了邪恶的国际阴谋。她们是如此可怕的威胁，又无法用寻常的方法侦缉出来，所以必须采取特殊的手段。人们大量书写手册，大力篡改和修正法规，以期对付这新的威胁。镇压异端的旧有工具如异端裁判所等，此刻也投入了剿灭假想女巫的战争。无数人被围捕、审判、治罪和烧死。

恐惧达到了无以复加的程度，结果，就连那些原本不设天主教宗教裁判所，法律体制也迥然不同的国家，也纷纷修改法律，为的是对付新的威胁。在16世纪的英格兰，正常情况下不能充当证人的人——如子女对父母、丈夫对妻子——在这种特殊的环境中被允许作证了；某些既往的行为、思想和犯罪，正常情况下不能作为证据而展示的，此时可以呈交法庭了。还可以向个人施加极度的肉体压力和精神压力，以便挤出证据来。可以长时间剥夺她（或他）睡觉的权利，据说此举能识破她的"密友"（魔鬼的小宠物们）来不来探访她，实际上是要压服她的反抗。无罪推定原则打了很大折扣，直接证据的必要性也被抛弃了，间接证据或"鬼神"证据（虚无缥缈的非物质证据）却得以采信。

这些可怜虫被众人惧憎交加，被朋友回避，被指控为撒旦女巫团大阴谋的成员，或松散地勾结在一起的阴谋分子，最终她们只好伏罪，并连累他人。她们证明，的确存在那么一个组织，其毫无理性、毫无道理、毫无因由的宗旨，是颠覆"文明"。继而"文明"

[①] 中世纪西欧的一种基督教异端教派，强调持守"清洁"，故名。
[②] 起源于11世纪法国南部城市阿尔比的基督教异端教派。

作出了反应，它进一步抛弃了自身得以存在的理由，采用此刻允许采用的种种特殊技术，"证明"了女巫的存在，然后绞死或烧死了成千上万的女巫。过了很长时间人们才心生怀疑，突然发现整个阴谋是一场错觉，是专事打击阴谋的那些法律手段杜撰出来的。成千上万无辜者仅凭一场幻觉而遭到了屠戮。

类似的恐慌仍在时时发作。1950年代爆发了一场对于"共产主义分子"阴谋的恐慌，导致美国的麦卡锡大审讯，许多无辜者身败名裂。

接着，1980年代，一种新的威胁在英国曝光了，那就是所谓恋童癖团伙。儿童在接受悲天悯人的专家们的"忠告"时，"回忆"出恋童癖者的行为细节，甚至"回忆"出父母对亲生子女普遍施行的性虐待。突然之间，人们不由得相信，对儿童施行性虐待的撒旦仪式无处不在，甚至有人猜测发生了杀人祭典。数百人被投进了监狱，拂晓的抄查从父母身边带走了数千儿童。时过境迁，恐慌止息，才真相大白，原来大多数指控是不实之词——人们先发明了对付恋童癖的手段，反过来这些手段又杜撰了恋童癖指控。

可见，对邪恶"他者"的恐惧有着大量的先例，但全都是对邪恶[①]、恶魔或撒旦的捕风捉影。上下数千年，人们总以为反文明的全球性大阴谋在蠢动，基督教和伊斯兰教成为主流之前，它们自己也属于这样的阴谋。

"邪恶轴心"是什么？

最近兴起了一种恐惧，对象是一位美国总统命名的"**邪恶轴**

[①] 原文为 Evil，大写首字母，作者用以表示与普通意义上的 evil（邪恶）有区别（详见下一章）。自本章始，凡遇作者以大、小写表示概念上的区别时，译文均对大写者采用黑体；不另说明。

心"。这个说法，像一位更早的美国总统形容苏联的用语"**邪恶帝国**"一样，也是一个伞状的泛语，一朝通过媒体流传起来，含义就越攒越大。

邪恶被想象为一切文明价值观的威胁。今人相信邪恶在威胁国家，威胁社会的方方面面，犹如昔人相信女巫、犹太人或异教徒在威胁基督教伦理的基础。

有人认为威胁相当严重，以致有理由对"恐怖分子"免除保护。一场大阴谋本来就是恐惧的对象，被激起的道德恐慌又常常火上浇油。这种动向非常投合权高位重者的心意。他们大概像历史上某些大名鼎鼎的女巫猎手一样，也是快感洋溢，热忱相信自己是在捍卫上帝和保卫祖国吧。

将来回首往事，我们对当前恐慌的感想，很可能酷肖我们此刻对搜巫运动的感想，那时候人们或许要断言，国家采取的反恐行动，其实是在颠覆它自己口口声声要保护的价值观啊。

相信撒旦、女巫和"**邪恶轴心**"的存在，这一信念为铁腕对策提供了不可辩驳的永久理由。在一场有限战争中，国家悍然暂停了正常的法律保护和法律程序，对此我们将会习以为常。以第二次世界大战为例，战争期间，嫌疑异己分子遭到围捕，不经审判就被关进监狱，同时，所有公民一夜之间丧失了大部分权利，言论自由受到了严厉的钳制，对国家的忠诚变得高于一切，严肃的批评被看作近乎叛国之举而受到压抑。据说，只要你不完全赞成我们，你必然在反对我们。国家的辩护辞就是恃强凌弱、撒谎、欺骗、突袭和监视一切人。众所周知，真相是战争的第一个伤亡者，个人的自由和权利则是第二个。

事后可能会赔礼道歉。比如说，珍珠港事变后围捕了大批无辜的日本人，将他们送到美国关押起来，事后又道歉。但那毕竟是事后。战争本身则通常为自由、为法律面前的平等敲响了丧钟。

然而战争，至少19、20世纪的典型战争，有一种代偿机能。它们一般说来时间有限。首先是一段时间的战争，其间公民的自由中止，正常的法律程序暂停。然后实现了和平，国家又一次负担得起奢侈的自由，还没来得及忘记战前自由的公民也开始要求自由。人们甚至说服自己，他们当初就是为此而战的，纵使他们战时曾不得不暂时抛弃了自己的权利和自由。

至于"**邪恶**轴心"，不论它是"基地组织"，还是女巫邪教，却是另一码事。这个领域的问题，与基督教和伊斯兰教内核中的某些倾向有关联。卷入争斗的双方都相信，外面有那么一个人，在居心叵测地竭力破坏他们的生活方式。这隐形的家伙就是**邪恶**——要么化身为惊恐万状的西方资本主义者，要么化身为惶惶不可终日的伊斯兰教原教旨主义者①。据信，他们都是魔鬼的盟友。

"我们的"生活方式的卫士们相信，**邪恶**永远不睡眠，永远在策划阴谋，永远隐身，永远不可理喻地巴望毁灭"我们的"理性、健全、井井有条、舒舒服服的生活方式。它凶险地埋伏着，用人们一度描述共产主义分子的话来说，是"藏在床底下的赤色"；用一个更加摩登的比喻来说，是电影《怪物公司》里的"妖怪"，它藏在那吓坏了的孩子的衣柜里。

昔人认为女巫掩藏在邻人的假笑背后，同样，今天有些人相信恐怖分子装作"学生"隐蔽在我们的大学里。**邪恶**将不惜采用任何武器，包括单个的或"集中的"破坏活动、咒语、井里投毒（过去归在女巫和犹太人名下的一个著名手段）、瘟疫（对动物和人类发动的生化战）、毛虫灾或蝗虫灾。

反**邪恶**之战间或有暂时的输赢，但不会有休战和停战。我们

---

① 伊斯兰教原教旨主义者认为应不折不扣地执行伊斯兰教的教规和教义。

必须战斗不息，因为**邪恶**是一个九头怪物，斩断它的一个显身——如阿富汗的塔利班，它会在另一个地方冒头。最糟糕的是，它不仅仅是外来的威胁，故不同于传统的敌人，如德国人、法国人、英国人，以及民族国家之战中同我们交战的任何外来敌人。**邪恶**之神的走狗就在我们身边，据说如此。

我们被告知，恐怖主义以嫉妒为食。穷移民嫉妒他们的东道主；发展中国家的穷人嫉妒西方人，因为他们不能相信，他们的收入只有西方富裕社会居民收入的百分之一，居然也叫做公平合理。致命之毒隐藏在某些人的蹊跷行径中，他们吃稀奇古怪的食物（与昔人想象中的犹太人和女巫不同，他们不吃婴儿和其他牺牲，而吃极辣的、不可名状的东西，或者吃垃圾快餐），他们举行稀奇古怪的宗教仪式（并非撒旦仪式，而是崇拜安拉或别的神灵），他们穿得太少（迷你裙）或者太多（面纱）。

当然，历史上发作的恐慌和当今的恐慌有一些区别。我们知道，女巫不能施加实际的伤害，炸弹却能杀人和致残，不管它是交战的哪一方投下的。但我们的要点是，应该从过去的经验教训中觉悟：我们一不留神就会陷入一个无尽而有害的恐惧怪圈。埃德温·缪尔在一首诗中写道："我们曾见好人同恶人争吵而变作恶人／也曾见正直之心同奸诈之心争斗而变作奸诈。"[①] 我们若能记住这行诗，那就有福了。

反邪恶之战终将止息吗？

反"**邪恶**"之战而今战火犹酣，其宗旨是"一网打尽"恐怖

---

① 埃德温·缪尔（Ediwin Muir, 1887—1959）为苏格兰诗人，此句见于其诗作 *A Good Town*。

主义，一如历史上的歼灭女巫。我们听说，它是一场我们必须"打赢"的战争，但是稍加思索，我们会发现这一鹄的永远可望而不可即。在一个不公正如此嚣张的世界，一部分人消费着全球资源的四分之三，其余的人却负债累累，饱受奴役，怎么可能把那些诅咒我们的人一网打尽？

历史上的女巫受到谴责，只因为她们合情合理地嫉妒那些拒绝帮助她们的人。通过谴责她们，富人自己的负罪感反弹回去了，既然是反"女巫"，不乐善好施的行为也有了正当理由。今天，富裕的西方人或亚洲人也可以谴责"狂热分子"，只因为这些人是潜在的自杀爆炸者。他们也可以对"谋求避难者"大光其火，只因为这些人竟愚蠢地让自己出生在一个毫无经济生活可言、酷刑横行的国家。

"反恐之战"连同它那无尽的战役、偏执狂、侵略、对民权的振振有辞的破坏，必然养肥了国家的权力。不难看出，我们可以一步滑进乔治·奥威尔在《1984》①中描绘的世界，里面那个看起来慈眉善目的"老大哥"总在告诉我们，"再努一把力"，再销蚀一点点（当然是暂时的）隐私、尊严、自由和财富，我们就能毕其功于一役地消灭**邪恶**之神啦。若欲"根除"传染源、"枯竭罪恶渊薮"、歼灭"害人虫"、赶尽杀绝，仅仅需要再侵犯那么一次就够了呀。

以上隐喻全部摘自人类无止无休的战役，这种毁灭性的战役早已被列为无聊和无谓，虽然它师出有名：消灭莠草、害虫、瘟疫、野兽。这些隐喻，中世纪反撒旦及其女巫团的战役使用过，今天仍在使用。

---

① 《1984》是乔治·奥威尔（见第6封信第63页注①）的政治讽刺小说，书中对极权主义的恶性发展作出了预言，"老大哥"是故事中一幅永远盯着人的肖像画。

只要我们最后努一把力,梦魇就会结束,污染世界的"异物"就会被清除,乌托邦也将乘胜而入。对于有些人来说,这意味着清除了阴险的毒物,使之无法威胁消费资本主义;对于另一些人来说,这意味着迎来了一场噩梦,它将窒息他们那封闭而不自由的宗教狂热主义。

在密切互联的当今世界,双方的梦境都不现实。民众绝不愿意放弃在一个富裕的工业社会生息的希望,我们也不可能阻止别人憎恨我们,更不可能说服他们来感谢我们——因为我们能够文明地耗尽世界上的财富。我们充其量只能把我们的恐惧控制在一定程度。我同意伟大的美国总统富兰克林·D.罗斯福的说法:"让我声明我的坚定信念:我们唯一要恐惧的是恐惧本身。"

第四束信

信仰与知识

11

上帝是谁?

亲爱的莉莉:

宗教通常定义为:对某一个或某一些与物质世界并存、但又超然于物质世界之外的实体的信仰。被信仰者可以是唯一实体,例如在犹太教、基督教和伊斯兰教等一神论(相信只存在唯一神)体系中,也可以是多个神,例如在印度教、神道教①、道教和某些形式的佛教中。

西方的主流信仰是唯一神,即上帝,**他**是世界的创造者和维护者,他关爱他的孩子们。西方人举行种种仪式,以便同这位父亲形象的神保持密切的联系。凡有人出生、结婚和死亡,上帝便来到**他**自己的家人中间,批准这件事,安慰这些人。一年几次,人们请求**他**保佑,困顿之中,人们依靠**他**支持。

有了问题也向**他**请教。为什么世界上有这么多的痛苦?我们的死亡是怎么一回事?答案尽见于**他**的圣训,亦即《圣经》。《圣经》通过"十诫"②和"山上宝训"③提出了行为准则。这一宗教虽然分裂成无数教派,经常互相争战,但是依然有许多共同的信条,足以赋予它一个共同的名字:基督教。

---

① 日本本土宗教,崇拜自然中的神灵和祖先,无正规的教义。

② 基督教的基本诫条,上帝启示给摩西、摩西转述给以色列人,见《圣经·出埃及记》和《圣经·申命记》。

③ 耶稣的言论集,见《圣经·马太福音》。

基督教和其他宗教设立了神圣的空间，也就是远离凡人生活中日常忧患的圣所。在圣所里，基督徒只向那位唯一的全能者祈祷。人们用甜言蜜语恳求**他**，但不指挥**他**，和魔法的呼风唤雨是不同的。

构成西方基督教定义的，是一整套信条，这既是基督教的力量所在，也是它的弱点，因为容易导致分裂和不宽容。世界上其他地方的宗教态度往往比较宽松，不同的信仰和仪式可以搀杂混合。比如说，在一个尼泊尔村庄，一个人可能请印度教婆罗门[①]为未来的成功做一次礼拜，在佛教喇嘛的帮助下安葬一位长辈亲属，又尝试用萨满教的仪式治愈一位生病的亲属。

日本人的信仰问题用西方哲学解决一部分，再用佛教解决一部分，许多仪式由神道教的教士主持，伦理则主要靠儒教提供。没有单一体系。我曾问一群日本中小学生，他们的"宗教"是什么，他们听了一脸迷茫。他们不认识这个词，也不认识可以叫做"宗教"的特殊玩意儿。

所以日本和中国客人一般很难理解西方社会。即使像英格兰这样比较世俗的国家，在他们看来也极其"迷信"，满是宗教假想。从我们的哲学、诗歌、美术和日常生活中，总能发现上帝的足迹。任何东西，如果我们在它背后看不到基督教的幽灵，那就了无意义。不管我们去不去教堂做礼拜，很多外国人都觉得我们被宗教浸透了骨髓。

神圣在何方？

神圣与凡俗之间的界限比表面看来要复杂。登上教堂的圣坛，我们觉得自己来到了一个神圣的地方，但是还有不少其他地方和其

[①] 掌握宗教事务的僧侣贵族，印度四大种姓中的最高种姓。

他行为，也让我们觉得特别，譬如一场火葬、一次饭前祈祷、一个举国欢庆或举国哀悼的时刻。这些也是神圣的吗？

西方很多地区在新教改革之后，神圣与凡俗的界限倾覆了。世界彻底变成了凡俗和世俗的空间，上帝被挪到了另一个遥远的神圣空间。不再有其他宗教里可以感受到的明显界限，因此无法使某一个日子、地点、遗骨或遗像神圣化。许多西方人在日常生活中缺乏强烈的"神圣"观念。

不少社会的情况恰恰相反，那里的所有事物或多或少都被神圣化了。在一个尼泊尔村庄，日常生活同时集神圣和凡俗于一身，此时如此，或随时如此。炉灶里住着一个小神灵，客厅角落的篮子里也住着一个，一碗水里又住着一个，还有一些小神灵住在门阶和屋檐上。大树和岩石里也有数不清的小神灵。神性潜伏在每一处，举行一个适当的仪式，可以让它的力量随时活跃起来。

无法给宗教下一个精确的定义，因为它具有太多的表征。不过，一个社会不可能呈现全部表征，或同一群表征。这有助于解释一桩实事：虽然不可能有任何社会不存在是非准则，但确有一些社会，人们尚未发现它们对某一个神或诸神有所感知。

是非准则在哪里都一样吗？

很多社会认为谋杀不道德，有些社会在特定情况下认为谋杀是最高的道德举措。很多社会认为没有婚姻关系的人发生性关系有罪，更多社会认为这没什么不妥。很多社会的人尽可以对陌生人撒谎，有些社会的人绝不应该撒谎。

变化之风从八面袭来，吹得伦理体系忽东忽西，更叫人莫衷一是。我此生亲眼看到，性道德与我青年时代的流行准则相比较，已经变得面目全非。遗传工程影响了我们对自然与人工的界线的根本看法，从而引起了是非观的沧桑巨变。观察一下我国历史上的伦理准绳，我们会发现它们与今日的标尺迥然有别。

此外，大部分社会的伦理没有通则，唯有机变。撒谎、杀人和吃人道德与否，皆视具体情况。这方面，我们自己也稍许有些知识，因为你瞧，"不可杀人"的戒律一遇战争就蒸发了，"不可偷盗"的戒律一遇饥荒就被忘掉了，不可撒谎的训词，人们一进集中营就抛诸脑后了。但是机变还可以更加极端，伦理体系经常因等级阶级而异，因性别而异，因你所涉对象的血缘亲疏而异，因你所涉对象是否与你同种族而异。

西方某些社会的一个惊人表征是，我们不仅拥有一个鲜明的道德体系，被我们自己当作理想去追求，而且现在有人声称，这一道德体系的依托，即天赋"人权"的观念，是颠扑不破、放之四海而皆准的。他们坚信这些天赋权利适用于地球上的每一个地方，适用于男人、女人、富人、穷人、老年人、青年人，不讲阶级，也不论血缘。真是一个特别的主张。

而且，这些权利与上帝或与一种具体宗教越来越不相干。相反，它们现在的基础是有关人类终极本性的一些概念，例如爱、尊重、"己所不欲，勿施于人"。

于是伦理规范变得更具相对性了。我们意识到，世界各地有不同的限制和不同的标准，而且在弃旧扬新，比如性行为的某些旧标准就已被抛弃。与此同时，伦理规范也变得更具普遍性了，因为它们日益以西欧和美国所形成的地方传统为基础，并通过军事和技术霸权传播四方。这实在是一个令人茫然的世界。

宗教是现世的镜子吗？

在大多数社会和大部分历史时期，人们相信，上帝或诸神先出现，然后他们创造了人类——通常按照他们自己的形象。但是这种观念遭到日甚一日的质疑，到了19世纪，许多人已经把宗教描述为人类的建构物。原来是人类按照自己的模样制造了神。

我们建构上帝，而非上帝创造我们，这种观念其实由来已久，源头可以追溯到古希腊。后来，在16世纪，米歇尔·德·蒙田[①]写道："人类实在荒唐。他肯定不知道怎样创造蛆虫，却成打地创造上帝。"两个世纪以后，另一位法国哲学家孟德斯鸠男爵提到一个"很妙的谚语：如果三角形也要创造一个神，它们定会让他呈三边形"。

只要放眼观望一系列社会，这好像就不属无稽之谈了，因为显而易见，各社会关于上帝、天堂和地狱的观念相差万里。游牧民族创造了犹太教、基督教和伊斯兰教，他们的上帝形象，是一个游牧部落的父性或父亲形象，喜欢得到牲畜做礼物。种植谷物、定居村庄的民族通常拥有大大小小、名目繁多的神，反映了这些人本身的多样性，像印度教、道教和神道教就是这样。

甚至可以从人们的天堂概念中发现现实世界的直接镜像。一个尼泊尔村庄的居民们相信亡灵的居处是普通村庄毫厘不爽的翻版。"鬼魂村"的居民们养同样的牲畜，吃同样的粮食，跳同样的舞步，住在与生前住所同样的房屋里，唯一的异样是没有疾病、辛劳和死亡。这番规划所包含的全部理念，英格兰诗人鲁伯特·布鲁克[②]有一番描述。他想象了一个鱼们的"天堂"：

鱼们说，他们有溪流，有池塘；
但是有没有别的花样？

---

① Michel de Montaigne（1533—1592），法国散文作家。
② Rupert Brooke（1887—1915），英国诗人，剑桥大学毕业，曾与作家弗吉尼亚·伍尔夫、诗人爱德华·托马斯、哲学家罗素和维特根斯坦、经济学家凯恩斯等，在剑桥大学附近的格兰切斯特村形成著名的小圈子。

鱼们的结论是：

> 有一个地方空间不能逮，时间不能及，
> 那里有更湿的水，更黏的泥！

在这样的世外桃源，样样完美无憾：

> 噢！苍蝇里从来不藏钩子，
> 鱼们说，在那永恒的水湾子；
> 那里不光有尘世的水草，
> 还有天国的美丽泥淖。
> 蛾子不凋敝，苍蝇不衰朽，
> 蛆虫的寿命更是永久。
> 在那十全十美的天国，
> 不会再有陆地啦，鱼们说。

天堂往往是尘世风景的镜像，这一概念显然耐人寻味。当人们生活在一个小规模社会，大家的经历和价值观大同小异时，就可能创造一个与现世雷同但没有痛苦的天堂。创造了天堂以及一位主持天堂的上帝以后，当前社会的道德准则和当前的格局，就仿佛得到了一种显然独立于人类的超自然秩序的恩准。上帝和天堂是现世的镜子，现世也应当映照上帝和天堂。

不过，建构天堂的工程通常比这要复杂。大多数社会历来把人划分成不同的阶级或阶层、不同的性别、不同的职业。一个群体设计的天堂看起来像一回事，另一个群体设计的又像是另一回事。因而女权主义者把上帝看作"她"，年轻人愿意她年轻点儿，黑人恐怕不太喜欢她是白皮肤。

唯一的解决之道，是把上帝、天堂和神灵世界制造得尽量模糊和抽象一些，像英国国教那样。我幼年打破砂锅问到底的时候，老师告诉我，英国国教的天堂里有团团云朵和一个朦胧的父亲形象。剩下的就随便信徒去填充了。要不要把死去的亲友放在里面，可以随个人好恶去定夺。

至于你呢，莉莉，你小时候发明了自己的天堂。你对我讲解说，那里有无尽的"传包儿"游戏；每人打开一层包裹，就赢得一个奖品，而且正是朝思暮想的奖品。

罪孽是什么？

一个社会若是信奉有教规的宗教，就会表现强烈的罪孽感。在这样的社会，违背伦理规范必然惹恼上帝或诸神。基督教世界普遍认为手淫、撒谎和欺骗是罪孽，将受到上帝的惩罚。相形之下，大多数社会的情况却不一样，因为在它们看来，伦理是一回事，宗教和仪式又是另一回事。以日本为例，性行为的违规可能导致社会制裁，但不会惹恼上帝。

因此，16世纪基督教传教士抵达日本的时候，他们发现最困难的一桩使命是说服日本人相信自己罪孽深重。日本绝无"罪孽"的概念。多数日本人看不出有什么理由，要皈依一种鼓吹由于耶稣基督以一己之身承担了全世界的罪孽，世人从而得救的宗教。日本人简直百思莫解啊。

传教士们在其他地方遭遇了同样的困难。很多部落社会尽可以把人看作好人或坏人、有德或无德、善或不善，不过这和他们将来上天堂还是下地狱没有关系。事实上，大多数部落社会仅仅相信有天堂，而根本没有什么地狱。人死后，要么变个样子重新投生人世，要么全体死者去往同一个地方。传教士们在布道的时候，也是只好先说服人们相信自己有罪，再提供救赎，好比商人必须劝得人们相信自己需要他们的货物，然后才可能卖掉货物。

对这两种不同的态度作何解释呢，有人尝试的一种方法是指出：在大多数社会，人们做坏事的时候，尤其是做了坏事被发现的时候，他们的感觉是羞愧——有人看见了，所以很坍台；另一方面，在基督教等宗教中，人们怀有的却是罪孽感。换言之，人们在内心深处觉得自己背叛了某种超乎人类社会的崇高存在，即使自己的谎言或性行为不端永远不会被人发现，上帝却会知道，所以人们深感有罪。荒岛上的鲁宾逊有时候显然也自觉有罪，尽管岛上别无他人。这是因为他感到一个无形的上帝在注视自己。

把羞耻感与罪孽感对照，虽不免简单化之嫌，但作为探知差别的起点，却是有用的方法。过于沉重的罪孽感和负罪感，曾经压倒甚至毁灭了很多人，同样，罪孽感和负罪感的缺位曾把人变作了"高于道德的超人"，亦即没有真正善恶感的人。多一点儿罪孽感和负罪感，对某些暴君来说恐怕不算坏事，而少一点儿罪孽感和负罪感，或许有益于你必将认识的一些惶惶不可终日、沉溺于负罪感不能自拔的人。

邪恶当真存在吗？

并非人人都知道，**邪恶**和恶魔的关系密切到了难解难分的地步。主祷文"救我们脱离邪恶"，原本为"救我们脱离恶魔"[①]。大写词头的"**邪恶**"最近变成了时尚回潮，人们大谈这样或那样的行为"**邪恶**绝顶"，实属"**邪恶帝国**"和"**邪恶轴心**"之所为。那么，什么是**邪恶**？它当真存在吗？

---

① 主祷文为耶稣教导门徒如何祷告的祷告文，见《圣经·马太福音》。"邪恶"英文为 evil，"恶魔"为 devil，两者只有一个字母之差。

不言而喻，世上存在很多错误的、不道德的或犯罪的思想和行动，我们加以谴责时，不免斥之为邪恶。在这种意义上，我们将各种反社会的行为指为邪恶。我们认为强奸、虐待动物、撒弥天大谎、乱伦等等很"邪恶"，其含义是"实在很不好"。谁也不会觉得这有什么难解之处。依照此义，任何行为只要走到了极端，或只要出于不良意图，都可以变成邪恶。如诗人威廉·布莱克所说："怀抱恶意说出的实话／坏过你能编出的任何谎言。"

一旦某位主教或政客将一次野蛮的谋杀、一次种族灭绝大屠杀、一次恐怖袭击斥为大写词头的"**邪恶**"，问题就来了。使用这个字眼的意图，往往是要表达深恶痛绝和极端的愤怒。把某个东西骂作"绝对的**邪恶**"，是最厉害的谴责。譬如希特勒，又如杀死数十个无辜公民的自杀爆炸者，就被斥为"纯粹的**邪恶**"。

这个字眼的铿锵有力，与它自身的历史有潜在关系，也与恶魔有勾连。**邪恶**的人或行为全然不受欢迎。人们时常觉得，**邪恶**是不可理喻的，我们根本不该设想，假如自己处在被谴责对象的境地，是不是也会做出同样可怕的事。**邪恶**是纯粹的堕落、纯粹的荒谬、纯粹的恶意，它来自某种盘旋在世界边缘的黑暗势力，来自撒旦、恶魔、基督之敌、上帝之反面。

只有在相信善（上帝）与恶（恶魔）根本对立的世界，这种绝对的**邪恶**才有生命力。大多数文明中没有善与恶的对立。日本人或许认为向他们的城市投放原子弹是"邪恶"，但是既然他们没有撒旦或恶魔——这是印度教、佛教、神道教和道教里缺位的概念，他们不可能想到那是邪恶策划的阴谋，或纯粹的邪恶。

为什么上帝允许这么多的痛苦？

希望索解世界奥义的人，无不面临一个巨大的困惑：怎样将仁爱、慈悲而全能的造物主与我们每天在报纸上、电视里、个人生活中看到的惨况调和起来。

这是很多人认真思索过的一个问题，其中有莎士比亚，他创造的角色李尔王总结说："我们之于神灵，犹如飞虫之于顽童；/他们杀死我们只为取乐。"[1] 还有威廉·布莱克，他问老虎说："是创造羔羊的他创造了你吗？"还有丁尼生，他希望弄明白他的爱友为什么死去，四顾之下却只见"大自然，带着腥牙血爪"。还有约瑟夫·海勒[2]，他半戏谑地写道："好上帝呀，作为一个至高的存在，却觉得必须将痰和虫牙之类的现象，也包括到他那神圣的创造体系里面去，您又能得到多大的面子呢？"

我们好像落入了陷阱。假如上帝真是人们宣称的那样，他为什么允许这一切苦难存在？或者换句话说，我能够信仰一个似乎主使这种蓄意伤害的上帝吗？卢旺达种族灭绝中，上帝在哪里？世界大战的死亡战壕中，上帝在哪里？"古拉格"[3] 和希特勒的集中营里，波尔布特的屠场上，上帝在哪里？洪水、火灾、火山、地震、龙卷风爆发时，上帝又在哪里？

传统的答案好像不能自圆其说。我们被告知，人类因为不听话而自作自受，因为"原罪"而被惩罚。但是上帝既然万慧万能，他肯定能够预见这种结局，应该早就杀掉了蛇，或者给了另外一棵苹果树，或者说服了那位野心勃勃的天使[4] 放弃造反吧？

另一种假说是，上帝好比一个锻炼孩子自由意志的慈父，他不得不允许孩子犯错误并为此受苦。要想把小孩呵护得不担任何风

---

[1] 《李尔王》，第4幕第2场。
[2] Joseph Heller（1923—1999），美国著名作家，黑色幽默的代表人物，著有《第二十二条军规》。
[3] gulag，俄文，"集中营"。
[4] 指撒旦，原为天使，因不愿臣服上帝而造反，后被逐出天界。

险，只好锁进软壁小房间里。上帝给我们制造了一个奇妙的世界，让我们在这儿随意选择善或恶，恶的选择将把我们引向险境、伤痛或死亡。这听起来隐约有点儿道理，但是一点儿也不舒服。

某些宗教有一种替代的解决方案，是把世界当作一个痛苦的幻觉，它充满了种种考验和表面的苦难，但是我们可以退守到内心世界，静待涅槃之福或者灭亡。还有一种替代方案，是承认人类的生命为生物学规律、社会和经济所主宰。我们确实好像拥有一点儿自由意志，我们也在努力增进自己和他人的幸福，然而与我们生死相伴的终归还是痛苦。痛苦是人类生命的组成部分，也是我们永远的惊奇，它让我们和哲学家尼采一起发问："人类是上帝的一个错误，抑或上帝是人类的一个错误？"

12

我们能控制神灵世界吗？

亲爱的莉莉：

控制超自然神灵的努力，总离不开各种各样的仪式。有一类小写词头的"仪式"，涵盖了人类所做的几乎每一件事情。它是标准化的、重复的、形式化的、交流的行为。握手礼和接吻礼很说明问题。在许多西方国家，身体的致意动作采取约定俗成的形式，握人左手、吻人鼻子而不吻脸颊，被看作奇怪的举止。

握手，既交流了友谊、信赖、喜爱，也可表示成交。它是一种社交仪式，你检查一下你的日常生活，随时都可发现诸如此类的行为。"仪式"这个字眼儿使用得非常宽泛，甚至容括大量与精神疾患有关的、琐细而重复的偏执行为（例如不停地洗手、捋头发）。

还有一些人的仪式老是显得很怪异。一位访问人类学者写了一篇文章，题为"坚利美（最好倒着读）人的身体仪式"，以下是其中一节：

> 每人的日常身体仪式包括一种嘴巴仪式……这仪式包含一种尚未入行的生人感到恶心的行为。有人告诉我，仪式的过程是把一小束猪鬃、连同某种神秘的粉末塞进嘴巴，然后用一连串高度形式化的姿势，运动那束猪鬃。
>
> 除了私人的嘴巴仪式以外，人们还每年一两次搜寻出一个圣嘴人。这些从业者拥有一套令人印象至深的装备，包括形形色色的钻子、锥子、探针、刺棒。在祛除嘴巴里的邪恶时，这

些东西使用起来，对于委托人而言简直是难以置信的酷刑仪式……显而易见，这种仪式具有极端神圣而又极端传统的性质，因为当地人年复一年地回头去找圣嘴人，虽然他们的牙齿只管烂下去。

什么是真正的**仪式**？

是什么原因，使得包括刷牙在内的小写词头的仪式，变成了大写词头的**仪式**呢？我们看看基督教领域，区分一下新教圣餐式和天主教圣餐式有什么不同，就能明白了。新教圣餐式是普通仪式。牧师拿上面包和葡萄酒，递给领圣餐的人，后者吃掉面包，喝掉葡萄酒，"以此纪念"基督为我们作出的牺牲。新教圣餐式只是在场的会众进行相互交流的一个姿态，既无超自然的事情发生，也无神奇的变化。

再看天主教圣餐式。神父祝福了面包和葡萄酒以后，一个小小的奇迹出现了。面包变成了基督的肉身，葡萄酒变成了**他**的血。这并非只是一个说法而已，而被认为真有其事，故有"圣餐变体"之称，也就是说物质发生了变化。有些天主教徒相信，如果我们把祝福过的葡萄酒放在高倍显微镜下面，我们将发现它不再是葡萄的汁液，却含有基督血液的 DNA 哩。

由此可见，**仪式**架起了一座桥梁，把物质世界同一个永在而通常无形的神灵维度连接起来了。仿佛往电插孔里插进一个电器，然后就通上了一股永在而隐身的电力一样。只要我们把"电器"插进去，便能利用那股能量，隔着一段时空距离发挥效力，改变物质世界。

握手或接吻，象征并表达了友好和平等，还可以开创友谊，因此它既是表情，也是工具。但是它同上帝或诸神没有特别的瓜葛，除非用于某些**仪式**，例如一个人吻圣十字架，又如一个人宣誓效忠大领主,然后接吻、握手。

仪式可以调集特殊的词语和行动,令物质世界自动改观。故而有呼风唤雨的**仪式**,令五谷丰登的**仪式**,防止动物发瘟的**仪式**,治愈病孩的**仪式**,遣送鬼魂去冥界的**仪式**,求子的**仪式**,求战争告捷的**仪式**。

仪式到哪里去了?

16世纪,西欧发生了新教改革,大约同一时期,新型的科学世界观勃兴,据推测,在此之后人们摈弃了**仪式**。今天我们有许许多多的典礼、游行和形式化举动。但是,按特定程序念念有词,形式化地做一件事情——譬如祈雨时的敲鼓或燃烛,以为神灵的力量可以由此而自动释放出来,这在当时的宗教改革者和理性主义者看来,既充满迷信色彩,又不科学。这种怀疑主义在很多西欧人和美国人心中一直持续至今。

虽然今天的"世俗仪式"不在少数,群众游行、体育和娱乐领域常见的一些玩意儿,都属此列,但它们仅仅局限于物质世界。即使它们时常给人一点儿真正**仪式**的那种"超尘拔俗"的感觉,所谓"狂喜"或亢奋吧,它们仍然囿于物质世界。

世俗仪式可以对我们产生极大的威力。像希特勒的大集会和大检阅之类的群众游行,让数万人挥旗前进,那场面无疑能深深打动人心。法西斯主义和其他主义,以及一切强悍的政治思想体系,莫不钟爱世俗仪式,皆因世俗仪式确系控制情感和思想的好帮手。不过,尽管它们也许具有**仪式**的心理学威力,它们并不是宗教性的。它们不请求上帝来干预和改变我们的物质世界。

不论仪式还是**仪式**,两者都威力无边,都在塑造我们的生活。它们之能获得力量,是因为符号和标准化行动可以对人类发生深刻的影响。悬挂特殊的符号、彩旗、标语、图形，演奏恰当的音乐，指挥一套特定的动作（正步、挥臂），一个人立刻噤若寒蝉，如果他或她夹在一大群人之中，就越发不由自主。

由此看来，戏剧也和仪式有千丝万缕的联系。古希腊人深谙其道，所以大谈戏剧的排毒、导泻和改造效应。同样的效应也见于其他地方的很多舞蹈和戏剧形式，像印度教社会的舞蹈和日本社会的能乐[①]。我们发现，仪式和戏剧深刻地影响了人类清醒时分的生活，甚至影响了人类的梦境。我们该做什么、该想什么，无不受到仪式的约束，因为仪式已在漫长的岁月中修筑了固定的道路，迫使我们走上规定的方向。

即使我们想摆脱仪式的威力，我们也并不容易自拔。各种教派中最极端的反仪式主义者，当推初期的贵格会教友。贵格会教友力图驱除一切形式化和标准化的重复行为，不让它们出现在生活、语言、姿势和礼拜中。他们的礼拜式没有音乐，没有符号，没有表面的形式。但是它的静穆和朴素变成了一种反**仪式**的仪式，在某些方面正像他们自己抨击的事物一样，具有强迫和约束的威力。在一次贵格会的集会上，任何人想站起来兜售什么东西的话，马上会发现那儿是很讲仪式规则的。

神话是什么？

仪式大都包含一个神话维度，因为仪式的基础正是某个神话，或者因为仪式在进行过程中要诵读一些神话故事。所以说，仪式和神话有解不开的联系。但是出于我们对神话的普通理解，我们大多数人很难明白神话究竟是什么。

---

① 日本的一种歌舞剧，大都取材于历史故事或神话传说。

人们常把别人的信仰形容为"神话而已"。这等于断定了神话不真实,好像神话和事实互相矛盾,也等于断定了神话必须和史实区分开来:"虽然神话说罗宾汉存在,但是我们知道罗宾汉从来不存在。"我们的文化偏执于事实,讲求科学,因此我们用"神话"一词,去描述无凭无据的信仰,描述我们所不认同的信仰。

但是,把"真相"与"事实"立为一方,把"神话"立为另一方,这种强烈的对立掩盖了更重要的问题。它未能解释为什么神话牢牢占据了我们的生活,不论我们有没有明确的"宗教气质"。神话是特殊类别的故事,不能简单地用科学的真假标准来衡量。神话是要叙说超乎平凡真相之上的东西。

只要想一想现代科学,"神话"与"事实"或"真相"之间的对立还会进一步消弭。如今有不少宇宙学家和天体物理学家相信创世大爆炸理论,或后续的弦理论①。概念既深奥,信息又复杂,所以这些理论很难有全套或大量科学证据作后盾。它们的客观真实性不可能被证明,它们只是一个猜想,一个研究模式。你看,当代一些最理性主义、最讲求科学性的思想家,居然甘愿落入彀中,去相信一种超乎证据、广义而言或许为"神话"的宇宙及地球起源说,真是一个悖论。

他们现身说法地展现了神话的一个主要功能,因为神话的一个庞大类别正是起源神话。基督教的伊甸园故事,创建日本的太阳女神的故事,一个尼泊尔村庄流传的鼓的起源故事和乱伦的起源故事,都属于起源神话一类。人们通常不问它们在严格意义上是不是真实。它们只是对难解之谜的一种思想方法。

人类的生命,或任何生命,是怎样出现在这个星球上的,我

---

① 理论物理学上的一种假说,根据该理论的物理模型,组成所有物质的最基本单位是小段的"能量弦线"。此学说似能避免粒子学说的一些困难。

们今天仍旧不得而知。我们也不明白为什么人类具有是非观。神话就这类问题给了我们丰富多彩的解释。吉卜林所著《原来如此的故事》，讲到"骆驼是怎样得到驼峰的"、"豹是怎样得到斑点的"，根据上述意义它们也无非神话而已，可我们读起来并不问真假，它们只是在另一种层面上具有意义。

神话的又一功能是为事物现状的由来提供凭照和解释。有人说女人比男人卑贱，因为她们来自亚当的肋骨；有人说法西斯分子比别人高贵，因为他们是古代条顿人的后裔；有人说共产主义必将取得最后的胜利，因为人类赤条条而来、本无财产。我们靠各种神话过日子，而且每天都在制造神话，好让生活中的不平等、不公正、意外和变化听起来合情合理。

神话试图解释世界上的矛盾现象，解释我们精神上无法消除和解脱的张力。我们又像动物又像非动物，是怎么回事？那么，很多神话讲到了人类变成动物，讲到了吸血鬼和兽人。我们好像既是可朽的、生来必死的，也是不朽的，这又是怎么回事？那么，有基督和亚瑟王死而复活的神话，有生与再生的印度教神话，总之有大量的神话，通过讲故事帮我们想透这些问题。神话显然和文学及戏剧杰作不无相像，因为后者也是提出诸如此类的神秘现象和无解的矛盾，陈述正反两方的意见，然后任我们自己判断真相。

因此，神话故事和神秘现象是近亲。我们可以相信有仙女、有霍比特人、有哈利·波特的魔法世界、有圣诞老人，还可以相信那个尼泊尔村庄附近的森林里有偷孩子灵魂的小妖精。但是如果逼问，它们在字面意义上是否真实不虚，我们就成了怀疑论者。人类的头脑拥有辽阔无际的空间，可容纳半信半疑的信仰、诗意的信仰、"好像是"的信仰，大多数人类正是以这样的思想方式度过大部分时日的。神话如同诗歌和戏剧，需要我们"自愿中止怀疑"才能对我们施威。

符号是什么？

符号的基本定义是：象征着别种事物的、物质的或非物质的（如声音）东西。现在假定你想给别人发送一个信息，告诉他们你很高兴。你可以用直截了当的办法做这件事，比方说，寄给他们一张你在大笑的照片。在这种情况下，你寄给他们的那件代表你自己的东西——不管是照片还是别的什么表示你高兴的物件，看上去正是它所代表或意味的东西。照片是所谓的"所见即所得"。看照片的当儿，代表者（照片）和被代表者（你的脸庞）紧紧相连，两者几乎同一，关系清楚，匹配精确。某些非常初级的绘画文字或"象形文字"就是如此，它们不具有象征性。

另一种办法是给你的朋友看一张笑脸，不是你本人的笑脸，而是一张约定俗成的笑脸，像是很多人当作电子邮件发送的那种。你本人、高兴情绪、笑脸，三者之间有一定关联，但是现在，在你希望代表的东西和你的代表手段之间，隔阂就比较大一点了。出现了解读的空间，可能需要教你的朋友认识一对线条加一双圆点表示笑脸，让他知道这代表你很高兴。中国文字与之相似。比如"屋"这个字吧，其实是屋子的一个画像，但是久而久之它变形了。至此我们尚未进入不折不扣的象征主义王国。

然而，你还可以送去一条短信，说"我很高兴"。现在研究一下这几个字母，你可以看出它们是绝对任意的东西。在字母"h-a-p-p-y"[①]和人类情绪"高兴"之间，没有任何可能的关联。这几个字母是组合在一起的抽象而任意的象征符号。读者已经学会如何解码，所以能够把它们解读为表示"高兴"概念的符号。

符号的力量来自它们的任意性和抽象性。在译解过程中，符号

[①] 英文单词"高兴"的拼写。

可以对我们发生深刻的影响。遭迫害的基督教徒在墙上看见一条鱼的符号，会把它解读为希腊字母组成的"鱼"字，而"鱼"又可以解读为短语"耶稣基督，上帝之子和救世主"中每个单词的第一个字母。但是别人只看见一条鱼的图像。意大利南方的警察到现场检验一个被谋杀者，发现死者膝盖上有一个仙人掌果，仿佛偶然落在那儿，但警察知道这是一次黑手党杀人。英国大选期间，你看见一扇窗户里的蓝色招贴，马上相信里面的人八成儿要投保守党的票[①]。然而仙人掌果与黑手党、蓝色与保守党，都没有任何内在关联。

每一种文化都有它的符号，以颜色作符号尤其常见。白色在亚洲是象征死亡的符号，欧洲象征死亡的符号却是黑色。红色在中国是皇家的颜色，世界其他地方却多用金色。为什么非洲许多地方最重要的颜色应该是棕色、白色和红色呢，这个问题引起了广泛的讨论。是不是因为它们在人类生活中以牛奶、血和粪便的形式出现，从而占有突出的地位？不管是什么原因吧，反正颜色、声音和形状都可以携载重大的意义。纳粹党徽的卐字形标记我们大家知道得太清楚了，那是纳粹党徒们将东方的一个慈善符号颠倒过来，变成了强权和仇恨的符号。

符号之所以威力巨大，那是因为，尽管符号含有我们共同理解的元素，但每一个人又可以读入自己的意思，并给予不同的反应。如果把符号集合成为系列，威力更是了得。而如果处心积虑地把它们建构成一场仪式，或一个艺术作品，我们便走火入魔，彻底缴械投降啦。

宗教在很大程度上利用了显然带有任意性的符号，因为我们会下意识地解读符号。我们是制造符号的生物，也是消费符号的生

[①] 蓝色为英国保守党的象征色；英国人有时在窗户上或汽车上张贴他们所支持的政党的宣传画。

物。我们既有能力探索、又有能力交流非常深奥的真理，尤其能够探索和交流一些形式最抽象的符号，例如音乐、美术和数学。但是我们也会掉进符号的陷阱，被它们弄糊涂，被它们引入歧途，被它们的力量蛊惑了头脑。

禁忌是什么？

符号经常导致界限，界限又被禁忌所加强。什么是禁忌呢？进入了英语的"禁忌"一词，源于太平洋岛屿用语"*tapu*"[①]；*tapu* 具有双重的意思：秘密和禁止。"禁忌"是一个很有用的词汇，因为我们发现生活的大部分内容好像都可以分为两类：能做的事，不能做的事。得到一个简略的说法，用来指那些似乎毫无意义的、莫名其妙的禁令，实在很便利，我们可以笼统地称之为"禁忌"。

有些事物我们归纳为安全、体面、可接受和洁净的一类，另一些事物属于危险、不体面、不可接受和不洁的一类。往这两个框框里分别纳入什么东西，以及对违反禁忌的行为分别作出什么样的反应，当然取决于具体的文化。在某些社会，吃人脑是禁忌，在另一些社会，给你吃人脑你不吃才是禁忌。在某些社会，一个年岁较大的男子和一个小男孩发生性关系是禁忌，在另一些社会，假如他的地位要求他破瓜他不破才是丢了面子。

大量禁忌似乎集中在暧昧、矛盾或过渡的情势中，所以生命的转折关头多讲究禁忌——比如出生、结婚，尤其是死亡的关口。我们的身体与外界的交叉点上也有禁忌，故而不少禁忌与月经、粪便、尿、放屁、打嗝和吐痰有关。

一些壁垒森严的族群，如印度诸种姓、正统派犹太教徒、吉卜

[①] "禁忌"，与英文的"taboo"（禁忌）有显著的渊源。

赛人，特别注意回避某类东西。如果我们吃某种动物的肉，我们混淆奶和血，我们与错误的对象或在错误的时间发生性关系，他们会诚惶诚恐：是不是亵渎了仪式，有没有堕落的危险。这些族群的禁忌，含义非常强烈，以致变成了大写词头的**禁忌**。也就是说，如果你违反了**禁忌**，将会发生严重的问题，除非你涤净自己。

在我访问的那个尼泊尔村庄，假如你接触了死亡，或接触了不洁的（较低阶层的）人，你必须用水来一场小小的净化仪式，水是金子蘸过的。对于"tapu"，哪怕你不是故意冒犯它，照样有危险，你照样得受惩罚。乱伦禁忌，是无意中犯禁而受罚的最著名例子。行乱伦之恶，意味着打破了界限，混淆了血缘。即使你当时不知道是在犯禁，上帝也必将惩罚你，无意中和生母结了婚的俄狄浦斯就是一个榜样[①]。

另一方面，大多数人使用"禁忌"这个字眼儿的时候，含义要宽松得多，只表示不该做的事情罢了。我会告诫你，在剑桥大学国王学院的草坪上穿行是禁忌，在马路上吐痰是禁忌，在公共场所裸奔是禁忌。但是如果我们真的做了其中任何一桩，虽然可能引起社会后果，甚至法律后果，却不会导致超自然的危险。

在草坪上走走，我们没有亵渎了自己，我们的脚也没有玷污了草坪。做了就做了，我们的孩子不会生起病来，我们的动物不会死掉，我们也不会预料，我们将为此而下地狱。我们只不过违反了一条我们不见得同意、甚或认为毫无道理的规定，不会有什么精神上的或超自然的危险降临。事实上，你小时候还特别高兴和妹妹罗莎一起犯禁，只要有可能，就硬要跟随我（院士，所以不受那条禁忌的约束）从草坪上走一遭哩。

[①] 据希腊神话，他一经发觉真相，乃无地自容，刺瞎双目，流浪而死；后导致"俄狄浦斯情结"或"恋母情结"一说——参见第28封信。

这是因为，含义强烈的**禁忌**只对一部分人起作用，他们持有一种特殊的世界观，把世界划分为不同区域，界定得非常严格：洁净和不洁，安全和危险，乃至神圣和凡俗。至于我们大多数人，则认为在非物质意义上，世间万物基本上是平等而均衡的。确实有些东西洁净，有些东西"乱七八糟"或者不洁。但是事物之间并没有不可逾越的严格界限。如果我们接触了死亡的污秽，我们不像吉卜赛人的大篷车队和印度教葬礼的做法，不必把一切与死者有关的东西全部毁掉。

牺牲是什么？

与上帝或诸神交流很不容易，驱策神灵做事更是难上加难。要想逼得神灵听使唤，最不言而喻的办法是向他们送礼和行贿，让他们只好投桃报李。

毫无疑问，献给神灵的礼物应该是我们视若至宝的东西。所以游牧社会的牺牲通常为宝贵的动物，奶牛、水牛、绵羊、小公鸡中的一种。基督教发源于中东的游牧社会，因此早期基督教的核心活动是牺牲绵羊以为供奉，礼物的极致乃是上帝的亲子，所谓"上帝的羔羊"[①]。日本等种植稻谷的文化，是拿稻米或米酒作牺牲。

牺牲由两个要素组成，一个要素是礼物本身，也就是供奉在祭坛上的物质的东西，另一个要素是礼物所蕴含的精神。一个尼泊尔村庄用公鸡、绵羊或水牛作牺牲，把它的血供在神龛上。神们喝下的是血，但真正喝掉的是礼物的精神，是那牺牲的精髓和灵魂。神们收到礼物，高兴起来，不是回报一个好处，便是保佑上供的人。

---

① 《新约》称耶稣（即上帝的亲子）为"上帝的羔羊"；此说也可以用来比喻一般民众。

基督教的牺牲，早已从实际的动物转变成了上帝亲子的象征性牺牲。后来，人们变得过分抠字眼儿了，于是新教改革派开始反对那些他们认为过于强调外在形式的东西。他们说燃烛、烧香、祭钱不好，上帝需要的是内在的供奉。一种观念流行起来，它主张，取悦上帝的办法是摈弃有罪的行为。"神所要的祭，就是忧伤的灵。神阿，忧伤痛悔的心，你必不轻看。"[①]一颗驯顺和服从的心、一股强烈的从善意向，比燔祭的烟、比血的河要好。

就这样，宗教在世界上很多地方变得内在化了。但是牺牲并未远离我们，为了守四旬斋[②]而戒除美食的仍大有人在，也有不少人放弃这样那样的东西，只因为他们觉得，这种自我牺牲将以某种方式，给他们不仅带来物质的利益，而且带来精神的好处。做一个素食者、警惕自己的体重、献出时间和金钱做善事，全是牺牲的形式。即使在一个消费主义盛行、享乐至上的世界，很多人的内里仍然饱含着清教徒气质。

此外，牺牲的概念和牺牲的价值因文化不同而千变万化。英国为两次世界大战的死者树立了鳞次栉比的纪念碑，上面都提到了他们的牺牲。你再到世界各地去看看类似的纪念碑上题写了什么吧。法国的题词是"光荣"。到了日本，你根本别想找到一块这类镌刻着死者名单的纪念碑。

仪式为什么要紧？

我们的生活总是恪守一定的模式，并遵循标准化行为的重复不已的节律。人性的这种表征，经常被政治和宗教仪式所吸收。不论

---

① 见《圣经·诗篇》。
② 指复活节（在3月或4月）前四十天的守斋。

是祷词或政治演说的刻板语言，还是我们在祷告或齐步走过程中情不自禁的身体动作，只要其中利用了仪式的力量，就能钳制我们的头脑。

仪式赋予我们以信心，将我们同他人团结起来，帮我们熬过悲伤或死亡的难关。结婚仪式有助于重新组织社会关系，殡葬仪式有助于重新编织社交网。没有仪式的生活是不可想象的，它会变得毫无规矩，也了无意义。但是我们应当记住，仪式的威力是要我们付出代价的。

我经常暗暗奇怪，在剑桥大学国王学院著名的圣诞合唱会[①]上，为什么从来没有人中途突然立起，以便宣布他们的特殊人生观，吸引全世界亿万听众去注意某项伟大事业呢？不过当我自己坐在那里聆听合唱的时候，我始终感受到庄严氛围的伟力和仪式的伟力，弄得我连咳嗽一声，或者在座位上挪动一下，都觉得为难。仪式通过我们的身体和感官对我们发挥作用，由此牢牢地扎根于我们的生活方式，让我们身不由己。我们碍难逃脱仪式的威力。

世俗的仪式和披着正式宗教外衣的仪式莫不如此。中国的"文化大革命"时代有数不清的"仪式"崇拜毛主席，什么"早请示"啦，"晚汇报"啦，人们守起来很自觉，亿万人手捧**小红书**、贴在心口上，嘴里背诵毛主席语录。今天中国朋友们说，当时他们偶尔感到窘迫和怀疑，但是只能随波逐流。

所以我们除了参与仪式的庆祝以外别无良策，不过彼时彼刻我们应努力退后一步，客观审视仪式的威力是如何洗脑般地控制我们自己的。理解和驾驭我们所举行和卷入的仪式，将使我们获得一定程度的自由。

---

① 即第2封信提到的"九经颂圣节"。

13

我们怎样学习？

亲爱的莉莉：

我们既然是人类，当然应该不懈地求知。一些生物学动力若能置于驾驭之下，将会激发知识领域的创造和奋斗。人类和其他动物共有的生物学动力包括：有性繁殖的动力，满足衣、食、住需求的动力。对这些目标的追求，无疑形成了一股强大的背景力量，促使人类发展灵气十足的生存技能，但同时也导致了无尽的竞争。

人类社会普遍生发不平等。游戏、艺术和知识领域如此，有形物及象征物（带来身份地位和尊敬的东西）领域也如此。竞争意味着上升的渴望和下降的恐惧，而值得重视的是，刺激人们不断尝试并完成烦难工作的，正是竞争。竞争的刺激并不局限于现代西方社会。全人类的发明创造力有一个共同的重要根源，那就是我们渴望赢得某些人的钦佩和羡慕，因为我们想给这些人留下印象。

此外还有一个同等重要的动因，那就是与他人成功合作的快乐。人类首先是社会的动物，并拥有独一无二的语言工具帮助合作。人类文化的一切重大进步，几乎都包含了共同的、合作的努力。单独的个人很难有建树。

我们为什么要给予？

想一想我们不仅在收礼、而且在送礼时感到的喜悦，这个问题将迎刃而解。礼物的理念在于我们免费地把它献给别人，然而实际情况经常是，受礼人随后必须报答对方的这番恭维。论及更宽泛的意义，礼物不限于一个赠品，也可以是你做来取悦或震撼别人的多种事情。

不论定义如何，总之礼物包含了几个要素。首先有外在的"物质"要素，从食物到诗篇，从一场胜仗到一个数学新理论，俱为物质。其次，物质背后又有礼物的"精神"，即礼物所代表的象征性社会关系。人们赠送礼物并让对方接受，人们送礼和收礼的方式，人们以回礼表达谢意，在在表现了一种社会关系。礼物使个人有机会表示敬意、展示人格、获得尊重。

知识的探求可以看作一张赠礼的巨网。在这个网络里赠送给他人的东西，意义不止于物质。一位女科学家可能发现了一个新的事实或新的理论，随后把它赠与同事们，此时她的一部分精神也注入了这条新知。而且礼物会生成回报义务，故而每一个科学发现都有累积性，不仅因为开拓了更多的新知，也因为向他人施加了投桃报李的义务。

礼物不应太精确、太算计、太"理性"。如果科学家一心想着什么东西"回报"得快，绝不会有人从事需要担当巨大风险、需要长期奋斗的基础科学。大多数辉煌的科学研究非常疯狂——经年累月追随预感，苦苦奋斗而报酬甚少，放弃捷径坦途，牺牲短期收获。科学家这么做是为了谁？为了别人，为了一小群朋友和同事、老师和学生，为了一个将要敬仰其英名的社会，为了上帝的子孙，但这永远是送给他人的礼物。

我们为什么好奇？

像其他一些较高级的动物一样，人类有无穷的好奇心，有创造新模式的爱好，有聪明才智和一股顽皮劲儿。如果这些品质受到激励，哪怕只是容它们尽情发挥一阵，它们必将促使人类从事各种实验，发明解决问题的方法，寻找避开障碍的途径，进行克服困难的合理尝试。

好奇、诧异和景仰的作用在幼童身上一望而知。我记得，莉莉，你还是小不点儿，住在澳大利亚的时候，我曾给你录影，摄下了你品味各种食物、拼合各种图形、探索周围世界的情景。你出世刚几天，我就看出，有一股强大的生存本能在对你发挥作用，使你渴望了解万物的运行方式和相互关系。只要拿眼睛一看，便是提问"为什么"的开端，这是孩子们的著名特点。

为了回答"为什么"，孩子们用尽了千方百计，其中包括比较、推理（从一般定律推导个案）、归纳（从个案推导一般定律）、检验性的实验。每一个孩子必须是一个很不坏的科学家，才能生存下去。但是孩子长大以后，求知欲和好奇心时常泯灭，或因为外界的压力，或因为内心的感觉——已经知道答案啦。

儿童、画家、诗人、科学家，都是满怀好奇心和惊异感，喜欢设法答疑释惑的人。儿童和现代科学家的唯一区别是，随着科学效力的提高，科学能自动开发答疑释惑的新工具和新方法。在追求知识的过程中，儿童利用自己的天生智力，音乐家汲取他所在社会的累积音乐遗产，自然科学家采取数学等多种手段。科学往往是累积的，知识是可以检验的，问题是开放和永无终极解答，这三个特点结合起来，可信知识的发展便有了潜力。

技术起了什么辅助作用？

人类得天独厚，他们比别种动物更能把个人头脑里的知识迁移到外部世界。由于拥有致密的文化体系，人类可以贮存和传播思想，使知识迅速增生。"文化"是人类不可或缺的技能，它可以是非物质的（语言、歌曲、神话、传统），也可以是物质的（文字、物理工具、仪式、工作方法）。这个恢宏王国的一个组成部分，其效力正在急剧改变生活的，就是技术。

技术改变世界的方式之一是贮存和扩展思想。新思想嵌入工具，工具反过来提高我们的思想水平，形成一种三角循环运动。

首先，有关自然世界的理论认知，或曰可信知识，发生了一次增长。它成为三角的第一个点，至关重要。这种有关世界之道的可重复而又可靠的知识，通常来自无私的研究。接着，有些新知识馈入改良的或全新的物质制品或工具，成为三角的第二个点。如果物质制品有用途、有需求，又比较容易制造，它们会大量扩散。物的增殖和成批扩散，成为三角的第三个点。然后，它们开始改变生活环境，并很可能回馈到三角的第一个点，造成进一步的理论探索。

生活的很多领域都在发生这种三角循环运动，我们所说的人类进步背后，往往潜藏着它的循环往复。

根据一般规律，每增加一条可信知识，便有了再做几十件新工作的可能性。米卡诺[①]积木或其他积木增加一个轮子后，会改造先前所有部件的潜能，许多技术也是一样道理，车轮、印刷、钟表、玻璃、摄影、计算机，都不例外。

只要三角运动的进程不出现障碍，有关自然世界的可信知识，以及改善人类生活的实际行动，当以越来越快的速度扩张。这就是最近三百年知识爆炸的故事。人类对大自然的认知和驾驭能力，进步实在惊人噢。

---

① 儿童拆装玩具商标名。

玻璃做了什么?

玻璃改变了世界①。玻璃成此伟业,似乎出于一次巨大的偶然,纯属其他发明的幸运副产品。玻璃的历史表明,借助技术而实现的人类可信知识的增长,往往是别种事物的无意后果所致,还表明,新知识植入人工制品的程序一旦变成了人类的自觉目的,可以导致迅速而惊人的进步。玻璃的历史堪称知识三角循环的极佳示范:新工具产生,然后增生扩散,最后回馈为知识的进一步增长。玻璃的历史也是米卡诺效应的一个示范,因为玻璃不仅以自身为人类提供了一种新增的资源,也为其他技术的改革提供了可能性。

伊斯兰学者于公元9世纪、西欧学者于公元12世纪开始领悟,玻璃不单是一种奇妙的物质,可以盛装冷饮料并为它增添丽色,而且可以把光线放入室内,把寒冷挡在室外。通过操纵玻璃,还可以改变视像。

早在公元9世纪,人们已经萌生念头,要借助玻璃去研究微小物体、折射光、检验光的性能。关于光的本质和玻璃的化学结构,人们的知识日新月异,同时玻璃的工具也日趋完善。16世纪末,一个最富于戏剧性的效果产生了。

取两片经过适当塑形的玻璃,近距离地摆放在一起,可藉以看见遥远的东西或微小的物体,而这个念头究竟是怎么想出的,至今仍是不解之谜。望远镜和显微镜这两样工具,好像都是荷兰人于公元17世纪左右发明的,并与眼镜片的制造有不言而喻的关系。

如果没有望远镜,伽利略不可能开创和证明他的基本理论。如果没有显微镜,人类不可能发现细菌的世界。玻璃的发展还产生了

---

① 作者曾在另一部著作《玻璃的世界》(*The Glass Bathyscaphe: How Glass Changed the World*, 商务印书馆中译本,2003)中,专题讨论玻璃的人文史和它在现代世界形成过程中的巨大作用。

其他副作用，比如光学的发展和真空的发现。真空的发现肯定离不开玻璃，因为必须在玻璃大烧瓶内制造和观察真空。

玻璃是惰性物质，不易腐蚀，又可以透明，能制成化学所需的玻璃曲颈瓶、烧瓶、温度计和气压计，故而成为化学发展的不可或缺的因素。今天，科学的几乎每一个分支都沉重地倚靠着玻璃，又遑论交通运输系统、电、钟表、电视机等人类文明赖以运作的工具。我们的生活已被玻璃彻底改造，举目四顾，你将发现玻璃无处不在。

着眼更基础的层面，可以主张，如果没有玻璃，人们不可能为文艺复兴运动和现代科学思想打下哲学与情感的地基。视觉是人类最强大的知觉。玻璃为它提供了新型工具，使人们得以看见微生物的隐形世界，凝望裸眼看不见的遥远星体，从而不仅促成了具体的科学发现，而且使人类增添了信心，认定一个更深邃的真理之天地必将被发现。

昔人认识到，有了玻璃这把宝匙，便能打开知识秘藏的门禁，洞察事物表象之上或之下的奥秘，撼动一些传统的思想观念。理所当然的东西不再是当然的真理，隐藏的联系和掩盖的力量也可以探知了。

今人则发现，14世纪以后玻璃技术在全欧洲的传播和精益求精，对数学和几何学发生了深远的影响，并波及透视画法和美术。由此可见，玻璃是三角循环运动的完美实例：首先出现了一种新知识，然后引起一些新的人工制品，最终人工制品大量扩散，又能回过头来促发更新的知识。

技术永远有助益吗？

一些较成熟的玻璃制造技术，包括玻璃吹制术，中国人和日本人知道得不比西方人晚。可惜玻璃这物质在中国和日本用处不大。那里的主要饮料是开水或热茶，而精良的陶瓷生产已经为喝茶提供了一整套完美的容器，从最低贱的大口杯，到最珍贵的茶碗，无所不备，所以玻璃容器简直找不到市场。这只怪玻璃比陶瓷易碎多啦。西欧不遗余力地开发玻璃，是为了满足人们对高脚酒杯的需求。

寒冷的欧洲北方发展玻璃制造业，旨在用玻璃窗迎进阳光和阻挡风寒。初始阶段一般只有富裕的宗教机构才用得起玻璃窗，这些早期产品经常染成绚丽夺目的颜色，起一定的装饰作用，今天我们在夏特尔①大教堂和剑桥大学国王学院的礼拜堂还能看到。16世纪开始风行以玻璃制造民用窗户，北欧诸国的富户尤其趋之若鹜。

然而，中国和日本却不曾开发窗用玻璃，因为无此需求。日本地震频仍，玻璃容易震碎，况且房屋为竹木结构，不适合安装玻璃窗。那里有一种既精美又更便宜的替代物，即桑纸，可以用来制成活动幕墙。一切因素综合起来，贬损了玻璃窗的吸引力。再说，玻璃生产过程中，窑火必须烧到极高的温度，玻璃才能始终保持熔化状态。既然玻璃需要高强度的燃料，所以只能在人口稀少而森林繁茂的地区制造。中国和日本不大符合这些条件。

玻璃的另一项用途，最直接地关系到人类的思想工具，那就是用作眼镜。人生含有一个讽刺：许多人年近五旬或进入五旬，知识见解达到鼎盛之际，却发现无法继续阅读了。他们只好把读物拿得离眼睛远远的，远得根本辨认不出字迹。15世纪以前，老视一直是一个严重的障碍，官府等机构尤其深受困扰，因为它们最精通文牍和簿记的雇员由于不再能阅读的缘故，不得不就此退休。虽说印刷革命普及了书籍，满足了人们的学术需求和鉴赏需求，但是视力残

---

① 法国城市，有著名的主教大教堂。

障也随之加剧。

恰值印刷革命前后,眼镜制造业开始迅猛发展。眼镜的开发延长了一批才识人士的智力生活,从而导致了知识的激增。

是什么使人们富于创造性?

在我们不妨称为"有界性"和"漏隙性"的两个极端之间,必须保持恰到好处的平衡,知识和人工制品才能迅速发展。如果某一体系不设立丝毫界限,那么,处于这样的极端状况,任何一个思想或发明未及成长,立刻会被下一个扫荡得无影无踪,好比疾风和劲浪在一马平川上荡除一切,又好比平滑的山坡上寸草不生——没有沟沟坎坎,罂粟无处扎根。

但是在另一个极端,如果沟沟坎坎变成了不可逾越的障碍,又会发生相反的困难,出现老化和停滞。变革和改良总是四面受敌,不作为的理由永远多于有所作为的理由。假若一个有界的单位能在其内部长期保持全盘的控制,例如很长一段历史时期的中国和日本,新生事物就再也不会生长。

新思想,伴随败落和淘汰的威胁,使人们富于创造性。然而新思想涌入的步速必须既恒常又节制。从1868年开始的一个世纪中,日本这样做了[①],当今中国也在这样做,虽然方式很不一样。新思想涌入太快,会冲毁一个文明,市场资本主义于20世纪末冲毁俄罗斯文明是一个明证。公元9至19世纪,欧洲将各个有界的政治和文化实体结合起来,形成了一整块高度互联的大陆,各种思潮和人工制品方能从一处迅速漂移到另一处。

---

① 指明治维新,即日本明治年间(1868—1912)发生的资产阶级改革运动。

对于那些各自独立的创新多发地区，建立多方互联是至关重要的。取得重大的突破非常困难，所以不大可能在一个有界的单位内独力完成。可用的资料太少，训练有素、才思敏捷的思想家不多，人们的眼界也有限。因此，重大的突破容易出现在科学家能够进行远距离交流的地方。

12世纪以后，不少意义深远的科学发现是欧洲各地广泛交往的产物。共同的宗教（基督教）、共同的语言（拉丁语）和多种共同的传统，大大地便利了欧洲协作网的结成。学者们和发明家们的友爱互助蔚然成风，有价值的思想传播得极其迅速。印刷术作为在全欧洲快速传递思想的工具，显然也发挥了不可或缺的作用。

不断追求新知的一个主要动力是好奇心，欧洲的经历恰好制造了更多的难题，挑起了人们的好奇。自15世纪开始，由于人们的长距离旅行，由于美洲的发现，由于远达印度、太平洋和东亚的航海，新信息潮水般地涌进欧洲，并对现存的思想观念形成了挑战。很长一段时间，在相对而言面积不大的地中海地区，不同的文化传统互相融合，特别是伊斯兰教社会与借鉴了伊斯兰教的基督教文明彼此交往，犹如有阵阵清风吹来，显然激励了清新的思想。

最终的成果就是我们今日居住的世界，我在这里用一种仅仅二十年前我还无法想象的工具——便携电脑——给你写这封信。

14

教育可以毁掉知识吗？

亲爱的莉莉：

很多人推定，教育的目的是启发我们思索。我们生活的社会今非昔比，当今的教育，一般说来其宗旨确乎如此。但是教育同样可以看作钳制思想的工具，经常被用来指导人们循规蹈矩地想问题，结果，唯一可想的思想，就是教师们（以及整个社会）认为合适的思想。

知识的代代相传，历史上多靠口述，所以留给批评的空间很小。任何东西都未写下来，当然不易比较不同的版本。不存在赋形的"真理"或"道"，来提供一种正统，然后可以背离之。后来发明了文字，才出现了可以从外表上辨识的区别。像其他东西一样，文字通常也被统治者所垄断，以利于维护现状。文字可不是质疑制度的工具哟。

此后呈现的趋势为，开发文字体系的人利用文字，向人们灌输传统的、业经认可的知识。教育家惟尊经典，要么是宗教经典，如佛经、梵文经书、可兰经、圣经、摩西五经，要么是世俗经典，如孔子或亚里士多德的著作。个中的推定是，真理早已被先哲昭示。教育的使命只是通过背诵，将现成的真理灌输给年轻的头脑。不允许质疑，只允许稍加解释，推敲细节，穷究晦涩的语意。

财富的增加强化了这种趋势。教士和教师的队伍日益壮大，经典文本考试合格的能力，作为权力和地位的敲门砖，变得空前重要，试期也越来越长。过去如此，今天也一样。曾几何时，优秀的中学成绩能帮你找到一份像样的工作，渐渐地，你需要一张大学文学士或理学士的优秀文凭了，如今呢，你还需要一张博士文凭。

教育的膨胀和形式化并没有形成一股推动力，促发独立的、孜孜好问的思想，因为它并没有鼓励独创性、怀疑精神和不同见解。如果说有什么影响的话，那就是精神世界更加封闭了。真理一经写成文字，便赋有了不容辩驳的权威。关于自然世界的知识不再有人质疑，书本上读到的东西等于不言自明的真理。

这种趋势经过若干世纪的发展以后，必然以固步自封告终，许多崇尚学术的伟大传统就是如此。再也没有新的东西可说可想，唯一的目标是谨守积年的知识。天赋神授的开山鼻祖们，如孔子、佛、耶稣、穆罕默德，已将他们的知识和思想分发给了各自的信徒，信徒们因为诠释先哲的智慧，并传授给自己的学生，纷纷过上了小康的日子。

今天，这种趋势有增无已，它的表现是，一切诉诸权威，学习知识靠死记硬背、而非真正的理解。说服、吸引和鼓励年轻的头脑是非常艰巨的工作，利用权威去断言、去支配，或者吩咐学生只许照搬现成知识，却要轻松得多。

如果有人要改动什么，他的修改必须微乎其微，能够瞒天过海才行。唯一允许的事情，是对知识小修小补，"把心智的家具来回挪动"。既然小修小补需要的精力少得多，又可能带来奖赏，甚至带来一笔真格儿的财富，所以即使到了今天，人们也宁愿修补，而不肯努力深化知识，取得进步。

还有一种广泛的趋势，促成了下述局面：每出现一个真正的创造性思想家，必然出现几十个才禀次之的批评家。摧毁别人的思想而自肥，比依靠大量生产自家见解为生，毕竟容易一些。"井蛙"综合征四处蔓延，那是说，人类像青蛙一样，总想把那些试图逃出井底的家伙拉下来——大家倒霉，强似少数逃脱。与此相伴，"有限益处"的伦理也日益盛行,人们认为,他人的成功使人降格,他人的失败使人升格。这种阴暗心理阻碍了知识的增长。很多人在学校有亲身体会,学校里同侪的压力将迅速造成一种反研究、反成就的伦理,使"书呆子"备受奚落。

知识为什么会枯竭?

知识容易变成私有。在一个严守秘密、竞争过度的世界,过分的私有化和对知识产权的过分注重,会造成个人与个人、组织与组织的对立。只有在思想见解的公开市场,通过合作,有价值的科学研究才能健康开展。

有时候,个人或机关可能不得不暂时保密。一个著名的例子是,查尔斯·达尔文曾将他的物种进化论秘而不宣,逾二十年,担心它扰乱宗教等级制。但是保密的最终目的还是公开成果,提供一个他人可以继续攀升的梯级,从而赢得赞扬和感激。

很多社会的情形恰恰相反。一切深奥的学问都是绝对**秘传的**(专有的和秘密的)。既然它是某个家庭、宗派或组织开发的,所以谁都觉得不应该弄得尽人皆知。这种做法与西方的现代科学完全背道而驰。从理论上说,西方的科学发现应该公之于众,应该开放,以便一家之说能够得到同行的充分检验。欧洲科学家和哲学家以其传播知识的能力作为谋生手段,很多其他社会的知识分子和教士却以垄断知识秘密为生。

这就阻碍了可信知识的迅速膨胀。在一个虚假和欺骗的世界,一个知识保密和私有化的世界,又何来"可信"?对于大多数人而言,没有什么东西是可信的,来自不相干的陌生人的知识更是不能当真。别人凭什么要把"真理"告诉我们呢?

获取知识通常要付出高昂的代价。知识到手后,应当像别的资本一样付出红利。好不容易爬到知识树的顶梢的人，恐怕都不喜欢激进的思想者，因为他们在下面乱砍树干。既成知识体系的消失，并非由于理性的辩论，而是因为老一代人相继死去，或因为人们觉得他们的理论已经陈旧过时。所以很多社会的年长一代给后继者拼命灌输教条，以保证他们绝不威胁既成体系。

为什么我们增加了信息却减少了理解？

一个狩猎采食者不需要大型图书馆、百科全书和计算机数据库，来存储累积的信息。他或她完全能够把前一个星期发生的所有大事记得相当清楚。如果有人想捉一种新的动物，爬一种陌生的树，童年时期学到的各种常规技巧足以帮助完成任务。我们却不同。

你或许以为，人类作为整个物种五千年来变得更聪明了，作为个体也更有可能利用智能工具发现新知识了吧。就社会整体而言，确凿无疑。但是论及个人，我不知道有任何雄辩的证据，能证明确实发生了如此显著的进步。我们的大脑没有继续长大，也没有证据表明大脑更新了工作程序。

从各方面打量，人类个体似乎对世界之道了解得越来越少，而且觉得以一己之力作出重大发现也越来越难。事实上可以说，当今世界的无知、遗忘和枉费精力的研究，已达历史之最。果真如此，则原因何在？为什么很多社会和个人似乎选择了让头脑更加封闭的道路？偶尔，个人和社会又怎样暂时逃逸了这种道路？

大量知识细节急剧地累积，知识总量随之日渐膨胀，我们也越来越难看清全盘模式了。这就是为什么，比如说，很多极其博学的人如此不丰产，而且年事越高产量越低的原因。

每一条新的信息添加到复杂而互动的知识体系以后，将会改变现存的全部知识，因此，增添新的条目越来越困难。我们存放财物的实际经验可以说明问题。面对一个容纳十件物品的抽屉，不难决定在哪里放东西和找东西。面对十个抽屉，每一个能容纳二十件物品，困难可就大得多了。事实上难度是递增的。

在一万件物品中寻找一件，比起在一千件中寻找一件，难度远远不止大十倍。这种定律解释了为什么"学问的进步"或知识的膨胀如此困难，而且好像越来越困难。

我们在幼年时期，或者在初涉一门新学科的时候，很容易突飞猛进。一切都向我们敞开和流淌，稍加努力就能得到巨大的回报。我们首先取得最容易的进步，可以避开坎坷地带。一段时间以后，最佳的精神领土已被占领，我们不得不迁移到边缘地带。况且，每一条新信息必须与日益复杂的既存知识体系相匹配，甚至微小的改变也要遭遇根深蒂固的巨大障碍，所以我们好像只能在边界地区小修小补。我们内心深处或许很清楚，事情正像哲学家卡尔·波普所说的那样："我们的知识只能是有穷的，而我们的无知必然是无穷的。"

计算机有助益吗？

知识的存储和检索问题会越积越大。每一个历史阶段终将达到一个极限，然后再也无法有效地容纳和获取新知识。口头文化只能容纳少量关于自然世界的可信知识；文字引发了馆藏信息的可能性；印刷术使文本增殖，因而极大地扩展了这种可能性。19世纪末，利用纸张进行的手工索引系统已经走到了极限。直到1960年代，由于计算机的开发，才触及了知识存储和检索的全新潜力。

目前的局面是，计算机工作能力（速度、存储媒介的大小、搜索方法）的提高领先于信息的增长。由于人们科学地开发了技术，信息超载和饱和的定律暂时得到了延缓。

然而也有计算机无能为力的领域。革命性的创新变得越来越困难，因为，认知和改变一种体系所需要的全部专业知识，掌握起来非常耗时和费力，已经逐渐超出人类的正常能力。在学习一门新学科的起始阶段，一个生手只算是从事业余爱好而已，所以能取得长足的进步。到了19世纪末，重大的研究项目已经需要具有高度组织纪律性的团队去进行了。

复杂性的增大，是我们经常发现保守主义、程式化和仪式化愈演愈烈的一个原因。这些现象，当操作程序变得复杂起来，而我们对其运行之道的认知——即可信知识的内容——并未相应增加的时候，便会出现。这是一口陷阱，日本的制剑史就是一例。1200年，日本的制剑技术已趋炉火纯青，以致接下来的五百年几无发展。陷入僵局后，保证复杂程序继续运作的唯一办法，只能是墨守成规。

这种"禁闭"现象发生在知识的一切形式中，既见于世俗活动（如物品的制造、教育），也见于宗教（表现为仪式化和形式化）和政治活动。知识内容因此而削平了锋芒，甚至减少了数量。我们的任务几乎是唯一的，只需要牢记如何重复祖先流传下来的言论和行动，既然它们似乎仍旧行之有效。这与发明创新可谓南辕北辙，因为发明创新是蓄意强迫我们忘却，让我们超越以往的知识，使之"过时"和落后。能够规避保守主义趋势达数百年之久的文明寥若晨星。

是什么阻碍了我们的思想？

一个众所周知的困难阻碍了新事物的发现，认知心理学家大卫·珀金斯称之为"绿洲陷阱"。知识逐渐集中于一片硕果累累的"绿洲"，离开这片仍旧多产和湿润的地带，不仅风险大，成本也高，因此人们对现成知识依依难舍。在以往若干世纪，中国和日本的情况大体如此。中国的知识重镇之间，物理距离千里迢迢，何况即使有人千辛万苦地跋涉到了另一处，结果不过是和他离开的地方大同小异，这就打击了探索的积极性。

近八百年来，欧洲有数不尽的"绿洲"，那是一批独立的民族文化，彼此相距区区几百哩，然而各自拥有大相异趣的"动植物"。每一片绿洲独立发展它的思想见解，然后同其他绿洲交流，像这样的一张"绿洲"之网，大概是发展新思想的理想土壤吧。

还有一种对障碍的解说。人们往往必须后退一步，方能前进一步，登高以前必须下坡。增加知识好比上坡，不可能一直稳步攀登，必须时不时来一次代价高昂的迂回。

然而迂回需要极大的信念、自信和充足的庇护。在某些历史关头，欧洲人似乎得到了这类资本，不过总体而论它们是稀缺的。一项全新的技术——例如新型的武器或船舶——尽管潜力要大得多，但其效能仍有很长一段时间逊色于旧技术，然后才能逐渐流行，并取代旧技术。总会有一个漫长的挫折阶段，旧观念稳操左券，未经试验和体验的新观念无法跻入。开发期如此漫长，有谁愿意承受它的成本呢？

同样的困难也表现于学术的进步。年岁和阅历稍长的知识分子，能够有效地摧毁青涩的新思想，假如他们发现那是本质上更强大、更"真"的真理。常见的情况是，创新者或者沮丧地放弃，或者被甩下来，徘徊在一个真实的或比喻的十字路口。奥斯卡·王尔德说得不错："一个不危险的思想，根本不值得叫作思想。"然而，如果一个思想真是危险的，我们就必须小心了。有时候它并不值得我们冒险。

第五束信

权力与秩序

15

民主运行良好吗？

亲爱的莉莉：

常会有人告诉你，你生活在"民主"之中，"民主"是美妙的，是一种应该出口世界各地的东西。然而"民主"究竟是什么，它又是怎样运行的呢？

实际上它有两种意思。其中一种我将称之为大写词头的"**民主**"[①]。《简明牛津英语辞典》将它定义为："民治的政府；最高统治权寓于人民的一种政府形式。"这意味着一人一张选票，每一个年满多少岁的人都有权投一票。在实践中，它应当意味着存在若干选择。一党**民主**政体在文字上讲不通。

第二种我将称之为小写词头的"民主"，上述同一辞典将它定义为："人人拥有平等权利的一种社会状态。"《牛津工具词典》则提议："一种平等主义的、宽容的社会形式。"因此，"民主"暗示着一种自由、法律面前人人平等、机会均等的感觉。

民主政体亦即人民的主权，与"独裁"政体截然对立。独裁是单独一个人的统治，它有多种形式，包括寡头政治（极少数人的统治）、财阀政治（大富豪的统治）和君主政治（一个世袭统治者或国王的统治）。**民主**政体本身也可以采取好几种形式，包括像美国和法国那样的共和政体，像英国这样的有限君主政体。

---

① 原文为 Democracy，大写首字母，以表示与普通意义上的 democracy 有区别；在下文中，遇前者多译为"**民主**政体"，遇后者译为"民主"。

昔人期盼民主吗？

既然**民主**政体是当今许多人梦寐以求的理想，也是当今世界上最普及的政府形式，你大概以为它一定经历了悠久而成功的历史吧。不对。以这个字眼的最严格意义，一百年前没有人生活在**民主**政体之中。20世纪中叶，当时仅存的几个**民主**政体也几乎被法西斯主义（国家权力至上的思想体系）和共产主义（废除国家和财产私有制的思想体系）扫荡殆尽。

1980年代以前，**民主**政体仍只是居于少数的一种政府形式，绝大多数政府和绝大多数人民处于独裁之下。直到1989年，随着苏联的崩溃，**民主**政体才在数量上超过了独裁政体。那么，为什么很多国家曾为其他政府形式所牢牢吸引呢？

政治的一个难处，是走中间道路。一般而言，各文明的历史上总有一些时期要出现大混乱和分裂主义。我们发现，欧洲很多地区在罗马帝国殒灭以后、中国在鸦片战争以后、东欧在苏联瓦解以后，都发生了"国家的解体"。地方首领、领主、政治委员和军阀的权力扩大，匪类横行。国家被肢解了，不再继续垄断对强权的使用。对于大多数居民来说，这是非常不愉快的，因为他们将饱受蹂躏，流离颠沛。

一旦财富增长，技术效力提高，暂时的结盟转变为长期的联合，情况就会改变。国家一级的政治权力会扩大，地方的反抗被镇压下去，同时，非官方帮派大都遭到取缔。由此可见，常规的模式是从解体迈向极端一体化，至少迈向全盘控制的**企图**。

可以取而代之的模式非常鲜见。在古代的小城邦，或在各帝国的早期史中，出现过替代模式，一般叫作共和政体。不论雅典、古罗马、15世纪的佛罗伦萨共和国，还是17世纪的荷兰共和国，都是由市民们——共和国的自由成员们——共同治政，尽管他们往往只占人口的少数。没有独一无二的统治者，没有国王，没有独裁者。

然而这是一种不稳定的格局，不久就会向某种形式的君主政体漂移。以英格兰为例，奥立佛·克伦威尔统治的共和国只成立了几年工夫，一种不受欢迎的观念便死灰复燃了，那就是：克伦威尔的继位人应当是他的儿子①。1789年的法国大革命为法兰西建立共和国之后，拿破仑忙不迭地自立为统治者，建立了一个新的王朝。

权力总是迅速集中到独一无二的统治者及其家人和朋党手中。共和国不仅是短命的，而且通常只出现于小型的政治单位。18世纪下半叶以前，大型国家（规模如法国、西班牙、日本、中国）成立共和国而存续好几年的，没有出现过一个案例。20世纪，新型独裁政治从传统统治者手中夺取了权力（如俄罗斯），或者从人民手中夺取了权力（如德国、意大利、西班牙），然后放进某些政党或法西斯政权的手中。当前向民主政体的摆荡，倒是奇怪的和史无前例的动向。

为什么**民主**政体如此时髦起来？

有人说，因为**民主**政体在经济上是成功的，所以它一时之间高歌凯旋。**民主**政体只是某种一揽子体系的组成部分，这一体系保证个人能安全地追求自己的经济目标，个人也确实深受鼓舞，在奋然而为。因此**民主**政体容易促发经济上的成功，并由此促发军事上的成功。但是这个论点有软肋。

首先，**民主**政体显然不会自动引起经济增长。我们倒可以指

---

① 奥立佛·克伦威尔1653—1658年任英格兰护国公，其子理查德在他之后继任（1658—1659）。

出，**民主**社会史上曾多次发生经济衰退，包括美国 1930 年代的大萧条。其次，有些形式的独裁政体在短期内比大多数**民主**政体更为成功，比如有些当今独裁国家就实现了惊人的经济增长。新加坡等一党制官僚政治国家——有人还会说日本也包括在内，并不实行常规意义上的民主，却同样实现了非凡的经济增长。可见**民主**政体既非经济增长的保证，也非经济增长的唯一途径。

另有人提出，**民主**政体之所以成功，是因为它赢得了民众的喜爱，因为民众获得了选择领袖的权利后，产生了手中有权的感觉。通过选择领袖，民众能按自己的意愿管理自己的生活了，此时的自由感，他们视若瑰宝。这话无疑有几分道理，不过，一旦**民主**政体在经济上败北，民众弃之若敝屣的惊人速度，令我们不得不踌躇起来，且看希特勒和墨索里尼的横空出世吧。如今英国的大多数民众懒得到地方选举和欧洲选举中去投票，美国大选的投票人数也急剧缩水，这些事实说明，**民主**政体的情感吸引力并不如推断的那么强烈。

民主政体完美无憾吗？

有一些可信的理由能够解释为什么民众未能投票选举。古雅典标榜的"**民主**"政体其实很不完善，"人民"当中只有极少一部分，也就是男性自由公民，拥有治政话语权。英国用了很长时间才实现全民投票权，直到 1928 年，妇女才获得议会选举的投票权。

民主政体还有一些危险。其中一个，是众所周知的"大多数的暴政"。根据**民主**政体的逻辑，政府应当服从大多数人的意志，至于这个大多数嘛，它很可能性情反复无常、观点狭隘偏执。受到报纸和雄辩家的煽动，它可以变得不宽容、盲信，甚至讨厌——如在"文化大革命"的中国和希特勒时期的德国。少数人可以因为大多数人的观点而备受苦难,一个史例是犹太人的遭遇。纵观世界各地,谋求避难者、同性恋者、吉卜赛人也因为大多数人的不宽容而吃尽了苦头。

一个同等的危险,出现于政客自以为在做利国之事的时候,纵然大部分把他们选上台的民众,当初并非投票赞成他们的具体行为,此刻也很可能不同意他们的观点。

民主政体的另一个困难,在于它将生活的复杂多样降低为唯一的抉择,尽管有若干对立政党作为选项。全国普选期间,各政党通过一纸宣言提出它们的全部理念,每一个对立政党的纲领,民众都赞同其中的只鳞片爪,可是你只能投一方的票。政客们当权以后,他们可能参照当初的宣言(大部分民众不曾读过),执行自己的选民并未预知的政策。于是民众大呼上当,遂有"民选独裁"的说法。

而且,执政党当权一两年以后,每每开始贯彻新思想,然而这些新思想是当初投他们赞成票的人根本不赞成的。他们打起一场战争,或者推行起最坚定的支持者也不能接受的新税种和新刑事法规。民众可以给自己的议会代表写信,却又觉得是泥牛入海。英国工党首相克莱门特·艾德礼①坦率承认:"民主政体意味着通过讨论而治政,但这只有在你能够制止人们说话的时候才有效。"

民主政体力量何在?

许多人认为,**民主**政体唯独有一个真正的优点:出于重新选举的需要,政客们在有限的执政期终了时,是可向其问责的。这就压

---

① Clement Richard Attlee(1883—1967),1945—1951 年任英国首相,1935—1955 年任工党领袖。

低了权力的骄狂气焰。事实上，民众会自动掉头反对任何当权者，既然当权者上台伊始，好像立刻变成了当前不满情绪的源头。这导致了政府的定期净化。因为每一个政府执政一段时期以后，莫不呈现破败之相。一个国家或许因此而得救，免于流向独裁。

领袖人物只要一当权，在我们看来差不多全是傻瓜，要么无能得可怜，要么被哄骗得晕头转向。这恰好说明制度在运行。我近期访问一个国家时，结识了不少年轻人，他们近来发现自己的领袖们看上去又老、又蠢、又腐败。这些年轻人虽然玩世不恭，仍被自己的发现弄得寝食难安。我宽慰他们说，民主政体的荣光之一，正是这种玩世不恭的态度，近三百多年来它在英格兰确是蔓生疯长哩。永远不要绝对信任当权者，我们应当时时铭记小说家丹尼尔·笛福的小诗："自然在血液里留下这气息／一切人若有机会必成暴君。"英国首相温斯顿·丘吉尔明察秋毫："人们常说，民主是最坏的政府形式，一切已经尝试过的其他形式除外。"**民主**政体经常是赝品，是掩盖权力的假面具，但是很难想出一个更好的制度。

我们的权利和自由应当以文字庄严昭示吗？

向来有人建议，我们最好以一部成文宪法保护自己，免受统治者和暴君之害。《美国宪法》诚然是一份高贵的文件，保障了个人的种种自由权，也保障了良知的自由。然而《美国宪法》之所以奏效，盖因它所庄严昭示的那些原则，都是些非常模糊的、泛泛的自明之理，是在转述英国不成文政治制度中的一些不言而喻的理念。它完全可以、而且事实上的确被不同的人们以全然不同的方式加以解读。

成文宪法本身不是自由的保障。近二百年来，法国人、意大利人和日耳曼人制定了不少成文宪法，但它们未能保护人民免受暴君之害。编撰一部《欧洲宪法》的企图，当前正引起极大的惊恐，因为人们觉得它的开放性太大，可修订性来得太轻易，对次要力量的破坏性太大，责任标准又太模糊。新秩序一出台，马上会变得负载过重，因为得千方百计地具体化。凭着它的缄默和省略之处，它或许会破坏自由权，而非增进自由权。

自由权是什么？

自由权分为两类：消极自由权和积极自由权。消极自由权是英格兰传统的精粹。有一些事情是别人——包括国家——不能施加于你的。不经过适当的法律程序，别人不能抓捕你的身体和夺取你的财产。未经法律许可，别人不能夺走你的言论和行动自由，也不能夺走你和他人交往的权利。区区几条消极规则，足以涵盖生活的大部分内容，哲学家约翰·斯图尔特·密尔一言蔽之："个人的自由权必须以此为限：他切不可使自己成为他人的厌物。"

相反，积极自由权是做某些事情的权利，经常也是义务，比如医疗保健的权利、就业的权利、受教育的权利，等等。听起来都很不错，问题是还得把条目继续列举下去，因为任何一个没有明确列举的条目，都可以推定为权利的缺项。

积极自由权是昔日欧洲大陆传统的精粹，其结局常为臃肿的官僚机构和律师的超量工作。出于善意，积极自由权过分关注细枝末节，从而可能窒息民主，甚至扼杀民主政体。

人们觉得，法律和政客不应该吩咐你应当如何行事。那是宗教的管辖范围。法西斯主义和某些极权主义，骨子里试图压服人民的意志，使之朝着领袖认为道德的方向发展，因此，它们是把宗教功能和政治功能混为一谈了。人们认为，法律和政客应该坚持不越权，只说你不可以做什么。

从干涉中产生的自由有用吗？

对自由权作消极定义的一个好处是，在一个多元文化的世界里，它允许了更大的弹性。审视各种游戏，我们发现它们的开放性来源于一个事实：其规则是消极的，而非积极的。足球游戏只有最低限度的一组消极规则，例如你不可以用手捡球（除非你是守门员），不可以绊人，不可以"越位"，等等。没有什么积极规则吩咐你说，你必须友好对待任何向你微笑的人，必须永远表现得彬彬有礼，必须抓住任何机会和你的对头握手言欢。

美国最伟大的功业之一，是几个世纪以来吸收了一波又一波的移民。虽然我们不再认为美国是一个大熔炉，但是毫无疑问，来源不同的群体确实在那里比较友好地共同生活着。他们能够成为美国人，是因为做美国人并不要求他们付出全副心灵。身为美国人，有些事情是你不可以施行的，至少不可以向本国同胞施行，例如不可以杀人、偷窃别人的财产、禁止别人说话。但是美国很少规定你必须施行或信仰什么积极行为，即使向国旗敬礼、吃苹果派、吃感恩节火鸡，也听凭你自由选择。

同样，帝国时代的英国也有一些广泛适用的消极规则，但不干涉个人的道德心，也不干涉信仰和文化的多样性，除了少数的例外，比如烧死寡妇和割取首级[①]。这和信奉天主教的欧洲大陆传统很不一样。看到有人试图假手欧洲议会和欧洲宪法，引进积极的法律条款、积极的歧视、积极的人权，开创一种新的政治和法律秩序，英国人大都忧心忡忡，一个原因恐怕就在于英国人的不同传统。

---

① 指大英帝国某些殖民地的习俗。

民主政体有哪些更深的根源？

必须回顾最近一千年的历史，才能理解为什么英国人对欧洲宪法忐忑不安。以英格兰人的观点，现代民主政体的雏形是在英格兰培育和成长的，后来才输出国外。他们声言，民主政体的社会基础和精神基础，即直达社会较低阶层的、更加泛义的责与权的民主状态，是一个非常古老的事物。

持此见解的史家检视了英格兰不成文宪法的运作。他们注意到，英格兰各权力机关——责任的代理者——之间既平衡又分立，还注意到，英格兰存在一批中间机构，即居于臣民与国家之间的东西，如大学、公司、宗教组织、俱乐部、协会等等。根据最近一千年英格兰的主流思想，统治者不是绝对的，而是所有平等者当中的第一人。忠诚与责任有多种，其中只有一部分奉献给国家。

从有些方面看，历史上的英格兰是最一体化、最强有力的国家。税收非常高，鲜有势力过大的臣民，鲜有遭到禁止的机构。英格兰的政治体系纳入了每一个臣民。虽然在很长一段时期，享有投票权的仅为少数比较富裕的土地持有人，大多数人口、尤其是妇女被剥夺了投票权，但是涉及到如何管理自己的生活时，许多人不乏话语权。

与大量代理权力相得益彰，英格兰出现了比较有效的政府。那不是现代意义上的充分民主政体，却是一个异常开放、自由、宽容的社会，人人在法律面前平等，除了领主（贵族）为部分例外。结果，英格兰变成了一个格外平等主义的、近乎"民主"的社会。

民主政体是医治世间不幸的良方吗？

新几内亚有些地方的人曾注意到，白人一来，总喜欢修建飞机场，接着就有飞机飞来，大量抛撒出人们渴求的东西，或曰"货物"。他们以为飞机场无疑是奥秘所在，是飞机场引来了飞机，于是他们也满怀希望地修建飞机场，然后等待货物降临。他们是失望了。

我们对**民主**政体的看法也一样。经观察我们发现，民主经常与消费的成功联袂而至，又与某些形式的自由携手同来。我们觉得那是民主在发散货物，然后总结说，只要动手在全世界"建立民主"，不管通过劝说、行贿，还是通过武力，与民主相连的种种好处就会自动地尾随而至。只要我们生产出了投票箱，其余的马上全有了。我们将像新几内亚人一样失望。我们忘记了，"**民主**"政体是多种其他东西的产物。它是我们所欣赏的事物的结果，不亚于是其原因。我们成了顶礼膜拜政治"货物"的信徒。

民主政体能永葆生命吗？

经济增长很可能是**民主**政体成功的必要因素。苏联分崩离析，主要因为它的经济业绩太糟糕；**民主**政体获胜，是因为它发散财富。然而如前所述，**民主**政体并不保证财富。其他一些政体说不定更加有效——不仅是亚洲某些新生民族国家那样的短期效力，而且可能是中国那样的长期效力。

民主政体也不保证平等。很可能，法律面前的平等以及法治是**民主**政体的必要因素。但是**民主**政体也罢，法律面前的平等也罢，就实际的平等而言，并不保证产生任何具体结果。美国贫富两极分化日益显著，大体上属于一党制的日本却实现了非凡的经济平等，两者形成了强烈的对比。这说明，在一个实行**民主**政体的地方，个人在政治上也许是"自由的"，而在物质上也许是不自由的——穷人的住房、教育和健康都比富人的差。

历史尚未走到尽头，不像某些人过早断言的那样。**民主**资本主义也不能保证永远立于不败之地。唯有警惕和运气并驾齐驱，才能保障这最不坏的政治制度在世界上那些喜欢它的地区再存续一百年。谦逊，是确保它传播到迄今尚未享受它的福祉、领略它的挫折的国家的最佳道路。人民的积极参与，加上深刻的怀疑主义，或许能够永葆**民主**政体的生命。

16

自由从何而来？

亲爱的莉莉：

你大概听到过人们谈论"公民社会"①，也暗暗纳罕那是什么意思。他们说，要把"公民社会"的概念输出到它从前不存在的地方，也就是东欧的共产主义地带、前苏联和中国。无疑你还将觉察，更有人说什么要抗击进攻者，捍卫"民主"、"自由"、"开放而宽容的社会"的价值。但是自由和开放性这类稀世之宝究竟从何而来呢？对于这个问题，所有的讨论既没有解释，也没有质问。

"公民社会"通常指居于国家和个人之间、由大批结社和组织构成的一片天地。在许多社会，占据这块空间的是家族团体，有时是宗教阶层。但在现代西方，家族团体和宗教阶层不那么重要。

现代西方广泛流行的是多种多样的组织，人们属于它们，但它们并不由国家管理。比如说，有了中小学校、大学、工会、政治俱乐部、体育运动俱乐部、宗教团体、科学和文学俱乐部、经济机构等等，一个人便能属于一个组织，一个组织又能通过群策群力而向个人提供力量。

在以往的大多数文明中，以及在上世纪的法西斯国家和某些集权国家，这类机构要么遭到禁止，要么由国家控制。个人仅向国家或党派效忠，而非向别的什么组织效忠。公民社会是被严令禁止的。那么，今天这类结社和团体怎么会遍地开花，而且如此生气勃勃呢？它

---

① civil society，或译"民间社会"、"市民社会"，其义见下文所析。

们的兴盛又导致了什么结果？

开放社会从何而来？

14 至 17 世纪，罗马法的复兴[①] 席卷了整个欧洲大陆，携来一种均质化和拉平化的趋向，使欧洲各地迈向了一条新的道路。然而在这一重要时期，英格兰保留了它的（日耳曼）习惯法体系。

恰逢此时，英格兰发生了一个法律上的偶然事件，它日后改变了今人居住的世界。当时，律师们照例也在动脑筋对付税收制度。一个富人的地产是国王依据严格的封建制授予他的，在他亡故之际，地产要被没收，交还国王。他的继承人必须对地产付出一大笔遗产税，才能主张它的复归。富人们当然不喜欢这么做。他们的法律顾问发现，只要使当事人临终时不再是地产所有者，就可以规避遗产税问题。如果他临终时并不持有那块地产，君王自然无法夺走它，也不能硬要先收一笔税，再让它传予继承人。

于是律师们发明了财产信托的手段。首先选出地产持有者的一帮朋友，然后将地产合法转让给他们。朋友们在"为另一人之用益而受托"的名义下持有该地产。从法律上说，地产属于他们，可由他们随意处分，只不过地产所有者委托了他们：在他亡故之际将它传予他的继承人，并以他私下吩咐的任何方式执行他的一切遗愿。

财产信托创造了一个不合常规的奇特事物。一群受托人受命合作，共同持有和管理财产，并集体决策。他们的信托组织具有一个名称，并具有一个独立的存在、一个可以长存的实体，因此从技术上说，它是一个"公司"、一个"团体"。但它并不是国家设立的，

[①] 中世纪后期西欧诸国复兴罗马法，其结果是，欧洲大陆的法律基本上都以罗马法为仿效对象，形成了欧陆法系雏形。但是，英国没有继受罗马法。

国家不曾通过一份正式文件"组成"它，或批准它。它由一群公民私下建立，但被国法所承认。

这类实体羽翼丰满后，就对国家形成了威胁，因为诸受托人可以自定规则。此外，信托组织也使公民们可以互相协作，并对国家以外的对象产生忠诚。正因为此，法国、俄国和中国的革命时代都禁止信托组织，墨索里尼和希特勒也取缔了它们。英格兰的亨利八世企图摧毁它们，但是为时已晚，废除几年以后，信托组织又假手一个法律上的技术花招，卷土重来了。

我们是怎样得到自由的？

很久以前，信托概念已经传播开来，而不单纯用于规避遗产税了。信托概念提供了一个手段，可以用来满足任何需要。经济领域有了它，任何团体希望建立一个互相支持的、非国家的私人实体，都能如愿以偿。不论你想成立东印度公司之类的大型贸易组织，还是劳埃德之类的银行或保险公司，甚至成立证券交易所，信托总是手边现成的工具。英国之所以成功，信托这一组织形式厥功甚伟。美国运用同一概念广敷地基，方才建立了它那些如今称雄于世、威加四海的托拉斯和公司。

在宗教领域，基督教的各个新教派别受到信托概念的庇护，渐渐取得了独立。若非信托概念为集会场所和独立机构的设立提供了可能性，贵格会、浸礼会①、卫理公会②等非国教教派绝不可能兴盛。我们所说的宗教自由，当初主要是靠信托手段实现的。由于不存在

---

① 该教派主张成年后始可受洗，受洗者应全身浸入水中。

② 该教派宣称忠于《圣经》，忠于传统信经教义，并自认为属于新教改革传统。

信托手段，某些天主教国家的犹太人、共济会①会员、路德会②教友和其他人等遭到了迫害，竟至灭绝。

国家的权力胜出一筹时，一般容不下敌手。然而信托概念引起了党派的发展，以及政治俱乐部和政治组织的成长。辉格党③人和托利党④人的早期俱乐部，后来的劳动者俱乐部和结社，工会运动，无不以合法的信托手段为立身之本。

同样，整个下级政府体制、拥有地方官员和地方权力的郡县、行政堂区⑤委员会，以及其他多种地方和地区团体，也是从信托概念中汲取力量的。地方教育机构和教会组织，如语文学校⑥和教区委员会，也建立在信托的基石之上。

统治者通常认为权力是他们的私有财产，属于他们本人所有。**民主**政体的妙处在于，权力是受托为人民而掌管的。现任统治者只是一群受托人，被委以临时的权力，而这权力并不属于他们私有，他们必须将它传递给继任者。如果民众觉得他们不再胜任愉快了，便以另一个"受托人委员会"或曰"政府"取而代之。由于权力的执掌有一个期限，权力产生的腐败受到了遏制。

在国际政治中，信托概念曾经构成一个非凡帝国的核心思想。试看历史上所有的其他帝国吧，宗主国往往通过武力征服它们，然后彻底拥有它们，以满足宗主国自身的目的。罗马、西班牙、法国"拥有"它们的帝国。然而大英帝国却发展了另一种概念：

---

① 18世纪欧洲一种乌托邦性质的宗教团体，宣扬博爱思想及美德精神。
② 该教派信奉16世纪宗教改革者马丁·路德，以"因信称义"为教义。
③ 系今日英国自由党的前身，提倡以君主立宪制代替神权专制，拥护国会，反对国王和天主教。
④ 系今日英国保守党的前身，坚守传统，反对变革，支持王权。
⑤ 英格兰乡村的基层行政单位。
⑥ 16世纪前后建立的注重拉丁语学习的学校，后来成为教授语言、历史、科学等的中学。

帝国的全部领土俱为"托管",是替当地居民代管的;不论实际操作时这一概念蒙上了多大阴翳。

至少从理论上看,英国是在代管它的广袤领地。国土从一代当地居民手中划拨给英国,这一代人的子女或孙辈长大"成人"的时候,也就是说,达到了能够承担责任的状态,信托即告结束。可见个中的概念是,从大英帝国各地筹集的财富,与一般的信托机构无异,也应该拿回来,存放在宗主国这一信托机构里,以便日后造福于宗主国为之代管财富的那些人。换言之,其中既有责任,也有权力。即使它大体上是一个神话,而且有人愿意说它是伪善和欺骗,它也不失为一个掷地有声的、颇具约束力的神话,像甘地律师那样的民族主义者大可利用这一修辞法,为印度赢得自由呢。

我们是怎样得到社交自由和知识自由的?

信托概念曾赋予英国人两个最著名的建制。第一,英国出现了各种社交性质和慈善性质的俱乐部和联合会,如妇女协会、男童子军和女童子军、牛津饥荒救济委员会、大赦国际、撒马利亚慈善咨询中心、救世军、国民托管组织、皇家防止虐待动物协会、皇家鸟类保护协会、全国防止虐待儿童协会、狮子会①、扶轮社②。还出现了不计其数的工人阶级俱乐部和组织、殡仪协会、爱鸽同盟、韭葱培植同志会、讨论社、运动社。如今风靡世界各地的俱乐部和机构,大都发明于英国,均以非政府俱乐部的概念为基础。

第二,英国出现了各种团队游戏,包括板球、足球、橄榄球、曲棍球等令人趋之若鹜的项目。今人玩耍的团队游戏多为英国所发

---

① 慈善组织,现已成为国际性组织。
② 慈善组织,现已发展为"扶轮国际"。

明，而在俱乐部和联合会的另一片沃土上，则发育了棒球和美式足球等等。这些团队游戏，都以俱乐部和俱乐部会所为轴心而开展（发源于苏格兰的高尔夫球和发源于法国的网球也不例外）。有些俱乐部名震遐迩，例如简称为"MCC"的玛丽尔邦板球俱乐部，又如被描述为19世纪英国最强大政治团体的英国赛马总会。也有许多俱乐部只是地方性的，规模也不大。"受托人经管的俱乐部"，这一概念形成了一个外壳，人们在它的荫蔽下培育和享受团队游戏。

大学和学会也立足于信托概念，不论它们属于精英性质（皇家学会、不列颠学术院），抑或属于群众性质（工作者俱乐部、伦敦借阅图书馆等地方图书馆和地方机构）。假若没有大学和学会，工程师、哲学家和其他人群的咖啡俱乐部聚会不可能举行，月亮协会（18世纪英国一个杰出的科学俱乐部）和数百种小型结社也不可能诞生。这类俱乐部对科学知识和工业知识的进步产生了不可估量的影响。

假如我们不信托他人又当如何？

信托概念鼓励了"信托"这个稀有物品的发展。没有信托，现代民主便失去了经济的、政治的和社会的基础。就各文明发展的大趋势来看，作为民间杂交物的信托手段是在逆流而动。因为几乎在一切文明中，但凡民间的财富或权力稍有增加，时隔不久一定被中央权力所吞噬。知识是权力，所以知识必须被中央收编；社会地位是权力，所以社会地位必须套上挽具；经济财富必须被吞并；宗教忠诚必须流向与僧侣阶层沆瀣一气的国家。国家要求这一切。如果国家受到威胁，或假装受到了威胁，它提出的要求几乎是不可拒绝的。

任何貌似危险的非中央机构，都会遭到系统的剿灭或蓄意的削弱。不论在罗马帝国、中华帝国、哈布斯堡帝国、奥斯曼帝国，还是在法兰西帝国，外围势力总是非常孱弱，直到帝国日薄西山为止。唯有中央势力在那里发展壮大，并决意成为无所不能者，况且有日益庞大的官僚机构和常备军撑腰。20世纪，诸般专制主义甚嚣尘上，它们采用高级的监视手段和先进的控制技术，甚至将家族团体也碾成了齑粉。没有任何东西居于个人与独裁者之间。

国家好比一台刈草机、一台草坪修剪器，它把刀叶的底盘调到最低，非常切近地面，然后它一路刈去，把任何锋芒微露的东西吞进肚里。如果大学、修道院、城市、生意人和商人、工业生产商或任何人，积累了可见的财富和权力，尤其是展现了自成一套的规章和独立自主的治政，国家官员一定会野蛮地修剪他们，甚至斩草除根。在这种查抄一切显眼财富、摧毁一切非中央权力机构的体系之下，只有两类组织能够幸存。

其中一类是遭禁的秘密组织，其成员非常隐蔽，使国家无法察知。黑手党、"野寇崽"[1]、三合会[2]，乃至共济会——虽然它有点儿不一样，无不被迫消极生存，沦为黑色和反面的公民社会。它们虽为非法团体，却能向个人提供服务，经常和一些国家官员串通成事。

另一类幸存者是家族。强固的家族关系形成了一层低位地表，茂密、平坦，而又盘根错节。古往今来，孰能给予庶民些许保护、在国家的掠夺下提供一片安全港？似乎唯有与生俱来的天然亲属关系，或后天建构的亲属纽带——通过结拜把兄弟、认教父教母之类的制度。我们只能信托家人。一个疑心重重的世界诞生了，那是由家族团体铁铸铜浇而成，我们在意大利、中国、南美能看到它暗影浮动。

---

[1] *yakuza*，日本犯罪集团和非法企业的一种松散的联盟。
[2] 中国清代的民间秘密结社，也称"天地会"。

信托和民主有什么关系？

出于一次偶然，公民社会，作为居于国家与个体臣民或公民之间的厚厚一层组织机构，竟然生存下来，并欣欣向荣了，同时，公民自由权以及思想和结社的自由也越来越受到珍视。

当然，公民社会的繁荣和外围权力中心的昌盛，在历史上早有先例，曾于雅典的鼎盛时期和意大利诸城邦中绽放一时。但以大多数案例而论，公民社会的实验是规模既小，寿命也短。唯信托与另外两项发展巧遇（信托也促成了它们）之时，一种新型的文明才得以建立。

其中一项发展是一种新方法（科学革命），用以获取有关自然世界的可信知识。另一项发展则是另一种新方法（工业革命），用以调度可信知识，使之为人类创造新的力量和新的财富。两者与信托相结合，产生了一种强大的政治与社会体系，我们通常称之为"开放社会"。

但是最好记住，开放社会的诞生纯属偶然，是多种其他力量无意间造成的后果，而非世界一隅的某些居民具有高人一等的德行和智慧所致。还应记住，开放社会永远承受着来自左翼和右翼的压力。

刈草机的刀叶底盘调得太低，以致窒息了一切独立势力（某些主义的做法即如此），是危险的。相伴相生的一个同等危险，却来自疯长的资本主义。当今世界上有几个地方未免把刀叶底盘调得太高，以致巨大的财富积聚到了私人的手里，国民整体却因为公司的猖獗发展和私人财富的可耻膨胀而饱受痛苦。

因此，没有任何迹象表明公民社会将青春永驻。侵蚀甚至彻底扼杀公民社会并不十分费劲。在漫漫的历史长河里，我们曾目击一股又一股的潮流，势不可当地奔向中央集权化，淹没了低层自由权。今天，有人为增强欧洲的中央化和一体化而摇旗呐喊，在他们身后也可看出同样的暗流在涌动。

更具讽刺意味的是，最声嘶力竭地诅咒恐怖分子和其他人等，谴责他们袭击开放社会的那些人，经常脚下一滑，转而对他们自称正在捍卫的民间建制——如媒体和正当法律程序——展开了攻击。他们有可能充当了开放社会之敌的代理人，自己还浑然不觉哩。

17

为什么实行官僚制度？

亲爱的莉莉：

国家、教会、城市等复杂组织在社会中发育出来以后，马上得有人组织和管理。其实任何活动总是需要一些规则和一点管理的。假如没有规则和仲裁人、裁判和教师进行管理，那么，游戏也玩不了，艺术也从事不了，知识也传播不了啦。中小学校、医院、法院、图书馆、大学、工业公司、议会，无不需要规章，也无不需要官僚制度。纯净的食品、统一的度量衡和统一的标准、公认的行为规则，都离不开监管。

所以官僚制度是文明的一个得力工具。今天的各类组织，大都需要一名会计、一名律师、一名秘书和一名行政长官。没有官僚制度，我们的生活将搞得一团糟。

官僚制度作为一种治政的形式，有许多值得称道的地方，同它的对手们比较起来尤其优点显著。官僚们的宗旨，是将整齐划一的规则运用于整齐划一的情况，而且以一种公认的代码来操作。他们力求摈弃偏袒、腐败、权力的情感拖累、包庇、裙带关系，力求贯彻不带个人色彩的规章。这一切都是非常值得赞扬的。但是在这封信里，我将集中讨论官僚制度的负面，因为它较少被人注意。

人们怎样保持秩序？

传统型权威当道的时候，社会由这样的统治者凝聚：我们服从他们的管辖，皆因他们代表历史，是祖传的习惯智慧的化身。人们不加怀疑地服从赋有权威的职权机关，而且他们的盲从代代相传。国王、首领和教士所拥有的权威都属此类。

有时候，单一的个人凭借他的远见卓识和巨大影响，引起一度开辟鸿蒙的大混乱，传统型权威便遭到了挑战，甚至被彻底推翻。为什么"个人魅力型"①（字面上有天赋神授的意思）权威的时代会降临——不论是通过佛、耶稣基督、成吉思汗、奥立佛·克伦威尔、拿破仑的本生，还是通过毛主席的本生？这可说来话长。

而我们可以肯定的是，个人魅力型领袖所开创的时代倾向于昙花一现，因为奠基人不会万寿无疆。不过，他本人或他的追随者也许设立了一些制度，它们可以依靠他生前提出的纲领性规则和先例而与世长存。圣本笃②和卡尔·马克思就是这样的开山鼻祖。这就引发了第三种权威类型："官僚制度"③（字面意思为：寓于一个储备纸张文件之处的权力），也就是设立一套不偏不倚的规则和标准，再由受过训练的官员来操作。

人类的全部历史，可以解读为上述三种权威之间的张力。事实上，三种权威往往同时共存，而非彼此更迭。先知依存于官僚机构，文官依存于政客的个人魅力。

机关为什么日渐臃肿？

官僚制度因为优点多多而迷人。首先，它提高了办事效率，

---

① charismatic，含义为"具有神授超凡能力的"，故有后面括弧中的解释。

② St.Benedict（480?—547?），意大利人，天主教隐修制度和本笃会创始人。

③ bureaucracy，词根为 bureau，即"写字台"、"五斗柜"，故有后面括弧中的解释。

从而可以改善医疗保健、交通管理、经济状况，等等，总之给生活添加了润滑剂。其次，官僚们能够抵制亲友的派性影响，能够不因恐吓和贿赂而腐败。而且，官僚制度是一道固若金汤的壁垒，可以防范革命、颠覆和狂热主义。此外，它可以保护稀有资源，更公平地分配财富，阻止恃强凌弱行为。诗人亚历山大·蒲柏说得不错："政府的形式么，让傻瓜去论争吧／自理得最好的，便是最好的政府。"

因此，利用管理行为而施行统治，借助官僚机构充当治政的臂膀，往往成为一种日益强烈的愿望。国家凝聚人民，主要依靠行政管理的中央化。所以国家在谋求扩大权力的同时，也会相应扩展它的主要权力工具，即官僚机构。可见存在一股强大的压力，使官僚的数量增加，使他们的控制力增强。

现代国家还有一股比较新近的潮流，是渴望在规章享用和规章执行方面促成平等。它的开场白不外乎一场反对不平等、特权和偏袒的运动，其中包含着拉平现状、重新分配的欲望。

为了实现平等，必须把一切事物削平，放在一个同等的高度。奉行某种主义的社会试图废除阶级，其成果却是权力无边的官员阶级，以及噩梦般的规章制度，它们矛盾百出，也无人肯信。统治苏联的机构叫做"政治局"（"政治"加"官僚局"），绝不是什么偶然。

历史上的官僚机构多用来维护不平等，从民众身上榨取财富，并分配给特权人物。但是18世纪末发生美国和法国大革命以后，藉官僚制度之力推行平等的愿望，就转化为推行个人主义加平等的愿望了。据称，个人拥有天赋权利，如果权利遭到践踏，必须采取行动去捍卫。

真是直捣要害啊。因为关键正是，界定和捍卫个人权利，比界定和捍卫更宽泛的共同体权利或社会权利要容易得多。一位官僚或一位律师应付单独的个人，也比应付共同体要容易得多（而且有利可图得多）。

机关是一种病吗？

官僚机构膨胀的一个原因，在于增权加薪的欲望。机关里的每一道程序都可变成一份工作，这对于官员们来说，等于创造了一个"生态龛"和栖息地，让他们捧着制度吃饭。假如一个官僚很少有或者根本没有下属，以此扩大他的权力和重要性，那么他的权力、薪水和威望就少得可怜了。所以每个官僚都拼命增加僚属的数量，只要还有资源可消耗，"官员"的数目只管急剧膨胀下去。

一粒胚细胞（行政长官）搬迁到一个新机构（医院、中小学校、大学、法院）以后，立刻恣意繁殖——把任务划分、划分、再划分，不断创造只有新官员才能满足的新需要。它还发明或采用了一套专用语（"目标"、"基准"、"使命书"等等），用来层层加码。这样，职业行政官员的先天不足就得到了补偿，因为他们对自己的具体工作领域，压根儿是既不能也不懂啊。

他们没有受过讲课、做外科手术、教育儿童的专门训练。具体内容他们可能一窍不通，不过他们深谙如何在本地政治中游刃有余，又如何对外部的官僚机构应付裕如。他们受过的训练是帮忙弄钱、让风险最小化、实现规章制度的一致性和普遍性、尽量避免个人妄为和主观决策之类的"腐败"。

官僚机构的规模和势力日益壮大的事例俯拾皆是。比如英国的许多大学、医院和警署吧，由于它们必须应付无尽的咨询，还得不断引进新规章，所以它们的中央管理层简直不堪重荷。然后，行政官员们着手改善局面了，他们一边设立新岗位，一边将负担层层下压。层次越低，负荷越重；新的行政职位设立了，即刻又超载了，只好再把新的任务转交更下一级。

官僚机构的大分析家C.诺思科特·帕金森举出了一个生动的例子，说明究竟在发生什么事情。1914年，英国海军的现役大型军舰共计62艘，管理人员为英国海军部的2000名官员。1928年，大型军舰共计20艘，管理人员为3569名海军部官员。军舰数量减少了67%，官僚的数量增加了78%，结果就像他指出的那样，出现了"一支巨大的陆上海军"。

以为行政官员的蔓生可以减小工作负荷，甚至导致更有效的管理（测量标准为时间和精力的投入—产出比），正像以为计算机终将减少人类的工作，或创造无纸办公一样天真。

官僚制度是什么？

官僚制度是一种效能和效果极强的制度，因为它建立在理性的时空秩序上。它的基本构思，是一只配有若干抽屉的办公桌或写字台。每样东西必须适得其所，绝不能听任许多东西杂乱无章、归属不明。

在最理想的状态下，每样东西应当放在办公桌的一个平等层面上。同样的问题，同样的解法；水平的游戏场，统一的价目表。不允许自行其是，不允许私人情况玷污决策。一切事物都应有可比性。**性质**不同的事物没法比较，比如说，苹果和橘子不是一码事，那就必须把它们变成相同的东西，例如变成重量和体积。

此外还需要制定一种建档原则，让已经收集的信息可以重复使用。常见的办法是创造一个分级存储系统，首先标注大而化之的条例，然后动手劈分，一层又一层，直到每一个想象得出的案例都有了鸽巢般的专用文件夹为止。

官僚制度不赞成任何违规行为，喜欢给违规行为贴上"腐败"

的标签。为了替每一种情况未雨绸缪,为了防范团体中的个人恣意妄为,规则便成倍地增加,官僚制度也因规则的增殖而茁壮。

官僚制度的又一种倾向是权力的中央化。只要可能,官僚系统内的决策权就应上移,以免发生过多的代理权力,因为代理权力容易造成不统一,导致"无原则的例外"。若有证据表明同一机关的不同部门做法不一样,便等同于腐败。在官僚机构中,不仅抽屉分级排列,以保证规章的严格性,而且官员职能的安排也等级分明。这意味着,下一级任何举足轻重的决定必须得到上一级批准。

为什么要量化一切?

常有人指出,动辄评估是官僚机构的一个顽固特点。官僚机构总想把事物列成清单,以图把本无可比性的五花八门的质量,一概变成可衡量的数量。各行各业都有明显表现。比如中小学校,考试的名目越来越多,还吆喝说是对孩子、家长和学校大有裨益。官僚制度使评估手段变得唾手可得,为的是测量达标的进度,以及对本质上不可比较的事物进行某种比较。医院也罢,大学也罢,哪儿都在评估。

评估欲有一个分支发展得格外有趣,也格外迅速,那就是防患未然的欲望。如今"风险评估"成了一门火爆的生意,无数的机构和个人终日都在设法量化风险,确定风险,从而在理论上减小风险。生活当然充满风险,你偏去咨询他们,他们岂能不危言耸听。

现代官僚机构还有一个拿手戏,是利用路径或踪迹的隐喻,搞什么"审计跟踪"。古谚云:正义不仅要实现,而且要看得见它实现,这话适用于当前的一切行政管理。教得好、考得好是不够的,还须把每个阶段形诸纸张,遇到质询和"审计"时,白纸黑字上"数据轨迹"清清楚楚,既不含糊,又很正确。每件事情必须有账可查、生活必须变成一页复式簿记、凡事必须开具书面收据——这类理财原理现在是运用得空前广泛了。

我们如今有了教学审计、科研审计、医院审计、律师审计等形形色色的审计。过去有一句军中谚语，说是："如果它动，向它敬礼；如果它不动，把它刷白。"今日旗鼓相当的说法应该是："如果它压根儿不可逆料，给它来个风险评估；如果它走向一个结果，给它来个审计跟踪。"

官僚制度是一种危险吗？

适当的官僚制度、可问责性和组织性，于我们生活的世界是必不可少的。官僚制度的诸般好处，就无需我们的溢美之词啰。但是，它管理过甚的潜在代价却十分可观。既然规则成倍增加，做事难于登天，人们为了生存只好作弊或违规。事实上，各种规则又经常互相矛盾，你不拘做什么，反正要违反一条规则，结果，问题就变成你想违反哪一条规则了。

我还记得，一位建筑督察来检查我们住房的时候我是多么吃惊。我们修建了一道没有栏杆的新楼梯，他说不安全，非有栏杆不可。我们装上了栏杆，他又说现在太窄啦，也不安全。我们不是违反了这条法律，就一定违反了那条法律，除非把这座17世纪的建筑拆掉一大部分。

规则与日俱增，官僚制度也变得越来越复杂。导致的结果并非开放和透明（那是它的初衷），却是这样一种局面：唯有受过高度训练的专家（职业官僚）才懂得官僚制度的运行之道。腐败自然有了更宽广的滋生空间。

还有一个代价是个人主观能动性的丧失。人类喜欢生活中自由与责任并存。他们喜欢得到一点儿最基本的指导，然后受到鼓励放手干去，使用自己的解决方法，体现自己的天才和创造性。随着官僚制度愈演愈烈，人们空前地束手束脚，不得不"照本"行事，结果，职业变得了无生气，独创的解决方案招致物议。

官僚制度蕴含的等级制本质，导致了重复劳动，销蚀了信任，磨灭了个人的创造性，催生了一种"监视社会"。日本的办公机关代表了官僚制度的典型结局：无穷无尽的图章，对"出头鸟"的恐惧和压制。

官僚化过度的一个意外后果，是玩世不恭的态度风靡于世。英格兰历史上只有寥寥数则规章，但是人们遵守它们，也尊重它们。如果规章丛生，像苏联那样，人们只会把规章视为专同个人作对的障碍、麻烦、压力，视为必须钻空子绕行和突破的壁垒。

耍滑头、弄虚作假、越轨出格、钻研潜规则，这类现象与官僚制度共存共生，在一切过分中央集权化的官僚制度下屡见不鲜。它们孵化了玩世不恭的态度，因为不大成功的人士，即偶犯小规的人，总认为成功人士爬得那么高，肯定是靠欺骗、贿赂、腐败和违规。

官僚制度活跃过头的另一个有害效应，是致使人才改行。几乎在所有的机关里，一个人的工资和地位越高，他做的实际工作就越少，相反行政工作却越多。一位中小学校长或许于公共关系上长袖善舞，他便不再教书。一位优秀的外科医生当上了医院的院长，便在文牍工作中了却余生。一位才华横溢的学者，终竟变成了一所大学的行政领导。他们谁也没有继续做自己爱好或擅长的事，倒是耗费了全部时间，去当筹资人、人事官、委员会主席。普遍的趋势是，如果你能把任何一件事做得出色，那么，请你别再做了，去当官吧。

官僚们以防止"腐败"为目标。"腐败"可界定为，利用人际交往和关系网，在公务中掺杂温情、情爱和感情。然而具有反讽意味的是，只要规章丛生，披荆斩棘的唯一办法就是利用一张关系网，尼泊尔人把它叫做"*afno manche*"，字面意思是"自己人"，含义是认识某人和动用保护关系。

还有一个后果是时间和精力的浪费，不过很少有谁对此承担责任，尽管可问责性应当是官僚制度的根本。如果某个机构需要认证一项举措，它会不惜花费大量时间，去编撰审计跟踪表、冗长的议程表、备忘录、文件，巨细无遗，面面俱到。就算一项举措或许结果很坏，它造成的损失与这番时间和精力的浪费比较起来，恐怕也简直不成比例。但是不这么干呢，又被认为是不负责任。万一出了问题，律师必定要来挑错儿，所以官僚机构不得不拿一大堆辩护状，预先把浑身上下装备起来再说。

我们能避免在文海中没顶吗？

1200 至 1800 年人们综览全欧洲的官僚制度时，曾指出一条避免了官僚化大趋势的蹊径，那就是在英格兰发现的蹊径。由于中产阶级的成长、战争威胁的缺位、习惯法的特殊本质、财富的增生扩散、居间团体的日益强大，英格兰的官僚制度呈现出奇怪的矛盾状态。

英格兰在两种力量之间保持了奇异的张力，一边是有史以来最为中央化的封建土地所有制和司法体系（一切土地最终归君王所有，一切正义来源于君王），一边是最为分散化的行政管理体系，故而立法和执法实际上是分立的。地方的治政，从郡县一级直到堂区一级，是极其有力，也极其独立的。而首都的中央官僚机构，以及常备军和警察，其规模较之欧洲其他中等大小国家的情况，是很小的。

这种非同寻常的传统，曾被许多观察家视为英国伟力的一个所在，但是今天简直荡然无存了。1980 年代以来，所谓的"管理革命"

引起了官僚主义的蔓延。而今,斩断官僚主义触角的每一次努力,似乎只是使问题更严重罢了。

那么我们能够做什么呢?首先我们应该了解,官僚机构成倍扩张的风气原因何在,其次我们应该尽力认识它的后果。最后,假如现状无法改变,我们应该学习在日益官僚化的体制之内如何幸存。这是东欧和意大利居民已经掌握得炉火纯青的艺术。

幸存于官僚制度,一个不言而喻的手段是加入官僚机构。如果你正在找工作,这是一个不折不扣的诱惑。也有很多人先加入一个专业,然后因为专业上的成功而被擢升到管理职位上。还有人不得不靠钻营而谋得一官半职,以便付得出按揭费、医疗保险费、养老费、子女教育费。

面对爱管闲事的官僚制度,你只好学会种种花头,去智胜它,去规避一些较难接受的测试和指标。这些技巧固然重要,不过最重要的还是保持快活和积极的态度。

官僚制度最阴险的特点是,正像一切权力一样,它很容易对人发生影响,哪怕最初的怀疑论者也不能幸免。渐渐地,人们变成了评估、审计和机械手段的信徒,开始一本正经地对待它们,并千方百计地与制度俱进。你一朝让步,将很难自拔。

保持幽默感,调侃一些最极端的官僚主义行径,不失为有益的态度。我们不妨回忆一些打趣官僚主义的笑话。有人批评英国文官政府,说它"为每一个答案提供一个难题"——大部分官僚机构含有同样的因素、也不枉此批评呢。至于委员会嘛,它经常可以成为"一个捡了分钟[①]、丢了小时的机构"。

然而,不得已而游戏人生,对虚掷的才能与时间感慨系之,是

[①] 分钟:minute,双关语,它的另一个意思是"备忘录",或(复数式)"会议记录"。

十分高昂的代价，白白付给了效率的假想斩获。在古代伊朗和中华帝国等官僚主义大国，玩世不恭的态度成了一柄双刃剑，私人的和全民的正直、私人的和公众的道义，都被它破坏无遗。

我们进退维谷。我们其实需要一个廉洁的文官政府和官僚机构，使复杂的现代社会的生活庶几可以忍受。好的官僚制度能够产生强大的反作用力，防止政客谋取权力。它可以公正而高效地办好一个了不起的大学、医院、商业组织或电视公司。

以往若干世纪，英国曾拥有一个规模极小、效率极高的官僚体系。当年曾有不少人评论，欧洲大陆那种中央集权的、官僚主义过甚的局面，与这个岛国以及美国的规模较小、较为廉洁的体系，两者对比鲜明。如今这一切已危在旦夕，但是古老的传统是值得我们为之战斗的。

官僚机构趋向于身体发胖，鼻子伸长。同"管理文化"的最坏特点联姻，它可以变成一台结构复杂的时间浪费机器，向人们当头压来。它还会限制个人的自由，压抑个人的创造力。把倾斜的天平重新校正过来，实在是很难很难。

18

我们怎样伸张正义？

亲爱的莉莉：

大多数社会的人最不愿意做的事情是让法庭近身。浪费了一大笔钱，你可能还是输。所以假如你想了结一场纠纷，你会让你的兄弟去砸烂对头的房屋，抢夺他们的财产。要是在一个尼泊尔村庄，你会请来村里的长者，坐在凉廊上的谷筐和鸡群中间，气定神闲地平息争端。

英格兰和美国的法庭古怪吗？

法律是一个多方面悖逆了普通生活本质的奇特程序，而法庭呢，基本上是一个众人在那里行事奇谲的地方。他们把自己的纷争呈交给一个彻头彻尾的陌生人，陌生人听完了诉说、问完了问题以后，就说其中一方是对的，另一方是错的。

如果去法庭打官司是怪异的行事，去英格兰或美国的法庭就可谓怪癖的一绝了。你被要求"说真话，全部的真话，只说真话"。大多数社会并不相信有一种名叫"真实"的抽象的东西，但是认为有许许多多彼此冲突的真话——事实的真话、社交的真话、宗教的真话、神话的真话。每一种真话各有其"真实的"方面。而且，除了疯子和叛徒，谁也不会把可能伤害亲友的事情告诉庭上。人们应当撒谎，至少应当讲半真半假的真话。

倘若你在一个英格兰的法庭听审，裁决的标准却很出奇。你说的故事是不是真实？你是不是做了错事？陪审团和法官心里对这些问题的最终考量，是追问他们自己："那是一个合情合理的人的行为吗？"在这里，"人"是人人的简称，男人、女人、上层阶级、下层阶级，尽在其中了。他们推定，一切个人应当坚守、也确实在坚守同一个理念，那就是合情合理，因此一切行为可以拿同一批标准来裁判。

其他社会却多半认定，男人和女人、富人和穷人、老年和青年，他们"合情合理"的方式各不相同。而且，一个人的行为是否合情合理，完全取决于所涉及的社会关系。男人揍自己的老婆和儿子合情合理，老婆或儿子还手是骇人听闻的不合情理。伯伯在自己的办公室给自家侄儿找一份工作合情合理，为非亲非故的人谋职不合情理。贿赂海关官员或警察合情合理，贿赂无权无势的人不合情理。

在很多地方，法律的任务是对那些生来不平等，或因后天地位而不平等的人的行为作出裁判。而盎格鲁—美利坚法律呢，是要在这样的对象之间作出裁判：他们被认为处于同等的地位，而非生来不平等，哪怕他们的教育程度、性别、财产、种族看上去有惊人的差异。

现代法律推定个人拥有权利。男人、女人、儿童、残疾人，甚至未出世的胎儿，甚至动物，都拥有天生的"权利"。抱同样观念的社会寥寥无几。通常的看法是，个人仅仅作为团体的一员而存在，他或她拥有的权利与他人息息相关，权利和责任是不可分解的。一个人没有与生俱来的**先天**权利。

用美国《独立宣言》的词语来表达，"生命权、自由权和追求幸福权"是天生的、不可扼杀的人权，这种理念，即使到了今天——遑论历史上，大多数世人仍视为放肆的要求。19世纪，英国人把这一理念输入印度的时候，引起了轩然大波。此前从未有人设想过，低种姓的人、女人、儿童，居然拥有与高种姓的人、男人、成人一样的权利。

推定个人拥有人权，是英格兰法律的一个古老特点，现在它已经传遍世界，变成了一种新式传教活动的中心教条。它有不少优点，但是如果走向极端，既不顾及共同体和集团的抵衡性权利，也不顾及与权利俱来的责任，它就像毫无权利一样危险。

法律怎样治理我们？

我们经常听人说起"法治"，这是什么意思呢？它包含两个观念，第一，人们随时准备通过法律程序、而非通过强力去解决争端；第二，一切行动和一切权力最终处于法律之下。统治者头顶上有一种更高的东西昭在，统治者同样处于法律之下。

法律体系在别处的发展通常首尾不一。最初统治者可能说："我们制定法律、我们遵守法律吧。"过了一段时间，他们忘记了这句话的后半部分，开始凌驾于法律了。法律不管他们，他们管法律。你去斯大林的俄国、曾几何时的中国、17世纪末的法国，都能看到这番景象。法律上下其手，对当权者和阔佬是一套，对人民是另一套。

唯独英格兰人（苏格兰另有不同体系）在七百年左右的漫长时日里，始终相信法律才是至高无上的，即使国王和他的大臣们也非遵守不可。同一套规则君临每一个人。象棋里某些棋子儿拥有特权，英格兰的法律却不然，它很少给予特权，至少理论上如此。

"法治"有赖于法规的统一运用和统一的司法程序，它意味着司法程序应当与政治程序分开，法官和法院应当独立。这一切是很难坚守的，一些强大的经济和政治势力总想把法律扳向他们那一边。

法庭怎样工作？

说服人们对司法程序中的行为举止抱以平常心，那可不容易。法律是一件极富戏剧性的、经常十分考究的事儿。众人隆重地穿上古装，法官大人正襟危坐、俯瞰法庭，大家古里古怪、咬文嚼字地使用一些听起来老长的单词。时而可以看到做戏似的公开惩处，比如18世纪英格兰的"泰伯恩①剧场"就声名远扬，犯人游街押送到那里，然后当众行刑，观者如堵。

有人麻烦缠身了，司法程序便把他们从日常生活中提拔出来，放进一个超越普通时空的场地。然后法庭实施程序，重新打理他们的生活。你必须发挥很大的影响力，才能说服别人同意一个他们或许觉得有违自身利益的决定。

法律很像一场网球比赛。人们上"场"②，玩儿一场对抗性游戏，有时候自己代表自己玩儿，有时候请别人代玩儿；发球，回击，设法智取对手。法官是裁判。案子审完，世界改样。一方赢了，一方输了。

陪审员是什么人？

比较重大的法律案件通常含有国家与公民或臣民之间的对垒。国家是大权在握，个人是生来荏弱，假使国家说："你被怀疑犯罪，"你又能怎样为自己辩护呢？

有了陪审团制度，情况就很不一样了，对你有罪抑或清白的裁决，现在成了一群与你平等之人（同等人）的义务。陪审员们自己

---

① 旧日英国伦敦的刑场。
② 原文为 court，双关语，意为"（球类运动）场地"或"法庭"。

并不受审，他们只是观察者和仲裁人。把单独一个已经被控犯罪的人碾为齑粉是一回事，设法说服十二个家道小康、受过适当教育的自由人却是另一回事，况且他们已受命宣誓，要无私无畏地作出尽量公平的裁决。

陪审团充当了国家权力的筛子，充当了势单力弱的公民或臣民的保护者。对于任何民主社会，陪审团是一个关键建制。一千年以前，西欧各国大都拥有某种形式的陪审团，而到了18世纪，它们几乎都已放弃陪审团制度，只有英格兰的陪审团制度保持至今。不过，眼下政客们却在大声疾呼，要求对多种案件取消陪审团制度啦。

我们应该对人动用酷刑吗？

酷刑的使用在英格兰历史上长期缺位，是英格兰法律制度的一个突出特点。很久很久以前，英格兰法庭就开始冷脸反对酷刑了。英格兰人坚信，对一个人动刑是搞不到真实告白的。受刑人会说谎，以求酷刑停止。或许也有人对酷刑的威力有几分赏识呢，比如哲学家蒙田评论说："毕竟，为了得到推测而把人活活烧死，也算是出高价买推测吧。"

英格兰法律不需要被告招供，他们有罪无罪全靠证据去证明。一个人已被证明有罪之后，他心里想些什么，完全无关紧要。只要陪审团认为你有罪，你便有罪。你不妨去监狱里或绞架下为你的无辜而抗议，那是你的权利。

不以酷刑为捷径的传统，眼下也受到了威胁。虽然英国和美国的现行制度禁用酷刑，一些从事"反恐战争"的人现在却主张，应当允许使用酷刑，至少，应当采信那些不如我们谨慎的外国政权从受刑人嘴里逼供出来的证据。

英格兰多么与众不同？

英格兰法律的基本精神是保护个人及其权利，例如一定量的自由权——言论自由、控制自己的身体和私人空间的自由，又如个人对物的所有权。所有权既涉及可见的物，像是一块土地，或者一所房屋，也涉及不可见的物，像是知识产权，或者对资格或职位等物的权利。

多数社会的法律主要关切身份地位、人身伤害等人际关系问题。相反，英格兰痴迷于产权问题和民法官司，也就是个人对个人的官司，这些人通过法庭，解决"什么人对什么物具有权利"的争端。

今天，英格兰古老法律制度的各项原则，已经通过前大英帝国和美国而播扬四方。它们流布得如此深广，以致变成了常规程序。许多基本理念，例如司法中酷刑的缺位、政与法的分离、证据的采用规则，已经庄严载入欧洲宪法等文件。所以我们很容易忘记：假设我们是在1750年放眼世界，英格兰的与众不同定会让我们目瞪口呆。

英格兰的法律制度有优点吗？

财产权法的成熟发展，以及经济利益的安全保障，促成了英格兰和美国的富裕。人们可以放心大胆地互相信任，假如信任被辜负，可以诉诸法律制度。若非英格兰法律的格外发达，工业资本主义不可能发轫。

英格兰法律制度的另一个主要优点是，绝大多数人在它的庇护下感到安全。没有治安法官签发的合法搜查证，警察绝不能抄查一个人的住宅或公司。除了谋求避难者和某些少数种族的成员以外，大部分民众在大部分时光可以高枕无忧,知道自己不会被人任意责罚或投进监牢。

万一被捕,你有权给一位律师打电话,有权知道你的罪名是什么,如果若干小时以内不见提出罪名,你有权被释放(人身保护令状)。

在法治之下,相对而言,个人不受思想审查制度和行动审查制度的约束。批评当局、畅所欲言(不超出理性范围)、合乎逻辑地反对现行制度,这些行为都能被容忍。

但是法治的一些优点正在逐渐削弱。政府官员们辩称,疑似恐怖分子和谋求避难者不应给予法律保护,而应不经指控和审讯便长期监禁。目前已有人担心,一旦拒绝给某类人群以基本的法律保护,那么,所有人发现自己置身斯大林的噩梦世界,也为期不远了。

有没有缺点呢?

人们抱怨英格兰法律制度迟缓、昂贵、复杂,且时常低效。讽刺作家乔纳森·斯威夫特的观察不无道理,他说:"法律犹如蛛网,也许逮得到小苍蝇,却让黄蜂和胡蜂挣脱了。"有时候,法律无法给分明有罪的人坐实罪名。这类困难,采用"纠问制",即法官有权要求进一步调查的制度,或许能够避免一部分[①]。

英格兰法律制度的最大缺点,在于它可能引发敌对态度。因此英格兰政治生活和社会生活(包括运动和娱乐)的现实往往充满对抗性。英格兰法律制度非常离奇,因为它相信或假装相信,争端可

---

① 本段进行的对比为:英美法采取对质或对抗制,审讯提问主要由双方律师担任,(欧洲)大陆法则采取纠问制,审讯提问主要由法官主持。

以解决为一人获胜（他对了）、另一人失败（他错了）。如果这么看问题，解决难题的最好办法，当然是让两造在一位裁判面前吵个不可开交。

且说离婚案吧，对抗性法律制度可以给两造带来极大的苦涩。打起离婚官司来，赢利最丰厚的人是律师，有时候他是靠持久战而渔利。生活中的权利往往是均分的，用斡旋或调停的办法解决问题，要好得多，但那恰恰是英格兰法律制度中发育不全的东西。

一个尼泊尔村庄的所有争端都在庭外解决，日本的凡百样事都通过斡旋调停而完成。盎格鲁—美利坚法系的宗旨是快刀斩乱麻，决出赢家和输家，更多其他法系的目标却是用调停去消除争端。人际关系错综复杂，头绪纷繁，人类只能继续唇齿相依地生活、千变万化地互动，所以最好是平息他们的争端，而不要非黑即白，判个分明。

第六束信

自我与他人

19

为什么世上有不平等？

亲爱的莉莉：

你这一辈子，将和一个旧世界的遗迹时时谋面，那儿把你这样的人看作次等人，仅仅因为你是女性。你将发现，别人不一定总是肯听你说话，也不愿付给你恰当的报酬，你可能要蒙受男人不必面对的屈辱。

但是你也将意识到，比起古往今来的大多数妇女，你是幸运的。亿万妇女至今仍被认为天生低人一等，只能算是家庭的财产。她们被迫辛勤劳作、生儿育女、穿枷锁般的衣服、任人伤残她们的身体。你很可能要发问了：为什么性别的不平等竟然如此普遍？

男人和女人一样吗？

有些人的意见是男人和女人一样。这引出了一些问题，因为男人和女人显然在生理上就不一样，其他方面可能也有差异。但是，假如承认男人和女人不一样呢，那么把男女之间的天然差别制造成不平等，就是一个永远的诱惑。

基督教说，上帝先创造了亚当，再用他的肋骨制造了夏娃，然后夏娃把亚当引入了诱惑，有些伊斯兰文明也作如是观，所以女人祸水说是一个悠久的传统。看来宗教倾向于暗示女人是次等人。亚洲大陆东部的许多地区一向把女人视为低贱，比如传统的印度教文明认为，女人应当服从丈夫和兄弟。

男尊女卑问题迄无明白的解释。有人归因于男人更能打仗和狩猎，勇猛好斗对于这类活动确有较高的价值。然而武功赫赫的亚马逊妇女该当何论？况且，在许多文明的古老时代，全副武装的女人很可能打败过男人哪。

还有人说，男尊女卑反映了男人和女人在经济生产中的相对作用。他们提出，有些社会用简单的锄头生产粮食（例如非洲的许多地区），妇女成为主要的生产者，那儿的妇女就比较强势和独立。在印度和中国等地，需要男人保卫牲群，或用犁铧等重农具干活，男人的地位就高出一等了。

说起来倒是有几分道理，不过我们需要回忆一下，女人也能犁地，西班牙北部和葡萄牙的古代妇女就是犁地的呀。还可以想一想，日本和中国曾用锄头大面积种植稻米，女人和男人的劳力在农活中同等重要，可是她们的地位并没有因此而提高啊。

我们从切身经验中得知，很多不可或缺的生产者，例如19世纪英国工厂和矿山的工人，照样被视为等而下之、可有可无。所以不平等的根源看来不单在于政治或经济，而要深刻得多。

人们又说，把次等地位归在女人名下，反映了我们对世事的归类方法。人工制品或物品构成的文化世界，我们经常看成男性，并喜欢把它对立于野性力量构成的自然世界。女人的身体似乎受制于月亮（譬如每月的经血来潮），天性也多愁善感，所以和自然世界连在一起了。然而这完全是主观臆想，很难成为男女宏观区分的依据。

确实显而易见的倒是，有些宗教传统，特别是基督教新教和佛教，十分强调女人与非物质力量的直接联系，但是它们的妇女恰恰享有空前最高的地位。在后期工业社会，比如当前流行于欧美的这种社会，妇女似乎也享有较高的地位。

有些社会的男人去外地干活，充当牧羊人或季节工，那里的妇女地位一般也很高，我工作的尼泊尔村庄就是如此，当地男人昔日多去从军，今日多去海外打工。最近我访问了中国西南部云南省的所谓"女儿国"。在历史上，当地男人每年出门六个月，沿着西南的丝绸之路运货到印度，女人留在家里操持家务和农活，成为社会的中坚力量。

不平等是怎样造成的？

最简单的社会，即在地球上狩猎、采食、务农长达数十万年的社会，通常是平等主义的社会。那里偶有"大人物"出现，某些人也比别人更阔，甚至偶有掳掠来的奴隶，但是绝无永久分界线，以致形成种姓和阶级。

"文明"诞生以后，生活方式的真正差别才出现了，野心也萌生了。既然有各种新技术相助，大家尽可燃旺人皆有之的欲念，想做"城堡之王"、想称霸于游戏、想被别人俯首帖耳地尊敬、想驱使别人为自己工作，都可能美梦成真。主管一方的人也尽可利用精良的武器去强化霸权，马匹、盔甲、文字、货币、法律、官僚制度，乃至宗教，都是他们的利器。

我们自己身处一个不同寻常的文明，它的官方永远在为实现平等——至少是机会平等——而努力，所以我们很容易忘记，有史以来，人类几乎始终在奋力走向反面。大趋势向来是扩大社会阶层的差别，大前提向来是人们生来不平等。

然而，1776年美国的《独立宣言》声称："我们认为下述真理是不言自明的：人人生而平等，造物主赋予他们若干不可让与的权利，其中包括生命权、自由权和追求幸福权。"这样的论断定然打动了每一个从来活得无足轻重的小人物。与此相反，其他社会普遍认为，有一部分人类天生比另一部分人类更好、更聪明、更天才，而且，没有任何人对任何东西具有不可让与的权利。

不平等有哪些种类？

不平等有多种表现，"种姓"是其中之一。"种姓"的说法源于一个葡萄牙词汇，表示"不混杂的／纯粹的品种"。种姓制度的经典形式，当推信奉印度教的印度。每一个人降生到一个特定的族群，每一个族群有自己的特定职能，分别是僧侣、武士、商贾、农人。种姓的意义在于一个族群同其他族群的**相对关系**。这是一个差别森然的等级制度，它规定，一个人只可与自己族群之内的另一个人发生性关系、结婚、一同吃饭、乃至接触身体。越界做这些事情，将导致不纯、精神危险和玷污。

另一种制度是"阶级"。阶级的划分以人生的成就为基础，并不主要拜血统之赐，也不一定与生俱来。阶级基本上是一个经济现象，而不是一个宗教问题。有人富一些，有人穷一些；有人占有生产财富的资料，有人为他们干活。阶级一般分三等，每一等又可细分。英格兰社会大概称得上有史以来阶级最分明、阶级意识最强的社会。

我祖母的看法绝不算独一无二，她觉得自己的世界好比一个巨大的多屉柜，少数人占据了顶层的那个抽屉，许多人居于中层的几个抽屉，中层抽屉又分为中上、中、中下（她自己居于中上的一格）。底层的抽屉装进了绝大多数世人，即便隔了一点儿距离，凭着他们的衣着、口音、品味和爱好，也能一眼把他们认出来。

第三种分类法是种族之分。这种分类法，把财富方面的不平等和仪式上的不洁熔为一炉。一个人不可与肤色不同或眼睛形状不同的人结婚、发生性关系、接触身体、一同吃饭。它的极端案例，常与历史上的奴隶制成双结对。

美国方式是怎样的？

在这一切之外，是我们现在力图实践的一种特殊体系，我们不妨称之为美国方式。它认为人人生来平等，且应拥有平等的机会。可是很奇怪，尽管拥有平等的机会和同等的能力，少数人变得非常富有，多数人终生贫穷。所以这是一个悖论。

美国的立国前提是绝对平等，它的财富分配却属于世界上最不平等之列。日本的立国前提是不平等，竟成为最平等主义的社会之一。

还有一个附带的困难。社会自称提供了平等机会，我们却落到了人堆儿的底层附近，这时候我们可就怨不了别人了。在种姓制度下我们的地位可能也很低微，但那不是我们自己的错儿，那是我们落草的当儿就写在我们额头上的。

教育制度给我们施加的压力最为沉重。假若不存在天生的不平等，然而又必须分配人们去从事价值和报酬大相径庭的工作，就得利用血统以外的什么东西把人们分出等次。我们利用了教育。尽管我们声称人人能力平等，却有人以全优成绩进入一流大学，有人以糟糕的分数于十六岁那年黯然离开中学。后者可能要背负双重的人生负担，不仅物质上匮乏舒适，而且心理上一蹶不振，因为他们知道自己"失败了"，已被广大社会看成懒人和愚人。

不平等通常愈演愈烈吗？

通常的趋势，是种姓和阶级的加强，以及大多数人实质上的被奴役。我们看得出，这样的进程贯穿了欧洲大部分地区的历史。

大约一千六百年前，西罗马帝国崩溃了，欧洲开始发展为许多小国，人口都不甚稠密，由"野蛮人"与罗马文明的遗民混杂而成。奴隶制已经废除,佃隶制①尚未兴起,人们基本上可以自由选择,是追随一个军事首领,是为一个庇护人效劳,还是自己安身立命。几乎没有制度化的不平等或等级制度,完全没有世袭的地位,很少有分工和分业,也没有财富和人生机会方面的重大差别。

再打量一千年以后的西欧,我们看出,此时已经完成了惊人的变化。财富和人口增长了,技术更加成熟了,显著的不平等也随之产生了。有钱有势者已经变得高人一等。经过教育和文化的润饰,他们把财富变成了上流人的身份。

那时的欧洲,不但已经扩大了不平等,而且很多地区变得酷似种姓社会。人与人之间有了血统差别,它与生俱来,并被奉为法律权利。有了贵族,也有了贱民或平民。有了天生自由的人,也有了天生被束缚的和目不识丁的农民阶层。出身所造成的社会层序之间出现了鸿沟,竟至像印度的种姓制度一样,不同层序的人已经不许通婚。贵族不能和平民结婚,农民不能和市民结婚。

让我们究其始末。当时,渴望出人头地的人性动力是强烈的,又有新机会和新工具推波助澜,于是,首先产生了不平等,进而又产生了等级制度。人人在上帝眼中生来平等的早期推定,此时已让位于另一个基本前提:有人天生高人一等。1789年法国革命者矢志反对的正是这一假说,所以他们振臂高呼:"自由!平等!博爱!"

一个文明告别动乱时期、安居乐业之后,容易向不平等漂移。这种倾向,在欧洲以外的许多文明和历史上的许多时期,不乏翔实的证据。中华文明的历朝历代,日本17世纪日甚一日的严格分化局面,都显露了它的形迹。

---

① serfdom,指封建庄园制度下一些农民的法律及经济地位,这样的农民称为"隶农"(serf),他们不是"奴隶"(slave),因为他们本身不是他人的"财产";详见第21信。

英格兰道路是怎样的道路？

走向不平等和等级制度的大趋势无处不在，唯有一个醒目的例外。英格兰人虽然多少也发展了一种阶级体系，但是并未走向种姓制度。他们坚持了人人生来平等的基本前提。士绅贵族与平民农夫之间没有法律上的差别，他们的子女可以通婚。人们也可以通过婚姻或金钱从一个阶层迁移到另一个阶层，其间只需短短几年。18世纪以前，"现代的"社会结构已然形成，它与先前一切农业文明所追循的日益等级化的道路，恰好背道而驰。

昔日的作家曾引起人们对等级制度的注意，一个原因是他们用不同的奇特词汇去描述不同的人群。以昔日的法国为例，那里存在一些地位明确的团体，其命名的方式，是住地和职业的复合：*nobilité*——天生的和高贵的武士，*clergé*——有文化的宗教人士，*bourgeoisié*——居住城市的商人和工匠，*paysans*——居住农村的劳动者。它们是广大的印—欧种姓体系的组成部分，这个体系一直延伸到遥远的印度教社会。

英格兰却使用一套与此不同的奇怪标签。以17世纪为例，英格兰时人谁都不使用上述名称，也不使用与之相当的词汇，相反他们说什么领主、士绅、约曼①、商人、技工、从农者，还说什么劳工、佣工、小屋农②、乞丐、游民。反正哪一个也对不上法国的类别。

法国没有任何相当于约曼的类别。英格兰的约曼是中产者，通常居住乡村，但受过教育，地位独立，是选民和陪审员，持有殷实

---

① yeoman，低于士绅阶层的土地自由持有者，经常自耕其土地。
② cottager，也称 cotter；住一两间小屋，种植小块园地，主要靠帮工维持生活的人。

的财产，也许务农，也许干别的事情，譬如制造业或买卖。做一个约曼，真正的含义是做一个自由而小康的人士。此刻我坐在一位17世纪约曼的住宅里写这封信，深切地感受到他是什么样的一种人。关于约曼，有很多家喻户晓的描述，据说他穿着钉有银纽子的外套，吃着美味佳肴，送子女去当地的语文学校念书，敢于和郡县上的爵士分庭抗礼，总之他是"英格兰的脊梁"。

约曼作为一个类别或阶级，并不以任何具体的职业来界定，英格兰的约曼仅仅存在于他人的观照中。约曼阶层不佩戴固定的徽章，也没有明确的法律身份。他们只是自视约曼，别人也把他们视为约曼。约曼散布在英格兰的每一个村庄，他们不计其数。世界上哪儿都找不到可以相提并论的类别，尽管日本古代的某些地方隐约出现过类似的人物。昔日俄罗斯的"富农"、西班牙和意大利的富裕农民，都和约曼有种种区别。假如现代观众想欣赏一下居住于英格兰各郡县的约曼的原型，他们只好求助于托尔金，去看看他描绘的那些居住于"中土"的霍比特人啦。毕尔波、弗罗多及其朋友们正是一群约曼。

有些社会是怎样避免种姓制度的？

几乎一成不变的故事是，随着财富的增加，人群之间的差别逐日扩大。初始时期是一片鸿蒙，人们在一个充满竞争而又相当平等的世界挣扎奋斗。罗马帝国的衰落、中国宋朝的灭亡，或日本中世纪的战乱，这类变故会造成一场混沌，此时派别林立，人人挣扎图存。然后，局势逐渐明朗，财富逐渐积累，社会结构随之凝固，小裂缝化作了不可逾越的大罅隙。人们日益画地为牢，高筑围栏，以保护自己免遭其他群体的侵害。

如果把一个社会想象成一个直立的梯子，那么梯级的数量总归有限，每一级也相距甚远，而且越来越远，人们既不可能向上攀爬，也很难向下跌落。如前所述，直立梯可分四级：武士统治者、有文化的僧侣、商人和制造业者、农村劳动者。此外，或许还漂流着一群群社会弃儿，如犹太人和吉卜赛人，他们放在哪儿都不对头。然而这不是一条通往现代西方文明的道路。

英格兰道路之奇特，在于它看上去别有一番风光。它不曾"画地为牢"，即使设立了围栏，也非常稀疏，可以随时突破，以至于简直毫无意义。恰如肖伯纳的戏剧《皮格梅利翁》[①]所述，几堂朗读课可以把一个普通的卖花女变成上流社会的淑女。每一个摇摇欲坠的圈子里的居民，肯定也巴不得他们的围栏能够撑持下去，但是不一会儿，这个人放进了一位富商的小姐，那个人又逐出了一个不肖的儿子。

事实上，昔日英格兰有无数个并列的梯子，每一个梯子排列着密密麻麻的梯级。英格兰国教是一个极佳的样本，那是一个自成体系的梯子，但反映了完整的社会结构。下有贫寒的助理牧师，他们任职于偏远地区，教育程度不高，前途暗淡；上有达勒姆主教和坎特伯雷大主教，他们的财富和地位堪与任何领主匹敌。一个人只要非常能干，或非常残忍，或非常狡猾，就有可能爬上这滑溜溜的梯子。

商业贸易领域可以看到一个与此并峙的梯子。下有微贱的乡村小店主，上有大贸易公司的首脑。狄克·惠廷顿[②]初到伦敦，只背着一个包、抱着一只猫，最后爬上高位，成为了不起的城里先生和伦敦市长大人——就这个特殊的梯子而言，中间足有好几百级呢。法律界、学术界、农业界、军界、公职界的梯子也有异曲同工之妙。

[①] 后改编为音乐剧和音乐片，即更多人熟悉的《窈窕淑女》。

[②] Dick Whittington（?—1423），英国传奇性人物，善商贾，曾三任伦敦市长。

更有甚者,一个人可以在一个梯子上爬几步,又跳到另一个梯子上,还可以凭借教育之力把子女一级级地往上推。父母在一个领域——如农业或制造业——事业有成之后,再把子女送上另一个梯子——如教会或法律,这样的例证不计其数。无所谓子承父业。

英格兰的梯级体系,意味着人们永远可以爬上跌下。有人曾说:"平等之所以变成这么困难的事情,无非因为我们只想和上级平等。[①]"我们私下里大概都同意他的观察吧。因此我们一门心思向上爬,既然人人都向上爬,梯级体系始终还是老样子。

---

① 法国剧作家亨利·贝克(Henry Becque,1837—1899)语。

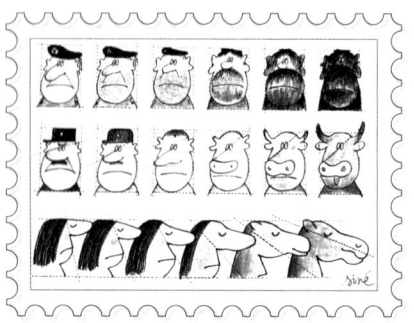

20

什么使我们成为个人？

亲爱的莉莉：

你是一个"个人"。你独立自主地行动，拥有你自己的权利和义务。你可以奉行你选择的任何宗教，投票选举你喜欢的任何政党，从事你胜任的任何职业；你可以同你愿意的人结婚；你可以保留（税后）你挣来的任何一笔钱。虽说全世界工业资本主义国家如今有许多人和你处境一样，但这仍是绝对异乎寻常的现象。

地球上的大多数人不能如此作为。他们从属于更大的团体，比如家庭、种姓或村庄共同体。团体规定了他们该想什么和做什么。历史上更是严苛。二百年前，世界上没有任何地方容许你做一个如此行状的个人。那么，个人主义作为一种权力定位——经济、宗教、政治和社会权力归个人所有——为什么这样戏剧化地猝然而至呢？

这是一个很大的话题，如果细细道来，得从宗教自由、政治民主、现代工业结构之兴起等问题说起。但是在这里，我只限于社会和经济层面，并重点描述个人是如何从更大的家庭团体中分离出来的。

家庭作为社会范畴，与生产财富的经济范畴脱钩，是历史上的一个重大变革，人们称之为"资本主义的兴起"。它尤其和你息息相关，因为英格兰经常被描述为第一个资本主义社会。正是在你的祖国，诞生了一种崭新的个人主义经济体系和社会关系体系，而今它已成为世界的主流。事情是怎样发生的呢？

英格兰发生了什么？

公元700至1200年，西欧大部分地区千人一面。一个旅行家走遍法国北部、德意志北部、低地国家和英格兰，不会真正觉得自己在游历不同的文明。它们人口密度都比较低，都由封建领主和国王统治，都奉行某一形式的基督教。它们的人民被同一个拉丁语系大体上联合在一起，被同一种掺杂着罗马法的原始法典所治理。

具有相当个人主义性质的家庭体系构成了西欧社会体系的基础，这些家庭体系源于日耳曼各部落，它们赋予家庭成员的职能，与今日基本无异。人们都在竭力保存罗马文明的遗迹和建设新世界。除了语言差异，过访西班牙或意大利的英格兰游客，很可能反疑他乡为故乡。

罗马帝国衰亡之后，西欧兴起的社会是封建社会，而非以家庭为基础的社会。人际关系主要为契约性质，这种忠诚关系和权力纽带是出于选择，而非基于血缘。公元5至12世纪间，一个以身份地位为基础的文明陨灭后，封建主义正在乘虚而入。

然而，斗转星移，在这个共同基础上逐步发生了奇异的分殊。西欧大部分地区呈现的趋势是，随着财富的积累，封建的社会关系渐渐松弛，然后戛然断裂，一种旧有的文明形式光复了，我们可以大略称之为农民文明。演变过程中的具体细节非常复杂，而且欧洲各地也不均衡。其大要包括：国王的权力日益增大，一种中央集权的罗马法被重新确立，有文化的僧侣阶层及贵族阶层与无文化的农民阶层——因为不鼓励他们识字——之间差别日甚。

尤为重要的是，其中还包括一种所有权及生产形式的复活，家庭世系在这种形式中重新成为主导。土地被授予了家庭，属于家庭私有。家庭作为一个团体而共同持有土地，因此每一名子女都对这份家庭地产拥有与生俱来的权利。生产财富和消费财富的单位变成了家庭。出现了名副其实的农民,对峙于城市居民或布尔乔亚、贵族、僧侣等其他层序。

术语学对此有所反映。一个在意大利叫做 *contadini*、在德意志叫做 *bauern*、在法兰西叫做 *paysans* 的群体诞生了[①]。但是英格兰没有这么一个群体,也没有一个本国的术语去描述这么一个类别[②]。英格兰有乡民和村妇,不过这种说法只描述了他们的住处。确定身份的英文词汇倒是不少,像什么从农者、技工、约曼、佣工等等,但是一个也套不上"农民"一词的意义。

为什么有这么多农民?

英格兰无疑是唯一的例外。那么,为什么有如此强烈的趋势,使文明迈向农民道路呢?最简洁的答案似乎是,它符合统治者和被统治者双方的利益。我们不妨补充一句,让财产属于家庭的解决方案,比起既往的方案,从多方面衡量都是一个长足的进步。它的运行比公社农业体系、甚至比奴隶制更为有效。

当农业人口获得了土地继承权,因此家庭成员作为整体单位而共同拥有土地时,以家庭为基础的农民阶层便崭露头角。在此以前,家庭一般同别人分享一点点朝不保夕的土地权利,一种情况是作为村庄大共同体的成员而分享,但村庄随时可以重新分配用益

[①] *contadini*、*bauern*、*paysans*,意思均为"农民",相当于英语中的外来词"peasant"(农民),而不等于"husbandman"或"farmer"(从农者,以农业为职业的人)。

[②] 作者持有一个独创性的、后被广泛认可的观点:英格兰历史上溯到 12 世纪甚至更久远,亦未见农民社会的存在。见其另一部著作《英国个人主义的起源》(*The Origin of English Individualism*,商务印书馆中译本,2008)。

权,另一种情况是拥有大地主颁发的土地保有权,但随时可能再被取消。这两种非英格兰体系对于家庭而言都有严重的缺点,前者使家庭极易受到一种普遍心理倾向的伤害——勤劳的人觉得自己在养活同村的懒汉,后者把家庭交给了地主的心血来潮。

因此,向乡村居民提供完全土地所有权,通常让他们根据出产能力而回报合理税款,是他们很难拒绝的。现在,他们不但拥有地产,而且可以安全地传给子女了,子女实际上成了与生俱来的共同所有人。父母和子女皆大欢喜。

家庭所有制一般非常多产,十有八九可以明显提高产量。既然受益者是自己和至亲,家庭成员们有了提高生产力的直接动因。他们甚至可以投资知识,以便自己和后辈能够长线受益。兴旺发达有益于至亲至爱,而非雾里看花的"共同体"或遥不可及的地主,对于他们的奋斗和教育计划来说,这是可意的回报。

同样,统治者也满心欢喜。产量提高了,税收也水涨船高。何况管理起来也更容易。一批集中的农民家庭,且牢牢依附于土地,当然比较好控制。家庭被用来充当了制度运行的基础,同时,家庭成员的行为由家长负责。

父权(男性尊长的权力)受到了鼓励,这与儒教和罗马法体系的情况相仿佛。弟弟们、妇女们和子女们一概由一家之长管辖。此外,在统治者和强臣之间的常年争斗中,一个茁壮的农民阶层还可以充当缓冲器,掣肘地方上的士绅和领主。

农民诞生后发生了什么?

然而这条常路上险象环生。一个危险是,随着时光流逝和人口增加,农民的地位逐渐恶化。参与分割家庭持有地的后代成员越来越多。没有谁应该离开地产,但是由于新技术缺位,提高产量乏术,家庭成员的人均所得越来越少。农民的地位恶化到了生存农[①]的地步,不得不从货币的使用中缩回,从市场上撤退。19世纪中叶大饥馑之前一百年的爱尔兰、1789年大革命之前几个世纪的法国,发生的就是这种颓败。

此外,统治者还会雪上加霜。随着权力的日益强大,统治手段的日益高明,统治者因贪欲(或因战争威胁)而加紧了对走投无路的乡村人口的压榨。税额和地租不断上涨,最初的比率为家庭农田产量的百分之十左右,几个世纪以后,或许已上升到总产量的一半。家庭落入了体制的泥潭。

走农民道路的另一个后果,是减弱了其他可行道路的吸引力,发展手工艺和贸易也罢,建设城市也罢,人们都漠然待之。子女对土地一分再分,领主与统治者的要求又一再加码,致使资源严重缩水,但人们的反应不是逃离,也不是开辟新活路。因为这些都需要资本,可是资本只能从农事中撤回,而且投资风险太大。农民们认为出路只能是加倍勤业,以及尽量削砍成本,包括畜养牲口的成本。

由此可见,农民道路的起始阶段可谓魅力四射,既吸引了乡村居民,也吸引了统治者。不过它总是越走越坎坷,越走越无望,到头来成了一个无可逃脱的死胡同,摩肩接踵的农民队伍再也找不出一条脱离乡村苦海的出路。

英格兰人是怎样另辟蹊径的?

一条出路是走向更极端的财产私有化,不让财产落在家庭团体的层面上,而让它归于家庭内部的某一个人。昔日的英格兰恰好走向了这种单一继承人的、个人持有财产的体系。

[①] subsistance farmer,指收成仅够自身食用的农人。

论及英格兰案例，昔日的英格兰既不存在家庭所有的土地，也不存在共同体所有的土地。若干世纪以来，英格兰发展了一种与众不同的体系，其中综合了下述两种土地持有方式。12至16世纪间，大部分土地由个人持有，而不属于家庭。持有的由来是庄园领主颁发的一种租约，不过这一租赁制度是相当安全的，土地持有者可以随意选择继承人并让其继承土地，也可以把土地出售给他人，只需付给领主一笔费用，并在庄园法院登记这笔交易即可。

与此并存的是自由持有地产。土地属于国王名下，但由个人直接持有，实际上属于个人私有。无所谓家庭地产，对于一块持有地，子女并不具备一降生到这个家庭单位便自动发生的权利，相反，持有土地的那个人可以随意处分它，只要不超出本庄园习惯或英格兰法律的规定范围。

在英格兰的所有制之下，中央权力非常强大，足以抓牢每一名个人，而无需诉诸家庭掌控，不必将绝对权利授予家长。时人还发现，中央权力同时也有效地保障了个人的财产安全。此中的关键因素是不存在陆邻入侵的常见威胁与压力，因为英格兰是个岛国。

我们的**共同体**意识出了什么问题？

大多数人相信，历史上存在名副其实的共同体，人们确实居住其中。先有共同体，然后才有个人。有了村庄之类的物理地点，然后个人在里面出生、结婚和死亡，因此那是居住的共同体。既然祖先一代又一代寓居于此，村民们免不了发生纵横交错的血亲和姻亲关系，因此那又是血缘的共同体。村里有各种组织，有一个委员会、一个村长，有本村习惯和法规，还有一种本村感情。"我们"是这个共同体的人；"你"是来自别处的外人。在极端情况下，甚至大家都同姓，比如在中国的某些村庄，你遇见的每一个人都姓陈、姓阎，等等。

这类表征，1968年我第一次访问一个尼泊尔村庄时见得不少，它们标志着一种大写词头的**共同体**，我们不妨称之为自然或真实**共同体**。当地村民被密密匝匝的亲戚包围，有些家庭在那里生息了好几代人之久。妇女尽管大都嫁到村外，也仍与她们的 maita——出生的村庄——保持着牢不可破的联系。许多人终老于自己出生的村庄。

很多学者认为，19世纪以前几乎人人都生活在这类自然共同体之中，后来发生了一场革命性的变化，**共同体**转变为协会。"协会"的说法描述了我们现代社会的景象：人们流动不息，出生在一处，上学在另一处，结婚又在一处，一再搬迁，直到辞世。我们一般不和亲戚比邻而居，我们的交往主要是邻居或同事间的短期交往。

在大城市和通勤族居住的乡村，我们的家园越来越不成其为有界**共同体**了。街坊邻居多半形同路人。我们不免感慨，城市的发展和新型的工作模式，已将漂泊无根的现代个人造成了孤独的人群。

一个绵密交织的世界已成逝水落花，它的昔日神秘令人低回。我三十年前抵达剑桥附近的这座低地村庄时，多数居民好像彼此熟识，而且对村庄存有一种实体感。有些家庭非常古老，邻家那对务农的夫妇生于斯又逝于斯。此后三十年间，我们的村庄变成了通勤族的剑桥郊区，铁匠已经无迹可循，一家真正的商店、两爿酒馆和那所本村学校也相继消失。**共同体**甚至连阴魂也已散尽，只剩下村里的板球队和足球队。

我似乎亲眼目睹了从**共同体**到协会的转型，事实上，作为本村最早的外来学者之一，我似乎也亲手推动了它的变化。然而，在怀旧的愁绪中，我不得不提醒自己：我对以往七百年英格兰乡村史的研究[①]已经说明，英格兰从来不曾有过"地方、血缘和情感"意义

[①] 作者曾长期研究英格兰乡村史，尤其翔实地研究了厄尔斯科恩（Earls Colne）和柯比朗斯代尔（Kirkby Lonsdale）等具体堂区，为其《英国个人主义的起源》等著作及后来的研究奠定了基础。

上的真实**共同体**。可观的流动性、土崩瓦解的家庭体系、成熟的经济交换，这些证据无不说明，英格兰不同于中国、印度和欧洲大陆上的许多地区，回顾历史上的任何时刻，我们很难在英格兰找到任何"自然"**共同体**。

因此，我们今天看到的无根状态其实是良有以也。英格兰自有独特的表征，它的民众从未包容于一个可以提供安全保障、却扼杀自由个人的**共同体**。相反，英格兰人寓居于暂时的、建构的半"**共同体**"，也就是朋友、同事、邻居、俱乐部会员组成的各种团体。

这对你的生活造成了什么影响？

现在你可能开始明白了，为什么说你虽然住在一座乡村、种菜种花、享受东英吉利的树林河流，却不是一个农民，也并不生活在一个自然的村庄**共同体**。你和大约一百年前的人们很不一样，你不属于一个基本上目不识丁的、以家庭为本的群体，这些人要付出半数收入，供养一小撮同他们判若云泥、住在城市和城堡里的精英。你的出生地不是你现在居住的街道，而且十分可能，你在这里住不了几年就要走了。

你不受男性家长（父亲、丈夫、兄弟）的绝对控制，如果你结了婚，也不会事事受制于一位女性家长（婆婆）。你能以自己的权利占有财产，也能随心所欲地把它卖掉或送人。但是你不能指望自动继承父母的遗产。你将离开家庭，自己去安身立命。你可以自食其力，无需绑缚在家庭或共同体之内，寸步难离，承受它带来的一切长处和短处。事实上，你，亲爱的莉莉，是一个自由的灵魂——在这个说法的一切真实意义上。

21

人们为什么辛勤劳作？

亲爱的莉莉：

一般说来，人们喜欢闲暇甚于喜欢劳作。即使他们自称喜欢工作，多半也是更喜欢看着别人干，或只是冥想将来有一天要干起来。杰罗姆·K.杰罗姆① 戏称："我喜欢工作，工作令我神往。我可以坐在那里一看就是几个钟头。"可见大多数人都是迫不得已才工作的，更不必说去干那些往往又沉闷又繁重的工作了。那么，人们是怎样被迫工作的呢？

一个强迫手段是"自由"市场关系，亦即有偿劳动，这个体系你很熟悉，无须赘言。另一种形式是佃隶制②。隶农必须为领主服一些徭役，并以动物抵偿地租。假如未去庄园法院取得领主的同意，他们不能出售或转让他们持有的土地。他们应当到庄园的磨房去磨粮，该种什么作物也须征求邻居的意见。未经允许他们不得圈起他们的份地。若要为子女办婚事，他们一般得缴税。有时候，未经领主许可，他们不能迁离他们的持有地。

不过他们并不是奴隶。他们不应承受领主的肉体虐待，不能被买卖，可以拥有私人财产。换言之，他们不是物，而是积极主动的、赋有权利的人类分子，尽管被缚于一个固定的地点和行当。英格兰的佃隶制一直保持到15世纪，然后它的最末一点残余也神秘

---

① Jerome K.Jerome（1859—1927），英国幽默作家，代表作为《三人同舟》和《懒人懒办法》。

② 参见第19封信第210页注①。

地消失了。但在欧洲，佃隶制作为一种主要的劳动形态，一直存续到19世纪。

还有一种常见的组织形式，与佃隶制交叠而又相异，那就是家庭为本的生产方式，或曰家庭式生产。家庭式生产的中心表征是，强制人们劳动的力量既不来自市场（工薪）机制，也不来自领主的直接势力（佃隶制）。从领主的势力走向家庭的强制力，距离之近，仿佛隔代血亲。家庭式生产仍含有巨大的压力迫使个人勤业，不过那是利用个人对家族世系的忠诚而施加于个人的。与此同时，谋生的需求以及向领主交租的需求仍非常迫切。这是非洲各地、印度、中国、南美和许多地中海国家的典型劳动形式。

最后一种形式是奴隶制，为古代诸文明的典型形式。在奴隶制下，人类被当作商品一样买卖，他们是别人的财产，自己没有任何权利。若干世纪中，金属制造、文字、纺织和犁耕等技术，与奴隶的使用并行不悖。罗马是西方最后一个基于奴隶制的文明，也是一个长达三千多年的纪元的终结。奴隶制曾有几度死灰复燃，例如在美国南方各州，不过总归渐行渐远。虽然在北非、南美和中美等地，某些国家现在还有众多奴隶，但奴隶制已不再是世界的运行之道。

奴隶制和家庭农业制使人们不愿利用牲畜和机器。竟日亲自苦作，总要比投资牲畜和磨房等机械更"便宜"。这两种遍及东亚大部分地区和印度，并涵盖欧洲地中海部分地区的制度，都倾向于排斥节省劳力的工具，使人力成为首选。唯有自由市场制，间或还有佃隶制，才激发了以机器取代人力的渴望。

我们是怎样走到当今世界的？

打量1750年前后的世界，你会发现，大部分地区好像已经达到一个致富的极限。事实上，很多地方已经在变穷。凭借当时的已知技术，人类不可能再进一步改善大环境，地球也不可能养活比当时生息的五亿人口更多的众生。

不过有两个例外。一个是北美，当时它正在经历全球最快的经济增长，而且人少物博。但北美的风光似乎仍将是稍纵即逝的，它很快也会用尽沃土与木材的丰饶资源。像中国、印度和地中海一样，美国的繁荣将昙花一现，一两个世纪以后也会达到同样的极限。

另一个例外是英格兰。英格兰的起点很低，是一个从海外汲取物质的贸易国家。它具有一种奇特的社会结构，不存在大群极度贫困的农村人口，相反却存在大面积欣欣向荣的城市文化及城市化的文化。而且英格兰的农业体系效率极高。此前的几个世纪之中，英格兰已逐渐变得富裕起来，此时还在继续增加财富。到了1750年，论及人均财富和人均占有能源，英格兰已是世界上最富裕的国家，论及技术水平，它又是最成熟的国家。

但是以1750年的眼光打量，就连英格兰也总有一天要撞上无形的减速器。依靠动植物转换来的太阳能量有限，不够人类使用，最多再发展一个世纪，英格兰和美国一样，都将停顿于一个高度，然后原地踏步，成为又一个不可能走上新方向的文明。

时人十分清楚英格兰的具体情况。他们注意到，生产技术在进步，创造财富的兴趣在高涨，科学发现的志趣在激增。他们甚至注意到，化石燃料的使用在普及，大英帝国各地输入英格兰的财富也在增加。但是没有任何人能够预料到，一场革命性的变化已经箭在弦上。因为英格兰人已经制伏了蒸汽能量。

以牲畜、风、水和更多的煤取代人力，以精良的机器（特别是碾磨机）置换人力，这本是一条漫漫长路，谁能预见它竟会迅雷不及掩耳地改造世界？蒸汽的利用乍见之下只是一种量变，是既存道路上的一次前进，无异于一次自然的演化，谁能预知它竟会兀然改变一切，并发展成一场革命？

蒸汽机做了什么？

蒸汽机只是对罗马人和中国人谙熟了几千年的一个设备的微调。它一向无足轻重。但是此刻，人类借助火与蒸汽，把煤转换成了能量，这就要彻底改变地球上的生活了。

人类不必再依赖太阳提供的能量为生——来自太阳的能量好比一笔活期存款，有了它，动植物便可转换太阳能，供人类使用。相反，人类开始利用一笔巨大的定期存款，也就是封存在化石燃料中的能量。当然，依靠贮存的能量为生，并不是什么全新的事物，此前人类也经常利用鱼类储备、木材储备、新开发地区的沃土而获取能量。但是没过多久，他们已经把这类表面能烧掉了很大一部分。

蒸汽机所做的事情，不过是稳坐于一个漏斗的顶端，漏斗下插，进入一个阳光的富矿。这高度凝结的阳光洒落在地球上已有数百万年，倒塌的大树中贮存的能变成了煤。以后，石油也重复了同样的过程。每一个人原本只能获得稀薄的太阳能，然而煤和石油把点滴阳光聚成了滔滔大河。一个新世界向人类敞开了胸怀，它不仅献出了巨大的能源富矿，而且献出了合金、化学品和塑料等副产品的无尽宝藏。

这番前景，18世纪中叶的人绝不可能逆料。迟至19世纪中叶，很多聪明人依旧不能理解所发生的事情及其寓意。这寓意就是，约束人类达数千年的经济规律一时之间已经失效。

蒸汽机作为一项新技术，原本可以出口，可惜它当时并不是一个轻而易举和显而易见的变革。甚至在蒸汽成为工业体系之基础的第一个范例业已披露以后，竟然又过了将近八十年的时间，德意志、日本和北美等地才复现了同样的成功。中国和印度出于自身的巨大冲力，当时正走向别的道路，英国工业革命发端后，过了一百五十多年，这两个伟大的文明才开始发生相似的变革。即使有成功的范例可以模仿，即使蒸汽机技术基本上可以买到现货，走向工业化仍非易事。

长线的可能道路是怎样的？

不言而喻，各地承受的不同压力造成了一系列不同的道路。任何一个社会或文明在初生时期都具有无限的新潜能。它的清新的石油和森林尚未使用，它的动物贮量十分雄厚；它了解车轮、火、简单的水磨坊等技术；它的社会结构相当稳固和公正。

然而，从长线看，各文明呈现的常规趋势却不是努力造福大多数民众，也不是设法让大自然献出果实。牧群不扩大，煤层不开采，风力和水力未进一步驾驭，农业工具也无彻底的改进。人们缺少营运资本，只好借高利贷，寅吃卯粮。放贷人的权力增大，普通村民负债累累，越来越贫穷。

人们或许也曾企盼人类的劳力得到增援，以便改善人类的物质生活。怎奈权势者变得更加权欲熏心，膨胀的人口则在拼命地榨取资源，再加上人们陷入了资源短缺的恐慌——这一切束缚了人们的手脚，迫使他们走上一条危险的道路，久而久之，必将危害他们自己和子孙后代的利益，并使他们和脱离农业劳作的机遇失之交臂。

这种无可避免的道路隐藏在各文明长线发展的背后，除非我们能认知它，并加强自身的力量，否则我们不可能洞悉世界各地究竟发生了什么事情。我们必须认识，包括印度、中国、日本和欧陆诸国在内的那些伟大文明，当时正迈向——或已到达——一条高水平的、然而不会通向工业化的道路，更准确地说，它们正在远离一条工业解决之道。

为什么人类时常放弃利用动物？

家畜是人类可以利用的最原始而又最有效的"机器"，它们解除了人类脊背和臂膀上的压力。配合其他技术，动物可以显著提高人类的生活水平，因为它们既能充当辅助食品（肉类和乳类富含蛋白质），又能充当负重、犁田、担水、磨粮的机器。既然动物显然浑身是宝，我们或许指望发现，以往几个世纪人类一定在提高家畜的数量和质量吧。很奇怪，情况未必如此。

大约公元 1600 年以前，日本曾广泛使用家畜，拥有不计其数的马和牛。后来，由于人口增长，人力逐渐取代了家畜的劳力。19 世纪后半叶，在密集种稻的日本中部地区，家畜几乎绝迹。全部土地被用来种庄稼，家畜已无处可养。不论怎么说，人力总要便宜一些。

在一个尼泊尔村庄，我看见，仅仅一两代人的工夫，就完成了一个同样的过程。20 世纪中叶，村里还有大批水牛、奶牛、绵羊、山羊、公牛和别的家畜，它们既能提供乳、肉和肥料，又能下地犁田。20 世纪末期，四分之三的家畜不见了。人们再也"养不起"它们。雇用一个人背货上山村——要在陡峭的山路上步行五个钟头——比养一头骡子或雇一头骡子来得便宜。

这样的事情不仅发生在亚洲，西欧不少地区也能看到同一模式。例如法国，以牛、马、绵羊和山羊而论，13 世纪平均每人可用的动物能量要高于 18 世纪。动物被人类越俎代庖、人类从丰富蛋白质的吃客变成只摄取碳水化合物的素食家，似乎成了一条自然规律。

从多方面看，家畜都是一种奢侈品，只有比较富裕的人才养得起。是贫困挤跑了动物。一个儿子可以顶替一头驴或一头牛，他用脊背扛货，他用一把锄头或铁锹掘地，不再需要用牲口犁田。而家畜们又没有能力展开劳资谈判。

为什么"更多"时常导致"更少"?

动物仅仅是一个例子。各文明对风力、水力、车轮和火药的使用,同样没有随着人口的增加和技术的精进而提高,反而倾向于降低。用人力取代其他一切形式的能量,是随处可见的现象,其答案在于一种本质上、甚至实际上的奴隶制。

一个文明的生态环境,特别是它的主粮的性质,每每也加剧了对人力的倚重。有些作物,例如小麦,促使人们用动物犁田、用磨房磨面。还有一些作物,例如稻谷,则促成人力的使用,播种、除草、收割、脱粒、去壳,统统是人类操作。

稻谷还有增加人口规模的特殊能力,因为,虽然通常的规律是,到达极点之后,额外劳动带来的回报将递减,但是这个规律见效很慢。在相当长的时期内,众多子女的额外劳动提高了稻谷的产量。而且,稻谷的施肥主要是一种发生在水里的自然过程,所以不太需要动物的粪肥。家畜减少,对稻谷的不利影响不及对小麦、玉米和大麦那么厉害。水稻的种植鼓励人们勤力,而不鼓励他们求诸非人力,即工业化。

稻谷是一种果实累累的谷类,因而它诱惑人们走上一条远离进步的危险道路。同样的诱惑也来自其他植物,比如竹子。竹子是奇妙的多面手,所以抑制了木材和金属的使用。同理,亚洲多有造纸的桑树,人们也就无需勉力而为,去开发西方那种以布屑为主要原料的纸张。然而正是因为捣碎布屑太费力,才促成了机械和水力的发展。于是,中国和日本等国作为竹子和纸张的文明,西欧等地作为木材和石头的文明,两者之间出现了赫然的差异。

在亚洲,大自然提供了只需稍加造型的天然工具。在西方,大自然更为吝啬,同样的工具只好靠人们付出更多的努力,用玻璃、铁和石头去制造。可是,额外的努力连同增长的知识却见到了长线赢利。

在大部分历史时期，亚洲的解决之道更有效地让亿万民众享受了适度的温饱。然而，最终通向现代工业世界的道路，却是煤、铁和蒸汽推进的道路。

很多人无需再终日种田，这是一次仁慈的解放，也是一次极大的偶然。18世纪发生在一个小小岛国的变革，构成了人类历史上的第二场生产大革命，它的影响堪与动植物的驯化相提并论。它是一场非常晚近的革命，迄今为止，由于这场革命而减轻了体力劳动重压的人，尚不足地球人口的一半。

22

我们的数字世界是怎样形成的？

亲爱的莉莉：

你只有几天大，就开始看电视了。刚刚有互联网可用，你就开始网上冲浪了。你现在拥有自己的网站和数码相机。你还可以从任何地方给你愿意的任何人打电话。大概已经用不着别人提醒你，信息技术的成果怎样充斥于你的生活，当今的一切与你祖辈们的生活又是何等不同。但是你也许并不十分明白，这奇妙的数字世界究竟是怎样形成的，而它又是多么的年轻。

什么是信息技术？

在将近全部人类历史上，人类主要使用嗓音或身体进行交流。那是声音艺术加表演艺术的纪元。

然后，五千多年前在中东，人们开始创造一种简单的书写形式，标记和符号——早期表现为岩画形式——的纪元由此发轫，并持续到二百年前。此时，除了通过感官、嗓音和身体以外，理解和传递信息的唯一手段，是通过大脑把信息转换成图画、文字或数学符号。我们的美术、文学和科学杰作大都出自这一程序。标记和符号的纪元又细分为两个阶段，分水岭是公元1450年发明的金属活字印刷机。

第三个纪元是机械复制的纪元。1830年代发明了照相术，人们得以利用机器收集和传递信息。这个记录和保存信息的纪元，一直持续到今天。它仍可细分为两个阶段，首先是照相器材和摄影器材大发展的时期，大约持续到1950年代，自那以来，是电视和计算机构成的电子时代，或称数字时代。

由此可见，这三个纪元，即声音交流、具象符号交流、记录复制交流的纪元，从技术上又细分为声音技术、文字技术、印刷技术、照相技术和电子技术。三个纪元相辅相成，新生模式并不彻底扫除旧有模式，而是累积性地扩建旧有模式。故而你今天仍在综合使用所有的技术，包括谈话、跳舞、绘画、书写、印刷、照相、电视和计算机。每一种技术寸有所长、尺有所短。现代生活的艺术在于不断抉择：为了认知世界、共享思想，哪一种技术最为适合？彼此共存的技术层层叠叠，所以信息在我们的世界里铺天盖地。

话语和文字有什么区别？

文字在很多方面比话语更强大。有了文字，说者和听者再也不必处身同时同地。文字的读者可以随时阅读，远距离阅读，可以把读物拿起或放下，可以重复阅读、重点阅读、比较版本、修正改进。

文字的力量造就了世界性的宗教。人类识字断文了，宗教真理便可书写下来，于是诞生了所谓"圣书的宗教"，包括印度教、佛教、道教、犹太教、基督教和伊斯兰教。标准的真理现在有了书面的权威版本，上帝或诸神现在发出了播扬四海的统一训谕。有文化的僧侣阶层产生了，专门负责诠释书面真理。善与恶之间的界限更加泾渭分明。今人所知的宗教，原来是文字的副产品呵。

经济也建立在文字的基础上。假如个人无法利用大脑以外的办法，来存储和传送信息，那么簿记、货币、信贷、税收、租赁、私有财产权、交易汇兑等等，实际上都不可能发展起来。假如没有文字，那些早期文明不可能编织巨大的贸易网，或培育复杂的官僚机构。文字的出现也是国家的揭幕式，首领们利用文字这一全新的手段，控制时空，将部落人变成了臣民。国家官员和国家机构无不以文字为立身之本。

法律因文字而发展成为一个独立的畛域。成文法典和书面先例问世了，专事诠释和判决的法官及律师也应运而生。有了文字，人们可以借助书面遗嘱留下财产，订立和见证契约，并向法庭出示书面证据。事实上，一种全新的概念萌生了，它认为"真理"是客观存在，超然于个人的偏见，适用于全民。文字不仅是法律的依托，而且为科学奠定了基础。

公元前900年左右，希腊人完善了字母组成的非象形文字，强有力地推动了上述所有事物的发展。文字不再采取小型写生画的形式（象形文字），而变成了强大得不可思议的象征工具，它是主观武断的，却也是意义清晰的。有了文字，人类可以卓有成效地以累积的方式追求真理和传达情感了。

什么是谷登堡星系[①]？

1450年代，约翰内斯·谷登堡在德国发明了现代（金属活字）印刷机，西方世界顿然改观。借用一个令人难忘的说法，印刷术乃是"思想的火药"，它引发了宗教、政治、艺术和科学领域的巨变。作为一种保存、交换和累积信息的新方式，印刷术是人类的一次飞跃，跨度之大，不亚于今天的计算机和互联网大革命。

谷登堡和一些后来者短期内开发出了一种设备，可以大规模生产同一产品。而这种早期的机械生产，可是用来增殖思想的啊。此后一百年内印刷技术精益求精，1550年后的三百年间，又进行了深

---

① 加拿大传播学家马歇尔·麦克卢汉（Marshall McLuhan）曾于1962年出版一部著作，名为《谷登堡星系》。

入改革，出现了彩版生产、大规模出版的廉价书、蒸汽印刷机。今天，仅英国一国，每年就要出版十多万册新书。

印刷机的面世，恰逢欧洲的政教分离，也促进了欧洲的政教分离。如果反教皇的文本未能散播，地方语言的《圣经》未能传布，新教改革会不会狂飙突起，是很可疑的。既然能用德语、法语或英语阅读《圣经》，而不局限于用拉丁语，人们当然可以为自己诠释上帝的训谕了。

假如新书的印刷不曾大力使用地方语言，国家主义绝不会发育成熟。而此刻，人们开始自认为"德意志人"、"西班牙人"、"意大利人"了。

有无数假说着眼于更深的层面，论及"谷登堡星系"对人类思想方法的影响。几乎可以肯定，印刷术改变了透视理论、真理的线性理论（我们西方人从左到右、自上而下地阅读页面，并认定真理就该这样阅读）、时间理论。它加强了个人观，加强了真理有客观"文本"的概念，加强了思想可以改革、进步和完善的概念，加强了知识天地可以拓展的概念，从而，它无疑改变了人类感知现实世界的方式。

印刷术贲临欧洲，倏然给了欧洲一个特殊的动力，把它推向了遐迩闻名的文艺复兴运动。还有不少人主张，若非印刷术带来了文本的增殖，16、17世纪要想实现科学革命，肯定困难得多。因此，西方从15世纪开始的一系列政治、宗教和知识大动荡背后，似乎潜藏着一个不算复杂的技术变革。

印刷术在改变一切吗？

令人惊奇的是，所谓改变一切，并非印刷术独力呈现的特点。上述种种，未必是印刷术的必然后果。一切技术是人类身体的延伸,印刷术只是其中的又一个新工具而已。印刷术可以用来生发、促进和保持变革,也可以用来维持现状和阻止变革。印刷术不一定导向新思想。这一片广袤的陆地,西欧只是它的小小尖端,只要向它的另一端望去,看到伟大而更加古老的中华文明和日本文明,我们对此会恍然大悟。

中国发明活字印刷术,比欧洲至少要早三个世纪。采用活字或雕版印刷的中国书籍多为宗教经文,它们一版再版,印数多如牛毛。但是活字印刷术在那里初具雏形便驻步不前了,嗣后五百年几无重大创新。至于日本人,虽然他们如火如荼地印书和出书,书籍的使用也比欧洲任何一地更加普遍,但是印刷术并未在日本引起重大变革。

西方一些可以归功于印刷术的革命性效应,包括政治革命(国家主义)、宗教革命(新教主义)、心理与知识革命(个人主义、人类进步观、开放的思想、科学),在那里全无踪影。印刷品倒是在急遽增多,仅此而已。

中国和日本的案例提醒我们,西方所见的那些效应,没有一种是印刷术单枪匹马造成的必然结果。变革是各种力量合力栽种的果实,印刷术仅仅充当了变革的代理人。

图画和照片有多大区别?

1830年代开始了一个通讯的新纪元,人类从此可以使用一种机器,撷取自然世界的一个小小片断了。古老的暗箱设备曾把光从一个针孔放进一个黑匣子,然后产生一个颠倒的映像,此刻人们加以改进,与化学结合,创造了照相底板。照相底板进而演化成现代照相术,自1890年又开始演化成电影技术。

照片所表现的现实横截面,是最伟大的画家也力所不逮的,而且它们能以书籍和摄影报道的形式，生成无数份副本。照片使短暂化作永恒，使人类得以剖析几乎看不见的东西，从而引发了微生物和疾病的认知革命。照相机既缩小了世界，又放大了世界。它把远方的土地拉近，它允许人类去捕捉遥不可及的太空，并和望远镜一道帮助人类绘制了天体图。

人类开始透过玻璃看世界了。日益精良的镜头使现实世界显得空前夺目、无比明亮。无数的图像浸润了我们的生活，满足了我们的欲望，并通过广告扩大了它们的家族。我们变成了现实世界的游历家、幻想产物的消费家。

当静止的形象被串联起来，组成一个活动的系列时，复制技术的威力进一步增强。1930年代，声音和色彩的加入促成了现代电影技术。电影改变了我们的时空观，成为一种与小说并驾齐驱的艺术形式，不断创造震撼人心的幻想和神话。1930年代的实验还导致了电视的开发，从而无限地扩大了复制技术的影响。

什么是数字时代？

电视与电影有本质的区别，一方面因为电视走进了千家万户的起坐间，一方面因为电视信号的工作方式为人类提供了特殊的参与体验。电视让我们看到了他人激情迸发的画面，打破了公共生活和私人生活的界限，颠覆了（同时不无矛盾地突出了）人与人的隔离和不平等。

媒体研究者乔舒亚·梅洛维茨写道："电视帮忙把恭顺的'黑鬼'变成自豪的黑人，把小姐和太太糅合成'女士'，把儿童改造成具有一切天然权利的'人类分子'……电视令政治领袖形象坍台、威望下降；它戳穿了成人在孩子眼里的神秘面具，揭开了男女之间的神秘面纱。"

电视把辽阔的大千世界变成了一座地球村。电视通过炫耀消费资本主义的好处，帮忙打垮了某种主义，并彻底改变了我们看待自然世界的方式。即使最骇人听闻的贫民窟，电视也为它带来了一线光明和希望。不过，电视的影响也说不定被夸大了。全世界千家万户虽然把电视一开就是好几个小时，多数人却并不看它，仅仅把它开着，当作生活的一道背景，仿佛坐在屋角靠椅里的多嘴的老爷爷，只管在那里絮絮叨叨。

我们是什么时候开始在空间疾行的？

旅行只是交通通讯技术的一个分支的故事。你将知道，交通通讯技术是一条多股的绳索，其中一股与旅行有关。事实上这里包含两次变革。

好几千年中，人类无法以高于每小时二十五英里的速度旅行（骑马）。然后，1830年代，首批蒸汽火车面世，一举把人类推进了一个新纪元，人类立刻能以高于以往二三倍的速度旅行了。铁路系统令生活面目一新，改变了城市的特性、休闲的模式、地貌观和空间观，还使北美、南美、印度和中国等地变成了开放的大陆。

第二次大变革，是20世纪初的汽车和飞机革命。有了蒸汽驱动的船舶和喷气发动机推进的飞机，人类能以不可置信的高速搬运庞然大物（包括他们自己）了。和轿车相关的风流韵事也由此肇始，所以曾有"机械新娘"（或"机械新郎"）的说法。这次变革的影响俯拾即是，以致我们早已视而不见。

但车轮在一个尼泊尔山村爬到了尽头，我总觉得那是一次巨大的震撼。我发现我退回了一个人人只能步行或骑牲口的世界。它的报偿是洁净的空气，和一种时间滞缓了的感觉。它的坏处是酸疼的胳膊和腿，以及穷人的无尽苦熬。

电子邮件可以成瘾吗？

另一番巨变，是一对一的电子通讯。19世纪中叶以前，邮件行走的最高速度同样受制于牲口或飞鸟（鸽邮）的速度，或受制于鼓声的音速——短距离通讯。后来，人们发明了电报，在陆地和海洋上敷设了电缆，并普及了电话，于是通讯速度提高到每小时数千英里，也就是长途电话的速度。

20世纪末，人们拔去了电话插头，大飞跃的势头变得更加强劲。就可能性而言，所有的人在所有的时间与几乎每一个人保持着联系。物理空间与社会空间剥离开来。我们组成了虚拟的共同体，印度或中国的某一个人，可能比站在我们身边的某一个人，离我们更"近"。

当前，电报电话通讯也在遭遇一场革命，即电子邮件的数字通讯革命。我记得，1990年代中期电子邮件初露峥嵘时，我曾极力抵制它，好几年都觉得它是一种又讨厌又危险的新技术。可是我一旦屈服，就像很多人一样上瘾了。

电子邮件的运作，汲取了书面信件的一些最佳特点，例如，可以从容思虑，可以修改想说的话，无需直接抓住对方的注意力。电子邮件又优于书面信件，它更便宜、更直接，到达得更快，而且很容易发送图片和粘贴附件。你将会忘记，在电子邮件时代之前曾经存在过另一个世界。毫无疑问，你留下的生命足迹和思想踪迹将远远少于我们——写书面信件的最后一代人。

以往的信息技术尚且引起了如此深刻而又意外的效应，我们一定不难想象，现代传媒将会怎样有力地改变当今世界。如果没有现代传媒，现代的经济和社会必将无法管理。假定我们关闭了电子传媒，那么出版业、报业、银行业、证券交易所、机场、医院和大学必将崩溃。我们的生活与传媒纠结缠绕，直达细枝末节——不论你希望在一个繁忙的平台上与朋友相会,还是希望网上购物。高密度互联网(宽带网)今日正在改造印度和中国,一如早期传媒的改造西方。

这仅仅是起跑线上的风景。你站立在一次更加惊人的进步的边沿,它的面目现在还无法逆料。我记得1970年代曾有人告诉我,世界各地最大图书馆的书籍可以一古脑儿装进一个糖块儿大小的东西,但没有人告诉我,这糖块儿又可以和其他数据块儿连接起来,而且全都可以从一个腕表般的通信器上取用。当英国最大的计算机只能容纳今日一片光盘的内容时,这些话我一句也不会相信,然而现在,那糖块儿已经近在咫尺了。

我们怎样在数字时代幸存?

别忘了,一口吞下全世界最大的图书馆有可能造成消化不良。成千上万的网站、电视频道、计算机游戏、短信和电话在窥伺我们和冲击我们,我们很容易被淹溺,也很容易沦为虚拟现实世界里的瘾君子。我有没有学会任何有助我幸存的办法呢?

一个办法是坚持每次只使用一种传媒。以太多的渠道吸收太多的信息,是永远的诱惑,我们希望一边用CD随身听或iPod[①]欣赏音乐,一边用便携电脑发电子邮件,同时,手机不停地用哔哔声打扰我们,屋角的电视机一个劲儿地让我们分心。再加上我们还想吃上一口饭,管一管哭着喊着要我们疼爱的小孩子,结果只能是筋疲力尽。

人类其实只具备非常狭隘的接收机制,如果想一口气吞食太

[①] 苹果公司出品的一种随身型音乐播放器,内置很大的存储空间,用户可存储音乐于其中,无需使用碟片。

多的东西，它们不免要打架。注意力犹如随机存储器（RAM），光是谈话这一桩就要占用它的很大空间，而一边高谈阔论一边企图安全驾驶呢，正如你外祖母经常提醒我的，等于在把我的能力逼到极限。这就是人们仍旧去电影院看一场好电影的部分原因。观众可以全心体验，人人都关闭了手机。一次采用一种通讯形式，才能真正享受它。

第二个办法，是适当地认知人类怎样解读或被动接收一种传媒，并适当地认知传媒是怎样建构的。要想了解电视或摄影如何哄骗和诱惑我们，最好是学会亲自制作电影（拍摄、编辑），学会摄影和修改照片（过去靠洗印，现在使用计算机程序）。学校里有无数课堂专讲写作和阅读技巧，但是，主导当今生活的更强大的视觉媒体，又该怎样建构和译解呢，这种技巧就主要靠我们自学了。

在某种意义上，这方面的自我教育现在已经容易得多了。以往几个世纪的趋势是，个人日益变成了被动的传媒接收者。虽然在早期社会，对于歌曲、舞蹈和正式语言，大多数人既参与创作，也参与欣赏，但是文字、印刷以及后来的电视倾斜了天平，那些在传播者和接收者之间制造不平衡的技术增加了分量。

一个主要的原因在于技术设备的资本成本。资本成本的高昂，加剧了制作人垄断、政治控制和审查制度。说到底，买一本书或一部电视剧，比制作一本书或一部电视剧要便宜得多。我参与拍摄的一部电视系列片，每一集的造价约二十万英镑。我们谁有钱可以这么花呢。

然而，20世纪末出现了一项伟大的技术创新，有史以来第一次稍稍校正了天平。那就是互联网革命。万维网上无奇不有，怎样才能引人瞩目，成了一个新问题，尽管如此，新传媒仍让每一个人摇身一变，当上了发行人，而且既能制作又能接收。

我们可以设计一个网站，把照片和电影放上去，使之形成一个小型"广播"（或"窄播"）站。即使只有寥寥数人登录我们的网站，它总归在那里，同时，它的制作过程教我们学会了别人常用来对我们施行魅惑的一些窍门。请看看我的业余制作www.alanmacfarlane.com，你一定明白我的意思。

另一方面，互联网也有缺点，它像所有的技术一样，可以用于旁门左道。就潜能而言，互联网可以加强权威部门对其下属的控制，例如一国的外交部对大使们的控制、将军对副官们的控制、主管者对远方执行者们的控制。互联网还可以窒息主观能动性，延伸中央权力。

最后，我要提出一点非常个人的忠告。传媒的压力多来自长时间凝视屏幕。时间一长，屏幕前的体验不再是享受，我们的头脑变得迟钝，然后一事无成。古谚说得好："变化乃生活之调料。"做任何一件需要眼脑并用的事情，千万不要超过一小时还不肯休息。工作半日之后，应当彻底住手，改做一件完全不同的事情。从中受益的将不仅是你的眼睛而已。传媒，恰若生活中的凡百样事，少即是多。

第七束信

生 与 死

23

增长有哪些局限？

亲爱的莉莉：

假定一个女人十六岁左右结婚，活到四十岁左右，有定期的性行为，那么平均而言，她至少有十二次活胎生产。即使半数婴儿出生后迅即夭折，每一对夫妇仍留有六个子女。你可以看出，假定连续若干代人的情况都是这样，人口会增长得非常快。

人类像许多动物一样，有很强的繁殖能力，可以让人口猛增，以至呈现所谓指数增长或非线性增长，也就是遵循这样的序列：1，2，4，8，16，32，以此类推。增长的曲线越来越陡峭。我们可以看出，今天的态势就是如此。人类花了十万年才达到六十亿人口，但是只要再有一代人的时间，便能达到九十亿。

有哪些人口定律？

历史上曾有三种灾难，周期性地将人口毁灭一成，它们是战争、饥馑和疫病。论战争，人类自相残杀，互毁生存资料。论饥馑，食物匮乏导致死亡，或导致出生率下降。论疫病，疫病也可以杀人。

历史遵循一种交替模式。首先发生某种巨大的偶然，或出现某种伟大的发明，比如发现了新的食物源（稻谷、马铃薯、玉米、鲱鱼），或发明了种植庄稼和收获庄稼的新方法。食物供应量开始猛增，健康状况随之改善，人们有能力提早结婚了，婴儿也能存活了。人口发生井喷,黄金时代一时笼罩人间。

然后,人口增加到一定程度,开始触发所谓负向力量。人类你推我搡,并可能演变为暴力和战争。他们还会过度地开采海洋和陆地,那么,只要天气规律稍有变化,必然导致饥馑。

随着人口增长,人类还要面对另一个基本问题。根据生物学定律,比起人类等长寿物种,微生物的增殖和变种远为迅速。它们的这种天然能力意味着,在人类社会成功地增加人口的同时,以人类为食的微生物增殖和变种得更快。

它们的人类宿主挤挤挨挨地麇居在一起,创造了一种富饶的物质文化,其成分包括其他动物、纺织物、食物、饮品和大量排泄物。有了这样的条件,携带细菌等有机体的带菌媒介(苍蝇、虱子、跳蚤)往往成倍增长,只能存活于高密度人口的病毒也会茁壮发育。

因此,全部人类史的顽强趋势是,大多数疫病的品种在增加,发生率在提高。人类是它们的掠食对象,人类的数量长一尺,寄居和寄生于人类的微生物数量长一丈。这是一个随时可以阻碍人类文明发展的定律,历史上如此,因为淋巴腺鼠疫、疟疾、痢疾的缘故。今天也可能如此,因为艾滋病或更严重疾病的缘故。

三大灾难相辅相成,且彼此恶化。劫掠成性的军队导致饥馑,传播疾病,人口数量在深重的苦难中一落千丈。如此循环不已。所以,尽管有人口增长的自然潜能,实际的长线增长却异常缓慢。这是一个恐怖的循环,人类从不幸走向不幸,中间只点缀着过眼烟云般的幸福。考虑到绝对增长数,可以说每发生一次灾难,痛苦就递增一次,死于战争或饥馑的人数不再论千,而是论百万。

为什么干得越多、成就越少?

人类不仅受制于自身的生物学定律,而且受制于一条经济学基本定律。当我们分析为什么人口增长并不导致经济增长时，这条定律至关重要。它指出，在大部分情况下，输入一项任务之中的工作总量有一个理想标准。越过临界点之后，不论怎样努力，回报必然开始减少。五个人耕作一块地，可能出产五吨粮食。五十个人耕作同一块地，不会出产五十吨粮食，相反要远远少于五十吨。一篇不错的论文花了三天时间写成，如果你再花三天润色，它恐怕不会好上两倍。

回报递减律是一把钥匙，可以解答人口长线增长的负数效应之谜。由于幸运，或通过发明，人类开发了新的资源。首批收获无比丰盛，鱼儿满船，毁林种粮后粮食满仓。但是不久，尽管输入了额外劳动，回报却开始缩水。夷平后的森林奉献得越来越少，山坡上的边角地也不如谷底的沃土多产。这说明，越过一个临界点之后，人口的增长不再收获额外的利益。人口超过一定数量时，每一张新添的嘴巴等于一个净亏损。我们生活在一个资源递减的有限世界。

人类的可用能有限吗？

大约公元 1750 年以前，人类可用能的总量非常有限。回溯人类史，人类主要的能源一直是太阳，借助动植物，通过光合作用，阳光转化为人类可以食用和取暖的物质。然而，以阳光形式洒落到地球上的能，动植物仅能转化它的很小一部分。农业体系的发展提高了阳光的吸纳效率，但是人类生活的质与量仍受到牢牢的限制。

地球上几乎所有的资源，甚至包括空气和水，都是有限的，用量越大，贮量越小。原始时代人口无几，所以资源充足。数百万年的阳光贮存在地球上的土壤、森林和海洋里，但是这些资源多是不可再生的，用量上升，它们的数量与质量就要下降。

沙漠扩大了，群山失去了植被，大海贫瘠了，森林被砍伐殆尽。随着人类本领见长，他们开始穷竭大自然，时时对自己的环境施行浩劫。耗尽资源，往往只需几代人的工夫。人类在太平洋上从一岛迁往另一岛，挨个儿吃尽用光，仅为一例。另有一例是，中国、北非、中东和亚马逊盆地的生态已极度紧张。过度开采导致大自然回报递减，这一幕一再重演。现在连空气和水都面临着威胁。

对这种生态与经济模式，一个不充分的应策是改良技术，以技术激活一股新的源泉，或提高能量转化的效率。但这也是一个陷阱。新型作物和旧有作物（马铃薯、稻谷、小麦、葡萄）的改良品种常能导致增产，不过这些新生资源仍不免走向死胡同。

马铃薯曾使爱尔兰人落入瓮中。他们过分依赖马铃薯，后来发生枯萎病，加之求助无门，最后饿殍遍地。稻谷是一种高产粮食，刺激了人口的稠密增长，后果极可能是拒绝非人力劳动，远离发展工业的任何机会。

太多，常能导致太少，因为资源终将告罄。起点丰饶过度、资源丰富过度的问题，是一个不亚于贫瘠过度的陷阱。它经常诱惑人口走向一条道路，一旦到达尽头，便无路可逃，无处藏身。我们当前如此依赖石油，下场恐怕就是这样。

有什么希望？

你看得出，我们生活在一个多么脆弱和多么矛盾的世界。我们与其他物种竞争，经常成功得过火，结果把它们消灭得一个不剩。但是也有一些物种，特别是微生物，比我们更强。我们的身体充满细菌，各种快速进化的病毒也在包围我们。由于遗传学的发展，我们对微生物的认知与日俱增，然而这不是最后的凯旋。总有一天，微生物可能消灭或大大减少人类，如同我们一向消灭或减少其他物种一样。

另一个束缚是能源。热力学的第一条定律令人欣慰，因为它提醒我们，能量常在，其总量是不可减少的。但是第二条定律描述了我们的实际环境：能量在散失，集中性在降低，可用性也由此降低。工业革命曾使我们能够启用长期贮存的碳能量，因此我们一度突破了可用能的数量限制。高温超导技术和纳米技术的进步，以及太阳能的高效利用，可能再一次延宕最后的结局，但只是权宜之计，不可能永久推迟结局。

还有一种可能：我们将拥有过多的能量，从而把世界污染到不可恢复的程度。不管是操纵原子，还是利用能量，人类的一切活动无不引发"外部效应"。我们做的每一件事都会留下沉淀物，即使只是暂时的（例如噪音污染）和相对无害的。

垃圾、水污染、土壤污染、杀虫剂和化肥的使用、遗传工程、温室气体的产生，都让我们看到了外部效应。众所周知，能量使用得越多、高标准物质消费的享受者越多，问题就越严重。可开发能量短缺也罢，释放能量而造成破坏也罢，反正都可能把我们推进泥沼。

我们将发现自己落入了回报递减律的掌心。作为富于创造性而又精力充沛的物种，我们势必会努力克服难题。我们将拼命挖掘出口，以图逃离我们意识到的陷阱。目前还无法预测，这些努力将把我们领向其他星球的新疆域，还是领向迅速的毁灭。

24

为什么有这么多人饿死?

亲爱的莉莉:

几乎每一个文明都有大批人饿死的现象,迟早而已。我说的可不是营养不良或季节性粮食短缺,这些,在农业社会是稀松平常的,而饥馑,它的程度和性质却大不一样,是一种格外残酷的灾难。

饥馑指的是一种状态:人们当真活活饿死,或因为饥饿使疾病恶化而致死。"死于饥馑者乃一寸一寸瘐死,"衰弱的身体慢慢吸干脂肪的全部储藏,一种多么恐怖的死法。印度、中国、俄罗斯和欧洲都发生过大饥馑,今日的饥馑频发地区则是非洲。

什么原因造成了饥馑?

非洲的情况,使我想起人们最常引用的一些饥馑起因说。它们说来说去离不开气候(不外乎雨水太多或太少)、战争和政治动乱、虫害、农作物价格过低、腐败、交通通讯落后。地方上的过路税太高也是一个原因,在历史上的许多国家,除非付出高昂成本,不然粮食无法流动。凡此种种,无一不重要,但是我们必须探究得更深一点,才能认识各农业文明普遍呈现的饥馑趋向。

绝大多数社会的饥馑与人口过多有关。先是资源暂时改善,导致人口规模增大,相对的富足持续一段时间,然后,需求开始超过供应,庞大的人口比从前更禁不起粮食短缺。

从多种作物改变成单一作物，也会导致灾难。多种作物和牲畜本可在困难时期给人提供缓冲，却被单一作物所取代。全民种马铃薯、或稻谷、或小麦、或棉花、或咖啡，而无其他。一旦这种作物受害，必无多少退路。

饥馑的另一个原因在于弱肉强食的普遍趋势。强者贪婪榨取弱者的出产，以致大多数人只是勉强挣扎在灾难的水面，一遇荒年即遭没顶。

这是一个世界性的局面。贷方必欲榨干借方而后快，已成国际趋势。富国曾向穷国贷出大笔款项，而今开始从穷国的繁荣中吮吸财富，作为利息的偿付。国际货币基金组织和世界银行的行为屡遭批评，就因为支持了不公平。人们谴责说，它们向发展中国家施加巨大压力，强迫其放弃传统农业方式，专一种植某些作物，而这些品种又无法抗衡富国所生产的国家补贴作物。

经常，处于绝望中的家庭只好自我掠夺，迫使成员们从事更吃力而报酬更低的工作，用自己的劳力取代牲畜和其他省力设备。这些做法年深月久，世界各地便出现了大片贫困地区。只要政局和气候略有风吹草动，饥馑往往接踵而至。

我们应当怎样应对饥馑的威胁？

最直白的念头是："政府应该设法应对。"但是很多人认为，政府干预所造成的损害，要大于积极的效果。他们建议，应当允许所谓"市场规律"起作用。凡遇匮乏，一种短缺自会提高一种商品的价格。比如小麦短缺了，人们会多多种植小麦，因为种出来能赚钱。到了一定时候，短缺被自动校正了。

相反，政府施压，迫使农夫贱卖农产品，却可能造成灾难性的后果。粮食生产者和商人可能囤积居奇，还会故意让赢利无多或毫无利润的商品减产。持此观点的人声称：可见政府的干预并未减轻或防止饥馑，反而造成了饥馑。

置于18世纪英格兰、荷兰和北美的商业化农业体系的语境，这一理论不无道理，可惜它并不能放之四海而皆准。1840年代套用于爱尔兰、1940年代套用于孟加拉省（印度）的时候，这种理论导致了灾难。

套用于高度发达的商业经济体系之外，它有若干瑕疵。粮食生产过程的特殊性质，就包含一个瑕疵。我们可能发现，市场价格连续几年鼓励某一作物增产。但是对于那些濒临饿毙的人来说，等待好几年，直到这种作物大批种植下去、收获上来，那是等不起了。

此外，这一理论仅以西欧所见的地理、生态和畅达的水上交通为假定前提。历史上的西欧一旦受到饥馑的威胁，地区之间可以相互支援，因为严重匮乏粮食的毕竟只是局部地区。但这并不适用于印度、中国和中欧等内陆地区所见的大面积单作区域。绵延万里的土地几乎只种小麦、或稻谷、或玉米，歉收年月绝不可能有邻近地区给予补救，人们只好活活饿死。

1940年代的孟加拉省，1980年代的埃塞俄比亚，都不乏现成的食品，或贮存于仓库，或囤积于铁路线的末梢，但缺乏有效的市场机制，去把粮食"提取"给行将饿死的人。情势如此紧急，普通百姓却缺乏经济力量（钱）购买粮食，他们也许在粮仓外面怒吼，然而别人岂肯把宝贵的粮食免费送掉。人们就这样饿死了。供求规律没有起作用，因为，尽管在某种意义上（挨饿的家庭正在痛苦地死去）确实存在巨大的"需求"，但是不存在实际意义上的需求，因为挨饿的家庭毫无讨价还价的本钱。

"以劳谋食"计划[①]是一个人为手段，给极端贫困者创造了一点

[①] 一些国际慈善组织实施的非洲赈灾计划。

儿议价的能力,在大多数人从未真正地完全参与市场体系的地方,它不失为一个解决办法。只有把人们变成商业消费者,给予"优惠券"使之启动,他们才能得到机会浮出贫困线。滞留在贫困线下,他们将身无长物,就连他们的体力劳动,粮食生产者也不会希罕。

应当采取什么措施防止和减轻饥馑,解答这一问题的上述两大理论,分别指向不同的情况。第一种理论在史上英格兰的语境中,是相当有效的,因为昔日英格兰人的生活远远超出了贫困生存线,市场力量运作良好,粮食短缺相对来说只是局部问题,谷物等粒状货物的运输方式十分发达。另一种理论所针对的情况是,有现成的粮食,但是穷人照样挨饿,因为缺乏购买粮食的资料。

然而,两种理论都不能普适古往今来的饥馑,因为大多数饥馑是大面积的绝对粮食短缺。压根儿没有粮食,即使有钱也枉然。遇到灾年,囿于现有的技术和现有的作物模式,人们生产不出足够喂饱全民的粮食。

唯一的生路是制订长线计划,开创适当多样化的农业体系,发展便利的交通,贮存足够的粮食,建设一个人民生活高于贫困生存线的社会。但是这一切怎样才能实现呢?

首次逃离饥馑是什么时候的事?

仅仅二百年前,在工业革命前夕,欧洲、亚洲和非洲的大多数人仍生活在饥馑的边缘,但是英格兰出现了迥异的局面。甚至它的近邻,苏格兰、爱尔兰和法国,当时仍在挨饿,但是英格兰神奇地躲过了常规趋势。这是怎么回事?

大约从15世纪开始,人们注意到一个不寻常的事实:英格兰的农村居民是多么富足。苏格兰高地居民和法国、意大利及西班牙的农民衣不遮体,食不果腹,居不庇身,劳作过度,且时时生病。

但英格兰同一阶层的人呢,穿的是合乎体统的衣裳和很不错的皮鞋,吃的是大量的蛋白质,喝的是啤酒和麦酒,住的是像模像样的房屋,工时也长短适度。

仅以民宅为例。英格兰是世界上唯一保存了14至17世纪大批普通村民住宅的国家。此刻我坐在一位乡村农夫的房屋里写作,三百年来这幢房屋变化甚微。我看得出,即使在这片比较贫穷的剑桥郡低地,老房子仍在为富裕的农村人提供舒适而宽敞的环境。

从饮食习惯上也可以看出英格兰人的相对富足。他们身边总能有团团簇簇的野生动植物,他们珍爱鸣禽飞鸟,不大触动海滩上的花草和动物,至于吃掉自己的马匹或蜗牛、青蛙之类,他们可不喜欢这念头。

我还记得,当我去往法国的一个海滩,发现很多人在密密搜索极小的生物和一种海草的时候,我是多么惊奇。在我儿时的英格兰海滩上,我们和这些东西是相安无事的。我也还记得,当我穿行在法国和意大利的寂静的森林里,听不见鸟儿歌唱,看不见动物行走的时候,我感到多么悲哀。

当然也有美中不足。昔日英格兰的街道上间或可见饿殍。但是到了18世纪,尽管欧洲和亚洲的几乎全部农村人口到达了贫困生存线的临界点,大多数英格兰人却比较富裕。饥馑已成明日黄花,像中国和印度大部分地区近年的情形一样。

饥馑是不可避免的吗?

不跳出惟饥馑论的框架,不可能解释少数幸运社会与其他社会分道扬镳的缘由。饥馑的直接原因是粮食短缺,然而粮食短缺只是其他问题的一个症状。导致短缺的条件是累积而成,同样,逃脱饥馑也是各种变化的累积结果。20世纪后半叶的情况能够说明问题。

1960年代，非洲整体上并没有遭受饥馑，而印度和孟加拉国却饥肠辘辘。今天，尽管大旱大涝，印度和孟加拉国好像基本上逃脱了饥馑，而非洲部分地区却常年饥馑不断。气候也许有所变化，但是两地易位的终极原因仅与气候稍有关联。饥馑归根结底是人为的，即使大自然或许加速了饥馑的来临。

同样，绝对人口数也不会直接而必然地导致饥馑。昔日中国和印度的人口只有当前人口的半数或四分之一，然而饥馑非常严重。今天人口大增，饥馑却不再露面。18世纪饥馑频仍的地方，是人口稀少的高地苏格兰，而不是人口比较稠密的英格兰。

饥馑的有无，根源在于人类的相互关系。极度不平等是饥馑的温床。如果财产权无虞，人们就能受益于自己的劳动，享受自己的创造性改革成果，人数众多的中产群体就会扩张，吸收的新成员日益增多，然后，新世界开始萌芽，饥馑成为遥远的记忆。英格兰的情况正是这样。

就今日非洲而论，固然不妨在非洲创造这样一个良性循环，但是在此以前，必须首先审慎分析非洲国家面临的一切潜在陷阱，包括疫病、瘠土、交通通讯不畅、政局不稳、援助计划的附加条件、国际代理机构的政策，等等。难就难在必须同时躲开所有这些陷阱。仅仅采取一项措施，如改良农业、改善教育、稳定政局、控制疟疾和艾滋病，那是不够的。

必须改变全部状况，或曰整个体系。既需要开放的政治、安全的财产权，也需要其他多种保障。这并不容易，因为全世界的财富和目光，当前主要投注在打击疑似恐怖分子的潜在威胁上，集中在制造武器、参与利润滚滚的军火贸易上。

25

我们为什么生病？

亲爱的莉莉：

世间万物，包括人体，全都充满微小的有机体，它们数量太多或者太少的时候，会危害人类的健康。这些有机体包括病毒和朊毒体①等无生命体，以及阵列庞大的细菌和微生物等有生命体。

有一些疾病永远和人类为伴，还有一些疾病倏然从人间席卷而过。疟疾、痢疾、麻风病、普通感冒属于地方病，它们时时存在。流感、麻疹、霍乱、瘟疫属于流行病，它们爆发数月经年，宿主毁灭之后，通常就会止息。

一些大病的传播途径，主要有以下四种。细菌型疾病是借助于污染的食物和水，从口腔进入身体；各种类型的痢疾、伤寒和霍乱就是例子。如果想弄明白为什么这些病种经过一段时间以后会发生变异，我们必须看一看人类的饮食习惯、烹调模式、人畜排泄物的处理方式。吃一种新食品，安装一套新的下水系统，诸如此类的变化都可能改变疾病的模式。

还有一类疾病是由带菌媒介传播。跳蚤、虱子、蚊子、苍蝇等昆虫，以及蜗牛，就是带菌的生物，它们会把疾病"注射"进人体的部位。这类疾病主要包括瘟疫、斑疹伤寒和霍乱，感染渠道是不卫生的住房、衣着、鞋袜、人体。

又有一类疾病是通过身体接触而传播，包括麻风病、性病、各

---

① 或译"朊病毒"。疯牛病和疯羊病即为朊毒体发生变异而引起。

种皮肤病和眼病。其中的新病种是艾滋病。

最后一类是空气传播的疾病,当人们咳嗽、打喷嚏,甚至呼吸的时候,病毒会进行短途旅行,造成天花、麻疹、肺结核和流感。它们防不胜防。还有一些原因不明的疾病,例如各类癌症,也很难防范。

为什么疾病越来越致命?

拓展人类资源的早期成就,造就了人口更加密集的大城市和更加拥挤的农村。这种局面,为病毒性传染病提供了足够的人口密度,使流感、天花和麻疹得以持续和传播,同时也加重了环境和水源的污染,提高了霍乱、斑疹伤寒、痢疾等疾病的发生率。

若逢战争或饥馑,羸弱的民众更禁不起疾病的折磨,死亡总人数之中,病死者其实占据了很大的比例。此外,随着人口的增长,大小城镇会吞进无数移民,结果,大批移民死于疾病和拥挤,城镇变得无异于屠场。

直到近期为止,这似乎是不可避免的趋势。人口只能达到一定的密度,然后自动生成一种局面,使人口因某种疾病而回落。古代诸文明的兴衰,最近一千年欧亚诸社会的安危,都可用疾病的起落加以解释。似乎不可能逃脱这种模式。

只能徒然等待现代医药吗?

疾病从古至今的兴衰史,在很多方面依然是个谜,不过有一两件事情非常清楚。大约从 18 世纪中叶开始,英格兰的国民健康戏剧性地改善了,表征之一,是瘟疫停止了反复发作。

1750 年以前,瘟疫显然已在英格兰和整个西欧绝迹,这可怕的疾病引起的常年惊恐也已风平浪静。但是我们并不十分清楚，为什么1665年以后的大约十年间，瘟疫竟会戛然而止。

前后不出几年，淋巴腺鼠疫[①]便在整个西欧烟消云散，这说明，它消失的原因并非主要在于鼠种的变化（从黑鼠变成棕鼠），因为鼠种怎么算来也是五十年后才改变的。至于全欧洲的跳蚤和细菌的特性、住房条件、生活水平、衣着、气候或人们经常列举的任何其他因素，也不可能在短短数年之内发生剧变。

以上因素，或许有几个起了作用。不过，若要给予一种泛欧解释，唯一言之成理的是，携带鼠疫的土耳其船只到达西欧各海港时开始实行检疫，从而杜绝了鼠疫的周期性舶入。

英格兰的另一个重大变化是疟疾的骤然消退。据记载，1700年有大约二十分之一伦敦人口死于疟疾，而到了1800年，已不再听说疟疾是伦敦人口的死亡原因。东英吉利以及肯特郡和苏塞克斯郡的沼地，先前是疟疾多发地区，此刻也不再是险情中心。

为什么会得如此？我们照样不得而知。如果归因于排水系统的改进，住房条件的改善，畜牧业的改革，恐难令人信服。唯一可以肯定的是，疟疾在南欧——尤其是意大利——空前嚣张的时候，它在18世纪的英格兰却几乎不再为害。

第三个变化在天花。天花当时并未绝迹，幼年种痘当时是否起到了积极作用，至今仍颇有争议。不过毫无疑问，天花传染和致死的人群已经有所不同，到了1750年代，天花感染的主要人群已经只是儿童，而且很多病例并未致死。

为什么婴儿死亡率降低了？

痢疾也是历史上的最大杀手，与疟疾伯仲难分。有害微生物进

---

① 又称"黑死病"。

入人体的一个主要途径是口腔，尤其隐藏在人类为存活而必须摄入的每日二至四品脱液体中。区区一二品脱的液体，可以包藏足以杀光一座小城居民的痢疾菌。昔日人类饮用的液体差不多全是污染液体，牛奶和水污染得尤其严重。

痢疾患者排泄出带菌的粪便，细菌再传到手上和衣服上，更严重的是进入水源中，由此传染给别人。在历史上的大多数社会，婴儿的死亡至少有半数是婴儿痢疾引起身体脱水所致。

随着人口的日益稠密，人类的粪便开始污染水源。18世纪的伦敦作为一座迅猛膨胀的城市，是一个人口方面的典型例子，因此痢疾发病率本该随着人口的增长而节节攀升。但是，大约自1740年代开始，这种趋势发生了一次逆转。此前痢疾引起的死亡率一直在上升，接近18世纪中叶时，却突然开始下降。换言之，这座当时全球最大的城市有幸把婴儿和成人痢疾降到了较低的比率。那是人类史上的一次大逆转。它是怎样成功的呢？

我们又一次不能确知原因。我们仅仅知道，传统的解释全都不尽如人意，比如医学知识的增进，医院条件和治疗手段的改善，细菌特性的改变，以及食物供应、公共卫生和住房条件的改革。这些因素，当时多是没影儿的事，而确实发生的事又不够重大，不足以解释这次逆转。

时人喝什么饮料？

要想解答英格兰逃脱痢疾陷阱之谜，我们需要提出一个问题。自1740年代开始，英格兰人喝的是什么饮料？如果喝水，结果只能是痢疾发病率的上升（当时尚无水净化技术和妥善的卫生设施）。事实上，绝大多数人喝的不是水，英格兰人的常用饮料已经变成了茶。

18世纪中叶,茶成为英格兰人的主要饮料。烧水沏茶的过程杀死了不少危险的阿米巴虫和细菌。而且,茶叶含有一种叫做丹宁酸(酚)的物质,它是人类已知的最厉害的抗菌素之一。伤寒菌、霍乱菌、痢疾菌即使被放进一杯冷茶,几个钟头以后也会死亡。喝茶帮人们清洗了口腔和肠胃,因此人们摄取的液体不仅本身无菌(煮沸过),而且是一道强力杀菌剂。

日本人,以及先于日本人若干世纪的中国人,都曾因喝茶而受益,此刻英国人也开始享受茶水的健康功效了。健康的受益基本上出自偶然,因为人们喝茶主要是为了茶的芬芳和提神功效。然而,这次偶然却使人们逃脱了一个似乎不可逃脱的死亡陷阱。甚至婴儿也从喝茶习惯中受益,因为他们吸食了母亲的含酚的奶水。

疾病的减少还有什么原因?

英格兰有近千年不曾遭受成功的大规模外国入侵,也从不曾长期忍受令生灵涂炭的大内战。它的饥馑和粮食短缺不像大多数农业社会那么严重,绝大多数人口的生活水平也远远高于贫困生存线。换言之,至少和许多地方的农业劳动者相比,历史上的多数英格兰人享受着较好的饮食、衣着和住房,他们的身体也不曾因体力活儿而过劳。

所以说,由于一系列交叉而偶然的因素,英格兰暂时避免了人口与疾病并肩增长的常规趋向。这并不源于医学的胜利,也不源于细菌或气候的偶然变化,而可能主要是社会、经济和政治制度的副作用,因为这些制度创造了一个异常稳定、小康、有序的国民。

英格兰人仍会遭受霍乱和流感等新病种的侵袭,如同我们今天可能患艾滋病一样。但是英格兰正在偏离一条普遍的道路。走这条老路永远只有一个结果:众多人口逐渐麇居大小城镇,然后爆发一场健康灾难。

在五亿人口构成的昔日世界，人们体弱多病，且战乱压顶、饥馑缠身。现代人口的崛起使旧世界变成了今日的模样。从理论上说，即使当今人口二十倍于五亿，也能生活得比较和平和富足（不过全世界恐怕只有一半人口果真如此）。这样的生活在1750年是不可想象的，但它的确实现了——1800年前夕英格兰完成了它的第一个阶段，第二个阶段将始于19世纪后半叶，届时，人类更正确地认知了微生物，并研发了治疗多种致命疾病的有效方法。

然而故事远未结束。新病种在传播（艾滋病、SARS[①]、MRSA[②]），旧病种（疟疾、肺结核）在回归，病菌对抗生素的抵抗力在增加，这说明物种之间的斗争永无止息。人类掠食大批其他物种，反过来人类又是微生物手下的孱弱牺牲。

疾病仍在无情地摧残人类。若能采取一些措施，比如改善食物，改善饮水供应，改善污水排放系统，很多病种的发生率可以减半。实际上，在全球敷设污水排放系统的费用，只需当前军火生产成本的十分之一。外星的观察者大概会惊诧莫名：作为一个物种，我们宁肯把资源用来互相威胁和互相残杀，而亿万人疾病缠身，生命萎顿，我们却不肯关心如何减轻他们的痛苦。

---

① 或称"严重急性呼吸道症候群"。
② 或称"耐甲氧西林金黄色葡萄球菌感染"。

26

为什么要生孩子？

亲爱的莉莉：

政治环境不安全时，家庭团体往往是唯一的庇护所，因此一个人生孩子是多多益善。社会环境不安全时，我们能够信任的人，能够轻松而诚恳地相处的人，唯有至亲，因此一个人的亲戚是多多益善。多生多育可以巩固一位妇女在共同体内的地位，可以提高家庭的整体威望，也有助于克服孤独感和孤立感。

在大多数文明中，经济生产主要靠人体肌肉的力量，因此干活儿的人数也多多益善。生活里危机四伏，病痛和事故频发，失去家园和牲畜的恐惧常在，身陷这样的困境，唯有家人可以依赖。一个人投资于增添人丁，等于广投风险保。人口投资可比存钱安全，因为钱是可能失窃的。

在那些没有养老金，也很少有社会服务和医院的地方，人丁兴旺尤其重要，因为它恰似一份养老保险。一个男人（或一个女人）处身这类环境，如果没有儿子或兄弟，风险将非常高。一切因素都在促成大家庭。再说生儿育女的乐趣也很迷人，更何况还有生物学的动因和性行为的乐趣。

多生多育的渴望既是家庭—宗教体系的反映，又是它的支撑。大多数社会非常重视传宗接代，在他们看来，列祖列宗至高无上，而且列祖列宗身后仍在关注子孙后代。祖先不仅要求保持自己的灵位，还要求一名子女（通常是儿子）为自己举行隆重的殡葬仪式。

就连上帝或诸神也很关心一个人的传宗接代。牲畜、庄稼、人类和鬼魂均需多产,而且他们的多产问题全都搅和在一起。人们普遍认为,家庭和个人的延续,与社会的延续密切相关。所以中国人有一句古话:"不孝有三,无后为大。"

多生多育困难吗?

众多婴儿死产或早夭。妇女死于产育,男子则死于劳作和战争。死亡率如此之高,婴儿的性别又不可预测,所以,为了保全即使一两个男嗣,家庭也会千方百计地多产多育。

女孩在性成熟之际,甚至在性成熟之前,是要嫁作他人妇的,因此后嗣不足的家庭会从亲戚家收养。这是一个以巨大压力迫使个人和家庭多生多育的世界。

几千年来,大多数人类社会都在感受这种压力。它带来很高的出生人数,同时被死亡人数所抵消。遇到好年景,出生人数占了上风。接着危机到来,战争、饥馑或疫病导致颗粒无收。尽管陷入了危机,但是由于积累了盈余人口,家庭和社会仍能幸存。

很多危机都是事先的高生育率促成的,但是没有谁认识这个事实,即使认识了,也觉得在所难免。人们为了防范危机而大量生儿育女,其实,危机的部分原因正是过量生育啊。

这种情形在历史上屡见不鲜。作为一种高出生率加高死亡率的模式,它含有深刻的讽示。每逢资源有所改善——例如开发了新作物或新技术,必将迅速为人口的激增所吞没,最终导向何种结局,那是凶吉难测。然而,在纵横交错的压力下,个人和家庭很难改变行为方式,且看,政治同盟、社会地位、合作互助、经济生产、宗教价值,哪一样不是有了大家庭才能获得的。

事实上,形势是随着时间推移而逐步恶化的。克服障碍的每一次成功,必然催生更多的人口,反过来,人口的增长又增加了政治风险，提高了麇居性疫病导致的死亡率，甚至扩大了教士和长老的队伍。教士和长老进而告诫人们，要多多生儿育女，灵魂方能得救。更严重的是，由于人力唾手可得，一般又更加便宜，人们抛弃了牲畜之类的替代劳力。又由于谷类食品取代了肉类和乳类，饮食恶化了，人体的疲劳加重了，农田的活计也需要投入更多子女了。

为什么要少生孩子？

令人不解的倒是为什么人们有时候希望少生孩子。有人提出一种三段论。第一阶段，高出生率和高死亡率互相平衡。第二阶段，死亡人数骤降，人口一时激增。随后，出生人数下降，死亡率和出生率在新的较低水平上再度平衡。

关于走向最后阶段的原因，解释虽不完善，但言之成理。某些外因——例如发展中国家大规模接种疫苗或敷设饮水净化系统——降低了死亡人数，子女大批存活下来，几年以后，人们发现不必生这么多孩子，便可保障后继有人，于是开始节制生育。

有没有不合常规的案例？

17、18世纪，在挪威、瑞士和英格兰等欧洲少数地区，人们不以"正常"水平繁殖后代。有人根本不要孩子，大部分妇女达到育龄八至十年以后才结婚。这一切，发生在一个并未明显发生医药卫生革命的时代。

没有确切的证据表明，英格兰在任何时候出现过高出生率加高死亡率，相反，子女数量似乎被一种鼓励晚婚和自愿结婚的习惯所遏制。除了高层贵族以外，也没有证据表明妇女十来岁就早早结婚，相反，有证据表明每一历史时期都有大批妇女（也许高达四分之一）终生不结婚。

直到19世纪下半叶，英格兰才有了合法收养子女的可能性。英格兰人向来不需要子孙后代保障繁荣的冥界生活，也不崇拜祖先。新娘不会受到检查，看她的未来生育是否已被玷污。没有谁对建立大家庭特别感兴趣。妇女的地位从不取决于她生了多少孩子（尤其是儿子），男人的权力和权威也不取决于亲属的多寡。在昔日英格兰，不管人们遭遇危机还是进入老年，子女的重要性永远居次。有人说得不错，归根结底孩子只是"可爱的玩艺儿"，是现代耐用消费品和宠物的前身。

婚姻扮演了什么角色？

大多数社会认为结婚和多产多育是"理所当然"，而在英格兰，结婚和多产多育变成了自愿的选择和清醒的利害权衡。既有人赞成结婚，也有人反对结婚，从最古老的诗歌残章，到整个英格兰文学，我们都能看出两种见解的相持。我已在一封描述浪漫爱情模式的信中，特别阐明了这两种相反的见解。

英格兰长期将婚姻与爱情连接在一起，却将生儿育女当作一项选择，认为是得失参半。这种特殊模式的原因很不容易解释。奥妙在于弄清人们对社会延续性的看法，即怎样看待生物学延续性与其他延续性——即权力（政治）、财富（经济）和灵魂（宗教）之繁衍——的关系。如果把这一切紧紧地捆绑在一起，那么，为了这一切的繁衍，势必要强调人类的繁衍。如果它们关系松散或毫无关系，个人便能决定自己是否愿意享受生儿育女的乐趣。

几乎每一个社会都建立在家庭的基础上。不论印度、中国，还是别处，它们的政治、社会、经济和仪式都以家庭纽带为根基。英格兰案例的奇特之处，在于这些不同领域是互相分离的。盎格鲁—

撒克逊时代以降，英格兰所发展的并且保持至今的政治法律体系，从来不以家庭为依托，而以国民之间或臣民之间的关系为倚靠。英格兰政治和法律的安全，主要通过契约关系、而非通过出身和血缘去保障。

很少有什么经济因素迫使人们繁衍。和今天一样，历史上的英格兰人也会把财富代代相传，也会花钱费力去抚育和培养子女，并张罗子女的嫁娶。当然，子女总是花钱费力的，但是英格兰和别处不同，英格兰人不指望子女回报这些花费。反过来说，子女也不能指望自动从父母手里获取任何东西。父亲或母亲随时有权决定把财产遗留给自己任意选择的一个继承人，如有必要，还可以将一名或全体子女排除在外。

经济生产同样不以家庭劳力为基础。和今天一样，历史上的英格兰也可以有家族企业，不过它的常规劳力是一群同村人、一群庄园佃户、一群学徒、一群佣工或雇工。劳力的招募取决于市场的力量，而不取决于家族关系。中国、印度和欧洲地中海各国的习俗是，父母与众多已婚子女或一个已婚子女组成一个家族企业，联合拥有并共同生产。英格兰没有类似建制，众兄弟及其妻子也不联合拥有财产和共同从事生产。

一个英格兰人只要离开家庭，或者结婚，经济和政治上即告独立。没有证据表明盎格鲁—撒克逊时代以降，英格兰存在那种中世纪末期常见于欧洲，至今仍主导东欧、中国和印度的扩展型家庭。

最后，灵魂的繁衍也同家庭不相干。英格兰人或许举行家庭祈祷，富裕家庭甚至修建家庭礼拜堂，但是，尤其在16世纪宗教改革以后，对于绝大多数人来说，宗教主要是一个私人问题。基督教通常拒绝承认生者与亡故的祖先有什么关系。当时与今天一样，即使在富人看来，后辈举行追思仪式和追思宴席的用意，也不是指望祖先降福，或防止祖先发怒，而是单纯的感恩和纪念。

对于那些没有儿子可以点燃火葬柴堆（或可以吩咐火葬工如何火化逝者）的人，天堂的大门不会关闭。父母不大关心子女的宗教信仰，正如他们不大关心子女的政治见解和经济观念。父亲的罪孽只会间接连累子女，体现为收入的损失或不良的教化。子女的罪孽更不会殃及父母。

这与大多数社会的状况迥然不同。以古代中国为例，一名家庭成员犯下的重罪要株连九族，从受控者的曾祖一代，直到曾孙一代，一般要连坐好几百人。

基督教徒异常珍视纯洁，所以在他们看来，上帝对于一个人有没有子女显然无所谓。事实上，他们普遍认为性行为和生儿育女是退求其次，是斯文扫地，是我们堕落天性的或许必然、而肯定不幸的结果。如果可能，禁绝性行为和婚姻吧；如果不可能，那就结婚和生孩子吧。这便是基督教的训谕。

自由选择是怎样成为可能的？

所以说，政治、社会、宗教和经济是四个分立的领域，各自赋有不同的体制。就经济领域而言，市场作为一个自成规则、独立存在的体制，一千多年前已经开始在英格兰发育了。政治生活与法律事务也是大致分离的，宗教及仪式活动也如此。每一个领域各有规则，但这些规则基本上与家庭无关。家庭像今日一样，提供舒适、友伴、人生的意义、爱，以及子女的赡养，但它不是搭建社会的一块积木。

当社会长期免除了其他压力时，人们对环境的变化可能作出奇特的反应。假设劳动力的需求增大，报酬合理的工作机会又很充沛，人们会变得乐观起来，并可能会多生孩子，18世纪后期英格兰的情况就是这样。人们觉得自己"负担得起"结婚和生孩子了。

从多方面看，生孩子很像买房子，很像对按揭的需求。经济繁荣之日，人们信心高涨，不由跃跃欲试，想买房子和生孩子啦。

相反，经济萧条和滑坡的年头，或者人们开始重商品轻孩子的年头，每户子女的数量就开始下降。消费主义可能致使一对夫妇要轿车，要度假，而不要孩子。妇女或许决定终身不结婚，要么推迟结婚和生育。

这种态度，与大多数社会鼓励人人生儿育女的态度殊异，但它今日正在全世界不胫而走，成为个人主义、消费主义和资本主义这一揽子意识形态的一个内容。今人大都觉得自己只"生得起"一两个孩子。

第八束信

身体与头脑

27

什么使我们感觉愉快？

亲爱的莉莉：

尽管存在前面那些信件所描述的无数压力、挫折和不公，人类仍然生存下来，甚至时时在他们的世界里显现辉煌。人类创造着杰作，并感受着激情。那么现在，我要写一封笔调不那么凝重的信，对你说说我对人类感官之乐的一些发现。

我们的感官可以激发我们付出最大的努力，取得最大的成就，不过它们也可以设陷诱捕我们，催眠我们，压倒我们，让我们分心，驱赶我们离开自由与创造的福地。就连我们所创造的那些升华感官之乐的工具，例如风格各异的美术、音乐、烹调、大量手工艺品，也会迅速变成创造的成规，约束和限制我们，让我们简直无法逃身。

为什么气味能魅惑我们？

我写这封信的时间是五月杪，我们的花园弥漫着正在怒放的忍冬的芬芳，第一茬儿黄玫瑰已经开花，丁香在渐渐地凋敝。我在园中的日本茶室写信，茶室葆含着我们焚过的美妙熏香、我们沏过的馥郁绿茶的记忆。今晚我们的房屋里将充溢洋葱和泥炉鸡的香味。

气味给了我们无限的快乐，虽说我们的嗅觉不像狗和虎那么灵敏。沉浸于嗅觉的快感，我们蓦地飘回故地和旧时，飘回旧友的身畔，这丰富了我们的体验，让我们刹那之间跨越了时空。一种特殊的药草的气味，蓦地将我带到了日本京都的哲人路，或尼泊尔喜马拉雅地区的露台。

有些文化比别的文化将嗅觉发展得更加敏锐一些。最极端的例子是日本人。一部关于源氏公子①的11世纪小说描写了频繁的猜香味竞赛。公子去往一个房间，人未到，香味先到，因为他身上散发着特殊的微妙的混合香味。日本古代的武士统治阶层以宝贵的棍香、而不以黄金储存财富。东方三博士能够献给圣婴耶稣的礼物，除了黄金以外，是乳香和没药。

然而，我们很少意识到气味对我们的影响有多深。亲爱者的体香，新割下的草的清香，唤醒我们对夏日烧烤或冬日篝火回忆的烧木柴的烟香，这一切几乎无形的快感，织成了一幅富丽的挂毯。至于腐肉和粪便之类令人恶心的气味呢，它们警告我们当心危险。每一个时代，每一种文化，每一个群体，都从气味库中挑选和强调一些特定的气味。甚至诸神也被血腥味和燔祭的烟香所招引，被珍贵的熏香和芬芳的鲜花所诱惑。

每一个社会和文明都有自己的气味，去印度、中国或南美旅行的乐趣之一，是那新颖的气味的万花筒，它们真叫人流连忘返。莉莉，你闻到桉树叶和咸咸的微风，会返回你在澳大利亚度过的童年。每一位读者都会恋栈一些将自己迅速带回往昔的气味，它们可能是花草香、饭菜香，甚或飞扬着尘埃的空气的气味、泥土的气味、公交车和轿车的油烟味。

味觉怎样改变了我们的世界？

自襁褓时期开始，我们熟悉了好吃和难吃的味道，和大量中

---

① 日本小说《源氏物语》中的主角，原为皇子，因故降为巨籍，称"源氏公子"。

不溜秋的味道。嗅觉可以增进味觉,但味觉和视觉的关系恐怕就不那么明显了。对这个道理,当一位日本朋友向我解释日本烹调和印度烹调各有什么优点时,我才如同醍醐灌顶。

他说:"我们日本人用视觉吃东西。"雅致的饭菜,须优美地呈献,所以不但颜色精致,入盘上桌也有考究。"关上灯,"他说,"在黑暗里吃试试看,很多菜肴太微妙了,简直吃不出任何味道呢。"食物的外观起了作用,它用联想哄骗了我们的大脑。这是盘中的诗篇。

相反,以他的思维方式,一道印度咖喱饭看上去实在单调乏味,它的成分是一堆白米饭,加上杂七杂八的褐色调料,对于眼睛来说乏善可陈。然而关上灯,用味蕾以及——不妨说——用鼻子去吃,它的味道确实还不错。

当然,口腹之乐是怎么重视也不嫌过分的。那些伟大文明都曾有过美食的盛宴和烹饪的狂欢。人们会不假思索地说,中国文化的阃奥是美食,连同它的准备过程和吃的过程。人们还会说,眼下美国文化传遍世界,主要靠的是食物和饮料,可谓汉堡包加可乐的文化。在很多人心目中,意大利等于一系列香喷喷的意大利面条,地中海东部地区等于名目繁多的烧肉和烤肉串。

还有一些文明以它们的饮料著称于世。欧洲两大宗教的一个鲜明对比,其实是南欧喝葡萄酒的天主教徒与北欧喝啤酒的新教徒之间的对比。人们会脱口而出:啤酒和小酒馆是英格兰的关键身份证,恰如威士忌之于苏格兰人,米酒之于日本人。

天主教文化与葡萄酒的纠葛提醒我们,饮食不仅是我们凡人的大乐趣,我们还把这些乐趣抛给了诸神。几乎所有宗教的主要祭品,要么是一种神圣的饮料,如葡萄酒、粟米酒和稻米酒,要么是一种食品,如面包和牺牲物的肉。诸神像人类一样,也津津有味地用嘴巴吞吃物质世界。我们从吃吃喝喝中产生的快感,只有一部分是因为填饱了肚子。吃喝的快感主要是在表达一些别的东西，包括创造力、快乐和友情。

"一杯好茶"怎样造成了千差万别？

我先前一直未能充分理解吃喝的意义，以及所吃所喝的重要性，直到我和我母亲合写了一本书[①]，讨论饮食大天地中的一个小角落，也就是饮茶的历史和影响，我才如梦初醒。写作过程中，我开始认识到，我们与所吃所喝的东西同化，我们的生活为习焉不察的味觉所塑造，到了何等惊人的程度。

在大约六百年前的日本，饮茶习惯的引进顿然改变了生活的方方面面。它对美学发生了深刻的影响，陶艺首当其冲，并波及建筑、绘画和诗歌。它也影响了政治，因为茶道变成了交战各派的聚会场合。它彻底改变了宗教，因为茶和佛教之间生出了斩不断的瓜葛。一杯清茶值得整整一个钟头的坐禅。

茶改变了经济。茶叶的培植和出口成了日本经济增长的命脉。茶叶里的咖啡因提供了额外的精力，致使日本人的工时长得不可思议。饮茶对健康的影响也十分深远，因为水被煮沸了，茶叶又含有杀菌的化学物质，所以水传播的疾病差不多销声匿迹。总而言之，日本人所说的"茶道"，简直和"日本之道"成了一码事，茶就是日本，日本就是茶。

同样，在亚洲大陆的彼端，当茶叶于18世纪初开始大批进口英国的时候，它也影响了一切事物。它改变了男人和女人的关系、父母和子女的关系、店主和顾客的关系，它改变了一日三餐的性质

[①] 即《绿色的金子：茶叶帝国》(*Green Gold: The Empire of Tea*)，艾伦与艾丽斯·麦克法兰合著，书中讨论了茶叶这一物质对社会和经济的影响。

和时间，它改变了建筑、家具、陶业、船运和航海。它改善了健康，加强了人们忍受疲劳和劣质食物的生存能力，所以它成为促发工业革命的一个因素。它奉献了一种秘密武器，供人们坚持不懈地创建了有史以来最大的一个帝国。没有茶叶，我们的现代世界将和今天的实际风貌天悬地殊。

茶只是一种物质而已。我完全可以再回顾食糖、马铃薯、烟草、啤酒、稻谷、鲟鱼，以及饮食天地里任何一个品种的历史。它们个个都能表明，我们的味觉在多大程度上无形而有力地塑造了人类文化。当然，我们对官能快感的渴求，也受到了广告和"市场力量"的操纵。

触觉是怎样影响我们的？

你还是小不点儿的时候，特别钟爱"可搂抱的玩具"，你一连几个钟头爱抚玩具猫、泰迪熊什么的，这些小家伙在你的卧室地板上聚成了一个堆儿。你喜欢东摸摸，西碰碰，你的小手触遍了草坪上的苔藓、柔荑花、沙子和光滑的石头。

世界有无穷的肌理。淙淙流水穿过指间的快感，羊毛、丝绸、天鹅绒贴在肌肤上的不同感觉……我们用各种各样的方式，有意无意地享受着身体同环境的接触。诗人鲁珀特·布鲁克斯描述他的爱物的诗行，多年前曾引起我的共鸣：

> 还有，一瞬间驱散了烦恼的、床单的
> 微凉的亲切；毛毯的粗糙而男性的
> 吻；纹理密布的树木；闪亮而飘逸的
> 生动的毛发；蓝幽幽聚成一团的
> 满天云朵；热切而又冷漠的、大机器的

美；热水的赐福；静待爱抚的裘皮⋯⋯

毫无疑问，我们是喜欢触摸和感觉的动物。拥抱、亲吻、轻拂、与各种表面的接触，在我们的一生中给了我们无上的快乐，尤其成为我们性生活中的欣悦。这些快乐，照例因时间和文化的不同而千变万化。

是什么开启了魔幻的窗扉？

人类表达和诠释声音的能力，尤其是用语言表达和诠释声音的能力，几乎可以成为人类的定义。夺去我们的声带，我们绝不可能如此兴盛。古往今来，人类的语言不仅种类繁多，而且对于人类的发展意义重大。有两种形式的声音赐予我特别的快乐，那就是诗和音乐。

诗和通俗歌曲的节奏与韵渗透我们生活的程度，怎么估计也不算高估。我醒着的每时每刻，总觉得有诗行萦绕在我的身边。

"午夜里溘然魂离人间"；"降潮湿的阳光于我干枯的眼上"；"倘若我有天堂的锦绣"；"我心惊喜，急切如风"；"人世的光荣、戏谑和奥秘呵！"；"杯沿闪烁着珠儿般的泡沫"；"可让我把你比作和煦的夏日？"；"不可胜数，宛如瓦朗布罗萨的树叶"；"当春的猎犬在追寻冬的踪迹"；"噢心灵，心灵有崇山峻岭；壁立万仞，巍峨复陡峭"；"绿色暗影中一缕绿色的幽思"；"也饮过天堂的仙乳琼浆"；"和平的野蛮战争"[①]。这些诗行（其中有几句肯定记得不太准确），以及千百句别的诗行，回荡在我生活的每一个角落，赐予富丽，也

---

① 均为名诗摘句，作者依次为：济慈、劳里·李、叶芝、华兹华斯、蒲柏、济慈、莎士比亚、弥尔顿、阿尔杰农·斯文朋、杰拉德·霍普金斯、安德鲁·马维尔、柯勒律治、吉卜林。

赐予苏慰。

假如没有诗歌的抑扬顿挫，当然，假如也没有戏剧、小说和其他的文学天地——它们的妙音即使在我们不言的时刻也回荡在我们心中，我们的生活将是何等贫乏，简直会枉做了人类。

有什么激情是音乐不能唤起和扑灭的？

声音本身令词句臣服时，可以粗略地称之为"音乐"。世界是各种声音组成的，它们的美轮美奂，不亚于丰富的人造声音。各种天籁，如鸟儿的鸣啭，水的淙流，炉火的噼啪作响，秋风在林间的叹息，海浪在岩石上的撞击，都是大自然的音乐。但是人类的特殊乐趣是亲手写作音乐。当然，其中的多样性几乎是无际无垠的——从各种流派的"流行"音乐，到"爵士"音乐，再到古典音乐，从东方音乐到西方音乐，从北方音乐到南方音乐。

音乐是非常深邃的交流形式，以一种我们无法形诸言辞的方式流入我们的心田。旋律与和声对我们的影响，直抵我们的动物性。音乐触动我们，让我们感受着最强烈的激情：憎恨、恐惧、喜悦、爱和宁静。它那错综复杂的诱惑，既解放了我们，也束缚了我们。

既然音乐的力量如此强大，我们不免相信我们可以用它束缚和缠绕别人，特别是利用它来对付诸神，因为神们似乎也分享了我们对音乐的热情，正像分享我们的味觉和嗅觉一样。我们听说，天国不仅有唱诗班，天使们还亲自吹小号、弹竖琴，去取悦上帝哩。

尤有甚者，神灵的力量还可以被特殊的声音唤来，比如佛教仪式中一种西藏号角的深沉音符，萨满教仪式中一只海螺的低鸣。召唤诸神的时候，用一个猝然迸发的声音打破时间的延续，是格外有效的。神道教以拍手招神，很多葬仪使用铙钹和鼓，基督教堂敲响大大小小的钟，总而言之，锣、钟、鼓和铙钹发出的不和谐音，是很多宗教仪式的重心。

视觉有哪些乐趣？

人类主要是视觉的动物。我们所吸收的大自然的知识和关于他人的信息，大约有四分之三是通过眼睛进入大脑的。信息来临之际，只是一大堆散乱的光斑，毫无意义，然后我们才开始解读。虽然我们的眼力不如鹰隼和苍蝇那么尖锐，但我们比它们谁都厉害，因为我们有更大的大脑，用来译解视觉内容。我们拥有掠食动物的前瞻目光。我们能注意到非常细微的变化，并由此激发了心中的好奇。

该说说视觉的哪些乐趣呢？太多了，因此我仅仅任意举出其中一种，那就是绘画的乐趣。绘画的乐趣在我是长期培养出来的，但是显然，它在你是天生的巨大快乐。你还不会说话呢，我就注意到、也拍摄到你如何画线条，如何涂颜色。

我们是怎样学会看清世界的？

虽然我对赏画的兴趣与日俱增，但我不曾料到，我竟会头头是道地写作和思索美术的历史和意义。因此，当我发现自己在提出一种新理论，试图解答美术表现史上的一个最大问题时，我不免大吃一惊。那个问题是：象征主义的、非现实主义的美术持续了好多个世纪以后，某些画家怎样凭藉自己的才华、现实主义态度和准确的透视，突然变身，成了毫厘不爽地映照世界的镜子？是什么原因导致了西欧的文艺复兴运动？为什么文艺复兴仅仅发生在欧亚大陆上那个小小的、比较落后的地方？

为了解索这样一些巨大的谜团，我阅读了很多重要的美术史学家和美术评论家的著作。我开始有点儿明白了，在孩提时代我们看世界是看得非常清楚的,但是随着年龄渐增,我们被系统地教会了在感知和描绘世界的时候,对世界的形象加以变形和歪曲,使之符合当前流行的式样①。

然而,在一个奇迹般的阶段,大致是1380年至1450年之间,世界上某一个地方对大自然的观照彻底地改变了,地球开始沐浴在一道新的崇光之中,它使万物显得比我们用裸眼所见的还要富丽得多。这种魅惑的技术是怎样变得如此丰满的?它又是怎样以全新的方式魅惑世界的?

据我的意见,那是因为地球上一种直接影响人类视像的物质,即玻璃,有了飞速发展的缘故。列奥纳多·达·芬奇写道:"镜子是画家的老师,"在他作画前的那一个世纪中,玻璃材质的镜子确实戏剧性地改变了欧洲的视觉景观。镜子不仅使画家得以准确地创造自画像,而且改变了画家观看世界的视角,因为它打乱了传统的观点,允许画家拿另一个精确的形象作为比照,核对他眼中的景物。真实性遂因镜子而加倍。

教堂里的彩色玻璃"沾染了永恒放射出的洁白光辉"②,玻璃窗棂则给世界加上了边框,让人们能以全新的方式感知世界。此外,人们将玻璃棱镜和透镜用于实验,确定了透视细则,帮助身兼画家的数学家们认识了光与视觉的工作原理。这一切进展,猝然撼动了世界的一隅,使它从此以全新的眼光观看世界了。

这意外的震撼唯独发生在西欧,仅仅发生在开发了优质玻璃的地方,与玻璃生产变得炉火纯青的时代恰好同步而至。

---

① 作者意谓:儿童眼中的世界是透视图像,成年后在作画和赏画时,有意无意地将世界处理为无透视的平图(如古代图画和中国画的流行画法)。作者认为透视具有极大的重要性,见下文,及其著作《玻璃的世界》。

② 雪莱诗句。作者意谓:教堂所用彩色玻璃窗可以荣耀上帝,加强宗教信仰。

什么是俗世欢乐园①?

花园是欢乐的源泉之一,因为它调集了我们的全部感官,它既有力又缠绵地,将嗅觉、触觉、听觉、味觉和视觉糅合在一起。一个现成的示例,是我那草木葳蕤的英格兰式大花园,它开满了玫瑰和忍冬,长满了果实累累的树木,在我眼中显得如此的自然天成。不过我也明白,不论是它的形式,还是我对它的深情厚谊,其实都非常出奇。

在很多文化中,人们也喜欢花园,但花园一般是郑重其事的东西,而且由于缺乏空间或财富,不少人无法拥有一座略具规模的花园。半荒芜的英式花园很有几分特立独行。就花园的基本精神而论,英格兰人和日本人所见略同,都认为应当杂乱无章和"自然天成"。但是,日本常见的微型松石花园、中国的精美复杂的花园、法国和意大利的庄严的大花园,都和我创造的草木恣肆的牧歌式园林形成了显著的反差。这是整个自然观之差异的一个表现。我童年时代漫步在英格兰北部的山林之间,自那时以来,大自然的本相一直令我梦绕情牵。

我觉得,我的英式花园的奥秘在于有分寸的混沌。有人主张,英国人对人工荒野的爱好,源于18、19世纪工业革命的间离效果。时时同机器亲密接触,日日见到城市的惊人丑陋,这使英国人脱离了大自然,同时也使他们空前热切地向往大自然。英国人一方面断绝了与自然世界的联系,一方面又竭力制造着一条更加密切的纽带。为了获得和平和宁静,他们开始崇拜大自然,于是建造了人工的自然,假装它真的是自然天成。

---

① 语出荷兰画家博施(Hieronymus Bosch,1450—1516)风格怪诞的代表画作 *Garden of Earthly Delights*。

人为的操纵糅入感伤的情绪，精于算计的开发糅入毫不算计的自发，我个人认为，这种糅合的年头要早于18世纪。我相信，从盎格鲁—撒克逊时代开始，经过乔叟和莎士比亚时代，直到亚历山大·蒲伯、浪漫主义和拉斐尔前派的时代，英国人的自然观是一个不曾间断的传统。今天的花展、园艺中心、电视节目，无不表现了英国人对花园的一片痴迷。

创建花园城市、公园和无处不在的小园地，人为地制造乡村感，这样一种悖论性质的态度，是一种非凡社会结构的张力所致。中世纪以降，英格兰人对本国的山山水水投注了强烈的商业精神和商业道德。所以一千年来，英格兰的大自然并不是真正野生的和未经驯服的。然而，为了在滚滚红尘中保存几块静谧的、无需算计的、没有竞争的、不过度理性的绿洲，人们把花园和公园保护起来，留作抒发感情和贴近自然的一片空间。在那里，人类的嗅觉、触觉、听觉、味觉，尤其是视觉，可以获得解放，身体也可以恢复活力。

无疑，我就是这样感觉我自己的花园的。开了一天学术委员会的会议，教了一天书，在车流中奋力穿行了一天，跑去购买了一个星期的食品，我疲惫不堪，像很多人一样，这时候我也觉得自然世界是一个深深的慰藉，是"一个无情世界里的避风港"。不少人从散步、登山、深海潜水、河畔静坐垂钓中发现了复元作用，我是在我的花园里发现它的，此外，沿着低地里芦苇丛生的河流散步、在喜马拉雅山脚边的小丘上漫游，也是我的慰藉。花园和散步解除了头脑的禁锢，允许我们暂时变回动物，超越用脑过度的生存状态。

儿童为什么兴高采烈？

参与儿童们的生活，也能调集我们的全部感官，帮我们暂时挣脱那张成人理性的脆壳。我们自己的孩子经常是快乐的滥觞，但也是矛盾感情、紧张、负罪感、疲劳和迷乱的源泉。他们离我们太近了，不能不使我们的欢乐五味杂陈。我在儿童身上获得的快乐，在不近也不远的幸运时刻达到极点。我和尼泊尔的儿童们相处时，平生第一次学会了这种快乐，后来，莉莉，在我注视你成长的过程中，这种快乐反复重现，并变得更加浓厚。

很难说清这种欢乐究竟根源何在。有些因素一目了然。当然，你非常美丽，当阳光织进你的秀发时，当你带着惊慌的笑脸抬头一看时，我突然瞥见了克利奥帕特拉[①]和哀绿漪思[②]的世界。当然，你非常聪明，当我听你说话，同你讨论时，当我看你解决难题、学画画、识字时，我对人类头脑的复杂和聪慧顿生敬畏。当然，你充满幽默、顽皮、戏谑和创造力，当你和罗莎假装打架和假装跌跤时，我想起了我童年的许多游戏和假装的恐惧。

每逢我们一同探索那翱翔在物质生活边缘的虚拟世界，你所居住的那些幻想国度也给我带回了另一份现实。我瞥见孩提时代的我自己，徜徉在蒲克山[③]，去往托德堂[④]、纳尼亚[⑤]、霍比特人的王国，穿越森林王子莫格里的丛林[⑥]。这些都是无上的快乐，它们荟萃了我的所有感官，暂时把我送到了生活的另一个维度。

---

① 旧译"姑娄巴"，埃及女王（公元前69—公元前30），以美貌及魅力著称。

② 1098?—1164，法国女隐修院院长，早年与其师法兰西经院哲学家阿贝拉尔相恋私婚，被拆散后进隐修院。

③ 语出英国作家吉卜林小说《蒲克山的帕克》。

④ 语出英国作家艾伦·米尔恩（Alan Milne，1882—1956）剧本《托德堂的托德》。

⑤ 语出英国作家C.S.刘易斯（C.S.Lewis，1898—1963）的奇幻小说《纳尼亚传奇》。

⑥ 语出吉卜林的《丛林故事》。

如果我必须总结一番，我愿意说，在我对你讲述的一切不幸、恐惧、不公和痛苦之中，我希望你不要忘记，那一切也有消失的时刻，它们消失在童真欢乐的起处。当我们逗留在俗世欢乐园的那一刻，当我们重逢第一位夏娃①的那一刻，我们的强大感官全部汇集在一起了，这时候，我们便战胜了绝望。

因此，莉莉随着亨德尔的音乐翩翩起舞的当儿，莉莉坐在毛茛丛中的当儿，莉莉一本正经地参加生平第一次茶道的当儿，就是我视若瑰宝的时刻。因为有这些时刻，也因为有我们与至爱亲朋共度的美好时光，人生庶几乎可以忍受。也因为有这些时刻，莉莉，我才想给你写下所有这些信，以助我永葆美好的记忆。

---

① 即《圣经·创世记》所载、上帝用亚当肋骨创造的夏娃，之所以冠以"第一位"，是因为所有其他妇女被称为第二位夏娃或新的夏娃。

28

性是什么，它对你有益吗？

亲爱的莉莉：

本来我拿不定主意，要不要给你写到性的问题。你可是我的外孙女啊，起初我觉得有点儿别扭，转念一想又觉得应该试试，因为它肯定是一件让你十分好奇的事，尤其在你生命的花季。几年来什么事情我们都讨论过，我觉得我们也不妨坦然地探究一下这个私密的问题。

假如你果真为此不安，请你把自己想象成我的八十几名剑桥大学一年级学生中的一员。我曾尝试给他们提供一个概论，简述人类千差万别的性行为和性观念。我尽量用一种客观的态度去讨论，把他们的亲身生活化为大语境，以解除他们的负罪感，也就是我自己在成长发育期亲历的那种负罪感。

关于性关系的模式我能说些什么？

在有效的避孕法尚未发明的时代，人们普遍认为婚外性关系不仅有罪，而且危险。女人的风险尤其大，养私生子的下场经常是名誉扫地，甚至被关进精神病院，或者一辈子沦为妓女，并可能染上性病。

我成长在那个时代的尾声，婚前发生性关系的念头，当时仍被认为有罪而危险。你自会知道，情况已经有了巨大的变化，随着性成熟年龄的降低，发生性行为的年龄也已降低。你不能从一些有益的书本上学到的知识,不能从你和朋友、老师、父母的坦率谈话中学到的知识,我在这里也说不出多少来。或许最重要的告诫是,万一你作出了事后懊悔的什么决定,你应该尽快向更有经验的人坦白承认,以便想办法妥善地补救。

另一件要说的事情是,长期以来,性关系被认为是人类体验的极致。性的象征主义表达广布于《圣经》,例如在《所罗门之歌》[①]中,也广布于宗教神秘主义大师的著作。性,调集了我们的触觉、嗅觉、视觉和听觉,在一个快感的巅峰时刻将这些官能全部糅合起来,一时间,仿佛令我们登上了一个超尘拔俗的欢乐境界。错过这个维度是一桩悲哀。

但是,大多数深思过这个问题的人同时强调,要想性关系十全十美,它必须作为一个成分,加入到一种全方位的关系中去。性的目的不止于性,而是同另一个人交流的一部分。如果发生在信任、责任、长期深厚友谊的语境内,性将能达到崇高的境界,那是零碎的和片刻的快感爆发所不能的。

还有一个比较的问题。我要提醒你,你来自一个多么独特的文明。在绝大多数社会,性关系嵌于社会关系中。某时某地同某人发生性关系,若非社交上的明智,便是社交上的愚蠢。如果犯了禁忌,有时候神灵都要干涉哩,不过总体来说,在那些社会,性与宗教的牵涉不太多。

比如说,性与宗教在日本就没有多大关联。日本人主要把性关系看作一种身体功能,如同吃饭、喝水、工作、排泄。它们都是单纯的快乐,没有理由为它们脸红。有史以来,身体对于日本人而言不是一个专门负荷性的东西。

然而,在西方大部分地区,性与宗教息息相关。上帝不仅操心

---

① 或译《雅歌》。

你的肉体的"洁净",也操心你的心灵的"洁净"。读一读西方传统上那些痛苦万状的自传和小说吧,它们贯穿着不息的负罪感和心灵冲突,而印度、中国和日本的文学和艺术却时常公开颂扬性和性欢愉,两个世界不可同日而语。

这是一个如何取得平衡的问题。你自会明白,那些向你兜售酒类、汽车、衣裳和化妆品的人,总想利用性的力量影响你的头脑。你也将发现,性是电视和其他媒体喋喋不休的一个主题。你自己的谈话内容也经常涉及性。这一切,或许引起你的厌恶,或许引起你的好奇。但是不言而喻,你必须警觉这常在的影响力,当它执拗地把你的身体基本上当作性机器时,你要保持清醒。

另一方面,你也应当认识,一个负罪感深重的基督教文明仍然留下了蛛丝马迹,例如它持有反女性的偏见,对性的"可耻"副效果遮遮掩掩,利用负罪感和羞耻心大做文章。如果你承认,我们是有性的物种,人类的繁衍主要靠把性交变成一种欢愉的知觉,我们通过性行为往往能表达最深切的爱,那么你就不会憎恶自己的身体。

此外还有种种因素使你的处境难上加难。男人和女人虽有相同点,总体说来仍然相异,他们的性欲和性快感也不一样。对你的伴侣要诚实,不要因为羞耻而掩饰目的与过程方面的潜在矛盾。而且,如鲍勃·迪伦所说:"因为时代在改变,"[①]西方社会的性解放,是我有生之年亲眼目睹的最大一场社会变革,在我就读男寄宿学校的年代,我们甚至不允许和女孩子讲话,但我昔日的男生宿舍,而今已变成了那所学校的女生宿舍!

准则的放宽、避孕法的改进等等,带来了新的欢愉,并减轻了

[①] Bob Dylan(1941—),美国民间歌曲明星,在乡村音乐和摇滚乐方面颇有造诣,《因为时代在改变》是其歌曲名。

对性行为后果的焦虑，但是也将你置于新的张力，让你更难开口说"不"，并以新的危险（艾滋病等性传播的疾病）威胁你。人们增加了体验，丢失了纯真。

男同性恋和女同性恋关系是天然的还是文化的？

几乎每一个人在生命的某个阶段，都会受到同性者的肉体吸引，几乎所有的中小学生都会经历一个爱上同性者的时期。对这种现象的看法，往往和这方面的统计数据不协调。20世纪的一些评估表明，高于十分之四的西方男子发生过导致性高潮的同性关系，高于二十分之一的成年男性是单纯的同性恋。至于女子，美国有大约五分之一的女性发生过同性肉体关系，半数女性发生过同性"激情关系"。

历史上的某些文化，譬如古希腊，认为男人与男童之间的爱比男女之间的爱更深沉。我们发现《圣经》和无数伟大的诗篇都提到这种爱。

另一些社会，包括历史上很长一段时期的英格兰，将同性关系看作反常和罪孽深重，认为它不自然、可耻、伤风败俗。作家奥斯卡·王尔德因为和别的男子发生关系而坐牢，只是一个例子而已。在世界上的很多地方，例如中国，同性关系今天仍是难以启齿的话题，但是看得出，不少人由于先天或后天的缘故，或由于两者的综合，一辈子更受同性的、而非异性的吸引。

同性伴侣结婚的问题最近成了欧美的热门议题，许可同性婚姻的国家已经越来越多。这确实是一个惊人的变化，有人声称它颠覆了婚姻的真实本质，所以它引起了广泛的辩论，在美国尤其热烈。

什么是乱伦禁忌？

你很可能听说过俄狄浦斯的神话，他因为无意中弑父娶母，而被诸神追逐迫害。还有一个希腊传说涉及父女相恋，成为"埃勒克特拉情结"[①]一说的来源。另一种常见的乱伦是兄弟与姐妹发生性关系，叫做同胞乱伦。

很多人一直认为，任何地方都禁止这类关系，都诚惶诚恐，不敢犯忌。事实上有人主张，正是这条规则，把我们和动物（它们通常回避近亲，但好像并不成其为"禁忌"）区别开来，人类文化也由此发端。不错，由于乱伦在家庭里扰乱了权力模式，混杂了血缘，它确实遭到普遍的禁止。

然而，大多数起源神话讲述了兄妹乱伦的故事，埃及法老等王朝的统治阶层内部，兄妹乱伦更是稀松平常。我们甚至读到好多故事，说是，比如在罗马时期的埃及，寻常百姓家也有亲兄妹结婚生子的事情。

我们应该明白一个重要的道理：几乎每一个人这辈子都会受到某个近亲的性吸引，巧妙在于明知诱惑却不屈从。诚如很多人所指出的，与父亲、母亲、姐妹或兄弟发生性关系，造成的混乱可引发一系列深刻的问题。然而，往往正是他人的恐惧，将一次暂时的、经常是微小的越轨，变成了毁灭性的灾难。

举一个例子。有人告诉宗教改革家路德，由于一次意外，一个年轻人无意中让亲生母亲怀孕了，他们问路德，是不是应该把实情告诉一干当事人。又因为年轻人此刻爱上了那位既是他妹妹又是他女儿的女子，想和她结婚，路德的决定更是棘手。但是路德建议，不应该告诉当事人，应该让他们结婚。

[①] 埃勒克特拉伙同其弟杀死母亲和母亲的情夫，为父亲阿迦门农复仇，导致"埃勒克特拉情结"或"恋父情结"一说。

婚姻有多么神圣？

有史以来大多数社会的情况是，要么男人可以娶好几个妻子，要么女人可以有好几个丈夫，或者两种情况并存。世界上还有一些地方的风俗是，一次只能和一个人结婚，虽然实际上很多人接二连三地和好几个对象结婚。基督教世界特别严格地认为，一个人一旦结了婚，就不应该同别人而只能同自己的丈夫或妻子发生性关系。通奸——这个词儿今天听起来老派而古怪——在历史上是一桩重罪。

这方面的观念和统计数据也互相矛盾。20世纪的研究者们认为，大约半数的已婚男性，婚内与并非自己妻子的妇女发生过性关系，最近若干次对新生儿的DNA分析表明，很高比例的婴儿不是推定父亲的亲生子女。

昔日有些社会虽然规定性关系仅限于已婚夫妇之间，但在那里发现一套"双重标准"却不足为奇。男人可以通奸，而如果女人通奸，她们的麻烦就大了。在某些地带，包括许多天主教和伊斯兰教国家、传统印度、中国和朝鲜，此风尤甚。女人被捉了奸，必须扫地出门，甚至以乱石打死。对男人的处理就宽大多了。

手淫是怎么回事？

不少社会把自己对自己施行性动作，即手淫，视若洪水猛兽。基督教《旧约》把它叫做"俄南之罪"，因为俄南曾"遗在地"①。维多利亚时代的英格兰人多认为手淫不成体统，从医学角度看甚至很

---

① 见《圣经·创世记》第38章："犹大对（次子）俄南说，你当与你哥哥的妻子同房，向他尽你为弟的本分，为你哥哥生子立后。俄南知道生子不归自己，所以同房的时候，便遗在地……"上帝以为恶，遂罚俄南死。

危险，它能致盲，引起脱发，甚至导致精神病。进入20世纪很久以后，恐惧仍在持续。

这很奇怪。首先，尽管手淫者或许以为自己是孤独而反常的小众，其实几乎人人一生中都有过手淫行为。20世纪美国一组著名的调查显示，超过九成男性和七成女性曾经手淫并达到性高潮。在青春期初期，男性手淫的平均次数是每周两次半，未婚妇女的手淫也非常普遍。

虽然我从未光顾过一家真实的或虚拟的性辅助器具商店，但我猜测，它一定展现了人类的非凡创造力，以满足广泛的自慰需求。既然手淫如此普遍，人们居然还要对它大皱眉头，岂非咄咄怪事。

但是对手淫的恐惧并非无处不在。人类学家发现了一些态度远为宽松的社会，比如喜马拉雅地区。有些社会的男女孩子结伴出门去手淫，当作一项集体活动，还有一些社会也不反对手淫。

昔日英国有一些显豁的压力，迫使人们只能手淫。达到性成熟期十几年之后，英格兰人才有条件结婚，事实上有人一辈子不结婚，然而婚外性关系又遭到禁止。与此同时，人们对手淫持深恶痛绝的态度。结果自然是深重的负罪感。

性在头脑里还是在身体里？

将近五百年前，哲学家蒙田注意到人类文化的五光十色。他描述，在某个民族，"倘若一个商人结婚，应邀参加婚礼的所有商人，都先他一着染指新娘……然而当地又要求婚内严守忠诚。"另一个地方"设立了公共男妓院，男人间甚至结婚"。在某些国家，"父亲将子女、丈夫将妻子提供给客人取乐，以此换钱。"在另一些国家，"男人可以让自己的母亲怀孕，父亲可以同自己的女儿或儿子交媾，却不算丑闻。"诸如此类的花样，在我们看来是海外奇谈，但是人类学家都已发现例证。我们不免奇怪：性究竟是怎么一回事？

关于性，一个最奇怪的现象是，它好像关乎精神不亚于关乎肉体。我们知道，交配的强大动力属于一种生物学动力。但是我们注意的对象，也就是那些唤醒我们的东西，显得千奇百怪。我们从亲身经历中得知，我们可能正在考虑不相干的事情，突然，一个形体的曲线、一只眼睛的流波、一片肌肤的闪烁，一刹那唤醒了我们。

昔人像我们一样，也发现人类的头脑控制不了身体，这提醒了中世纪的教会当局，要求妇女去教堂做礼拜时遮掩自己的头发，预防会众们——据说甚至也预防天使们——把念头转向性欲。

同样的信仰而今犹在，所以许多地方的妇女把身体和面部遮盖得严严实实。众所周知，不少社会对妇女长期实行深闺制度和隔离制度。有时候是用高墙把妇女圈禁起来，比如朝鲜的上层阶级把妇女禁闭到这种程度，以至于妇女张望墙外的唯一机会是发明秋千和跳跃游戏，好让自己匆匆瞥上一眼外面的不同世界。有时候是把妇女变成跛子，比如无数中国妇女幼年时期被折断脚骨，以防她们招摇过市，招惹男人的性欲。

不过，端庄的含义却变化多端。我最喜欢的一个故事，是19世纪一个美国人访问日本的故事。他按照自己国家的习惯，想搀扶两位年轻的日本小姐跨过篱笆，结果两位小姐耳热心跳地逃跑了。接着他来到另一个城市，人们热情洋溢地邀请他上公共浴池，年轻的小姐们脱得一丝不挂地在那里洗澡，却是一派闲庭信步的神态。

显而易见，性动力虽则强大，但完全受制于大脑的无形分类法，大脑告诉我们什么东西迷人，什么东西索然寡味。性的胃口和食的胃口极其相似。有爱肉排的，也有爱蔬菜的；我讨厌李子干和柑橘酱，你，莉莉，却喜欢这两样。

性也是一个道理。有人爱上比自己年轻好大一截儿的人，有人爱上橡皮娃娃，有人爱上自己的宠物或别的什么动物。听说了互联网上的种种离奇意象，我们不由省悟，精神病学家制造的最耸人听闻的幻觉，比起横流的人欲也相形见绌。

什么东西吸引我们，什么事情可以做，都是相当任意的，但也总有规律可循。正因为此，人类学家罗宾·福克斯才宣称："性在头脑里。"也正因为此，我现在要转向最后一封信，讨论一个特殊的问题：我们的头脑怎样控制着我们，而我们却基本上无能为力。让我们从性转向金钱、时间、空间和语言吧。

29

什么在控制我们的头脑？

亲爱的莉莉：

我们大都认为，我们爱想什么就可以想什么，尽管我们或许得当心：可别乱说乱写哟。但这纯粹是幻觉。

自打我们呱呱坠地，外界一直在塑造我们的头脑，让它按特定的方式思想、看见特定的东西、制造特定的联系、确立特定的行为模式、重视特定的事物。其他事物尽管簇拥着我们，却是看不见的、未挂号的、不足道的。这道筛子影响了我给你写信的方式和你读信的方式，也规定了别国读者对我所写内容的理解方式，因为他们的头脑所配戴的眼镜，和英格兰人的大不一样呢。

光阴似箭——或果真如此吗？

大多数人类社会并不把时间看作一条直线，而通常把它想象成一个折射人类常规经历的圆圈。动物和植物要经历出生、成熟、变老、死亡，或许还有复活，那么白昼和黑夜以及一年四季也有同样的经历。时间并不向前进，不能分裂成细微的元素，它的节奏缓慢而重复，它并不独立于我们而存在。天空中星辰的移动正好在昭告，运动是循环的。

经验告诉我们，时间好像有弹性，有时候过得太快，有时候过得太慢。时髦的名字叫做相对论。阿尔伯特·爱因斯坦解释说："你向一个漂亮姑娘献殷勤的时候，一小时好像是一秒钟；你坐在一盆炽热的炉火上，一秒钟好像是一小时。这就是相对论。"

你我却以更加机械的态度对待时间，不过没有人能够确定，我们的特殊态度从何而来。我们不仅把时间切分为点点滴滴，而且把时间视为稀缺商品，逐日消耗，可省也可花。我们还认为，时间在走向一个什么地方，以未来的什么事情为目的地，它好像一条河，又好像一支箭，它只顾滴滴答答地流逝，全然不管理我们对它感觉如何。

我们和游牧时代的阿拉伯人不一样。他们知道秋天来了，因为他们遇见了一个山谷，一种蘑菇正在山谷里开放。我们知道秋天来了，于是我们专程跑到那个山谷里采蘑菇。有一些关于旅行者的笑话，说是这些糊里糊涂的旅行者一觉醒来，自言自语道："我们到了东京，今天肯定是星期四。"除了在这样的笑话里，我们总是先想到时间，然后紧抠时间安排生活。

有好几种理论解释我们的时间强迫症，以及我们和时间的搏斗。有人主张宗教是一个因素。犹太教、基督教和伊斯兰教似乎持有一种观念，认为时间是一个进程或一条直线。这迥然有别于印度教的轮回观，也不同于某些佛教教义中，过去与未来俱会湮灭的观念。新教于16世纪诞生以后，时间是一条线的观念更得到大力弘扬。从此以后，上帝特别当心不让人们浪费时间和才干。每一个行动说得出名目，每一寸光阴不虚度，化时间为有益的活动，这类举动受到了积极的鼓励。

此前的文明都认为时间是大自然循环节奏的折射。直到公元10世纪，日晷和沙与水的重力计时器是世上唯一的钟表。然后发生了一桩奇事，使时间获得了自由。一种设备（钟表的擒纵轮）开发出来，它把重力的连贯运动碎裂为无数相等的小段。它有规律地前后摆动，发出钟表的滴答声。它到底是中国还是西方的发明，这个问题颇有争议，不过毫无疑义，它是在西方得到长足发展的。

还有人主张，隐修院制度的节奏有条不紊，且与世隔绝，比如它们敲钟，还制定紧凑的日程表。这就亟需发展精密的钟表。换言之，在发明机械钟表以前，已经出现了新的计时意识。也有人意见相反。他们说，12世纪有了新型钟表以后，人们才有了更精确的时间感。

不论怎样解答原因和起源问题，反正不难看出，我们是多么痴迷于时间和受制于时间。我们学会了把时间主观化，学会了害怕时间并与之搏斗，学会了把时间看作消费品。即使今天手机已经普及，最近我对学生的一次检查说明，手表依然是我们带来带去的最常见机器。

我们今日想象的时间段极其微小，到了微秒和纳秒的地步。我们注意力的跨距缩短了，由于旅行速度和计算机速度的进一步提高，我们的文明正随着钟表的滴答而飞速趱行。

我们是后顾还是前瞻？

昔日大多数社会的人习惯于后顾。他们敬畏祖先，力保传统，活在一个记忆的世界里。相反，今人日益认为，昔日世界是陌生人居住的一个异邦。现代人，尤其是美国和中国等突飞猛进的社会的居民，倾向于考虑当前和未来，较少思索过去。他们觉得自己和前辈没什么关系，甚至杳不相干。脉络一刀两断，他们与周围的青山绿水毫无共同之处，除非当作什么"遗产"。他们感兴趣的是科学幻想，而不是史实。

这种巨变为什么发生，我们照例很难确知。它的根源一部分在宗教，一部分在哲学。各种宗教的辉煌时刻大都发生在过去，体现于佛、穆罕默德、先知、孔子的本生。然而，基督教却是前瞻的，盼望"基督再临"。像共产主义一样，它是乌托邦式的信仰，满怀憧憬地向一个新世界迈进，那里将把一切罪恶和不幸从地面上涤荡净尽。

技术也扮演了一个角色。日新月异的技术变革斩断了我们与过去的联系。印刷术、指南针和火药等伟大发明，曾使17世纪的哲学家深感自己与古人殊异。他们不再居住于一个循环的世界，因为前进是实实在在的。而今我们时常觉得，生活在电、汽车、照相术和现代医药时代以前的人，必定与我们殊异。技术变革委实太迅速，以致互联网、移动电话、遗传工程和最新一代武器以前的时代已恍若隔世，对我们没有多大教益了。

建立在等级制前提下的社会通常强调与过去的联系，因为往事是对当前不平等的解释和辩护。贵族家庭珍视家谱，尊崇祖先，即使普通人家也很注重出身，以此维护自己的地位。

美国创建新世界之际，以生来平等（至少白人如此）的理念为立国的基础，挥刀斩断了过去情结。我们自立自强，我们的家庭过去是什么和干什么，基本上和我们不相干，顶多是闲来无事的兴趣，如家谱研究的热闹一时。为将来而生活，创造和再造自己的世界，是多数美国人的观点。

构成美国人口多数的白人，只是晚近才到达美国的。但是美国公民希望，有时坚信，美国的前途一片灿烂。我记得我第一次访美的惊奇，过海关的时候，我听到的问候不是"你好！"（若在我的尼泊尔村庄，我会听到"你吃饭了吗？"）而是一声兴高采烈的"好好玩儿！"

钱为什么要紧？

"时间就是金钱"是一句古谚，它揭露了我们的两大执念之间的联系。那么钱，这种像时间一样耗费我们的心神、主宰我们的生活的奇物，究竟是什么呢？

钱是一个骗局、一个虚构，是一个并无内在价值的符号。金、银、宝石、纸片、子母贝的壳儿，它们本身既无用途也无价值，是人类给它们注入了价值。这就是随便什么东西都可以"用"来当钱的原因。

我在小学校里的钱，时而是石弹子，时而是小白鼠，时而是糖果。亚洲不少地方用茶砖当钱，从多方面考虑，它们倒不失为钱的一种好形式，因为，如有不时之需，它们至少可以煮开了喝下去。还有一些地方用盐、胡椒、香料或珍贵的熏香当钱。这些东西好像具有内在价值，而不是硬塞进去的价值。

不论采取什么形式，一种东西只要既可以储存，又可以衡量价值和用来交换，它就是一种充分发育的货币。我们的态度决定了它的价值。因此，被说成万恶之源的，不该是钱本身；按照《圣经》的说法，万恶之源乃是对钱的热爱。

钱代表一个人对其他人的权力。它像机器里的润滑油一样，保障各部件正常发挥作用，不互相磨擦。它是一个翻译器、一个校平机，它使不同空间里的物可以互相交换。有了它，我们创造了一种商品后，可以拿去交换另一种商品。钱没有道德内涵，没有内在本质，但是它几乎可以进入我们的全部生活。

我们确实在努力保护一些特殊的区域，给它们挂上无形的告示牌："金钱莫入。"某些美好的事物是金钱所不能及的。我不能卖掉国王学院的礼拜堂，甚至不能卖掉我作为国王学院院士，名义上对礼拜堂的百分之一所有权。我不能买卖真诚的爱情和友谊，我不能买卖真理和宗教救赎，尽管天主教会确曾出售过"免罪"。我买不到剑桥市中心的公园，我买不到板球队和交响乐团的一个职位，也买不到国王学院的一个学额。

但是在我们的生活中，我们常被金钱绑票勒索。钱不知不觉地从我们的指缝间滑走,我们越有钱,好像越缺钱。没有谁承认自己的钱太多了,相反却是需求多,钱少。事实上,我们的资本主义世界常常被似乎不可避免的货币短缺所驱动,而短缺的制造者正是金钱欲本身。钱,好像童话故事所说的那样,一触即为尘。

较之地球上的大多数地方,我们英国人称得上"富裕",或曰有钱。我们的世界满坑满谷都是钱可以买到的东西,但是很少有人感到满足。英国的彼端有一些素朴的社会,那里的人还浪迹在森林和草原,他们似乎一无所有,但是据说他们对生活心满意足。

这种矛盾事出有因:满足感,产生于手段与目的、收入和花费之间的良好关系。查尔斯·狄更斯在《大卫·科波菲尔》中,借密考伯先生之口说出了不朽的论断:"每年收入二十镑,用去十九镑十九先令零六便士,结果是快乐。每年收入二十镑,用去二十镑零六便士,结果是痛苦。"

一些素朴的狩猎采食社会,对食物和水、居所和衣着、休闲和社交的需求非常有限,所以一切东西绰绰有余,"收入"超过了需求。与此相映成趣,我们总是伸手摘星星,我们的需求从不封顶,我们的贪心越来越大。

我们很容易忘记一个教训:昨天令我们快乐的事情,今天却让我们一刻也高兴不起来。我曾遇到一个三十来岁的中国人。他说,当他还是一个乡下少年的时候,他这辈子的唯一愿望,是将来有足够的钱,能像城里的表哥一样每天早上煮饺子吃。而今他女儿的愿望,却是获得北京大学的博士学位。"期望值上升的革命"罚我们大伙儿永世不满足。这个道理的认知,佛教中叫做第二"谛"①。

我们的每一个决定不啻一次小损失。在人生的餐厅,我们只吞咽得下一定量的饭菜。如果我们选择了咖喱饭,必将面临吃不下

---

① 即"集谛"—苦之生起或苦之根源,系佛教"四谛"之二。

比萨饼和炖菜的悲哀。罗马人设法让自己呕吐，回头又可以大快朵颐，但是到头来就连他们也饱足了，再也吃不下任何东西。我们却永不餍足，幸福好像永远藏在未来的一份红利或美差中。

环境总在给我们洗脑，让我们以为金钱真的存在，以为越有钱越快乐。如果不能说服我们花钱、花钱、再花钱，整个资本主义消费机器必然彻底报废。广告牌、电视广告、媒体宣扬的生活方式、体育明星，永远在冲我们叫嚷"钱，钱，钱"。

时刻保持距离方为明智。我们不妨把钱放在嘴里尝尝看，它寡然无味（除非是拿茶叶或胡椒当钱）。而且钱也不经久。爱尔兰人很哲学地说："寿衣无袋。"那位贤明的经济学家亚当·斯密指出，若欲逃出金钱焦虑和金钱依赖的陷阱，我们应该考虑的问题，不是如何挣得更多，而是如何花得更少。

我们虽然总是挣得不够，填不满日益扩大的欲壑，通过节俭我们却能学会无忧无虑这桩乐趣。当然，生活在当今世界，钱还须够用才行，诚如喜剧演员伍迪·艾伦所言："钱比贫穷好——仅为经济的缘故。"也许我们还应该开始享受人生的另一大乐趣，那就是，看看我们节省下来的一点儿钱可以怎样给他人带来救助和快乐。哲学家弗兰西斯·培根说得不错："金钱若肥料，不撒则无益。"

我们的分类法有多么明智？

我们的文化教导我们，应该为世界画表制图，把事物一一放入格子。有些事物彼此相像，有些事物轩轾分明。模棱两可的东西通常是危险或不洁的。我们坚信，我们认为一个东西是什么，它就是什么，因为它自有其内在品质。据此，苹果和李子属于一类事物，猫和狗属于另一类。

我们的分类法遭受了一次滑稽的颠覆。那种令人忍俊不禁的安

排,弗朗茨·库恩博士[①]归功于一部中国的百科全书,名为《天朝仁学广览》[②]。它把动物分类如下:

> (一)属于皇帝的动物;(二)涂防腐香膏的动物;(三)经训练的动物;(四)哺乳的猪;(五)美人鱼;(六)寓言里的动物;(七)迷途的狗;(八)本归类法所收入的动物;(九)发疯一般觳觫发抖的动物;(十)不可胜数的动物;(十一)用精致的驼毛笔画出的动物;(十二)不一而足的动物;(十三)刚刚打碎了花瓶的动物;(十四)隔开一定距离看起来像苍蝇的动物。

这里面的逻辑很难瞧得出来,我们不禁好奇,如果不可胜数的哺乳的猪发起疯来,隔开远远的距离打碎了花瓶,又当如何!

我们或许认为这个中国例子有点儿荒诞不经,可是日本的计数系统何其相似乃尔。每一类事物,日本都有一列不同的数字来表示。序数词[③]——

> 的分类之多,简直不下于事物本身的分类。一类序数词用于所有的动物——除开飞行和游泳的物种及昆虫。另一类用于鸟类,不过野兔和家兔也包括在内!第三类用于船舶、舢板和小艇;第四类用于水、酒、茶等用杯子喝的液体;第五类用于树木、钢笔、手杖、桅杆、梁桁、萝卜、胡萝卜、手指、扫帚、管子等有长度的东西;如此这般,以至无穷。

---

① Franz Kuhn(1884—1961),德国汉学家,《红楼梦》的德文版译者。
② 似是一部虚构的书,且为他人假托引自弗朗茨·库恩。
③ 原文如此。此处似应议论日文的量词。

作者"绝望地"打住了,"预见到仅凭它们自己,便可填满一大部书。"

这些分类法看上去固然任性,可你我的分类法呢,在一个天外来客看来恐怕也一样随意。比方说,为什么我们划定,东西的底部比顶部更稳定和更实在,结果电视屏幕底部出现的东西就比顶部的更"可信"呢?

今昔世界所创造的东西,在我们头脑的王国里充满了它们的折射。反过来,这些映象又在重塑我们的思想,并决定我们能够想什么,而且它们来自家庭、学校、媒体和朋友的潜移默化。我们只有努力挣扎,才可能退后一步,客观审视所谓的"精神偶像",亦即我们不假思索地俯身崇拜的东西。

我们能够怎样谈论我们的世界?

语言的设陷,加重了探究人类头脑之幽径的困难。拉迪亚德·吉卜林一针见血:"毫无疑问,话语是人类吸食的最厉害毒品。"话语的威力不仅作用于我们的头脑而已。如日本谚语所说:"好话一句,温暖三冬,"我们的一切行为和感觉都很难离开语言的影响。

虽然语言并不决定我们的思想,但它设置了一个格栅,让我们透过它去看见、感觉和报告我们的世界。比较语言学家本杰明·沃尔夫写道:"我们按母语所设置的思路去剖析世界……语言不单是一个报告体验的工具,而且是一个限制体验的框架。"

比如,沃尔夫比较了英语和霍皮语[①],试图说明,英语把时间划分为过去、现在和将来,霍皮语仅仅区分已经显现的事物和正处于

---

① 霍皮人,即美国亚利桑那州东南部印第安村庄居民,所使用的语言。

显现过程的事物，没有相当于过去时、现在时和将来时的时态。这改变了人们感知时间的方式。

日语压根儿没有时态，所以无法知道一件事情是已经发生了，还是正在发生，抑或将要发生。日语不使用人称代词，所以我们不知道正在做一件事情的是你、我、我们，还是他们。日语没有肯定式和否定式的区分，所以如果我们请人吃饭，他们就说"嗨"，意思是"是"和"不"。这还不算，他们还有种种令我们觉得古怪的语法和句法特点，而且一套不同的文字（日本有三套文字系统）可以表示完全不同的事情。

我记得很清楚，我们曾足足坐了十五分钟，等待一位日本同伴和女招待一起推敲菜单，以便确定那上面的某些菜肴究竟是什么。食物终于上桌的时候，同我们以为我们点过的东西有点儿风马牛不相及。怪不得日本人有一句谚语，说"语言是交流的障碍"，而且青睐"*haragei*"①或身体语言，不喜欢口头形式的语言呢。

每一种语言都有自己的怪僻。英语没有多少语法，却有大量的词汇。罗曼语系（源于拉丁语的诸语种，包括法语、意大利语、西班牙语）强迫人们指明一切名词的性。一些美洲印第安语要求人们指出一个东西离说话者是远还是近，是看得见还是看不见。所以不难理解为什么在喜马拉雅地区，动词"来"竟有三种形式，意思分别为"上来"、"下来"和"平地来"。

这是一个魅力无穷的话题。比如可以讨论一下，那些我们没有相应词汇去表示的东西，我们看得见吗？在尼泊尔和我一起工作的人，用同一个词汇"*pingya*"表示蓝色和绿色。既然他们说不出两种颜色的区别，那么他们看得出吗？

有一件事情对问题的答案给出了提示。俄语有两个单词表示

---

① 意为"腹艺"，日本的表达和交流方式，即一切不明说，以心传心。

"蓝色"，含义约略为浅蓝和深蓝。一个把我们当作研究对象的俄罗斯人类学家，或许会得出一个合乎逻辑、然而并不正确的结论：因为我们在语言上不区分这两种蓝色，所以牛津大学划艇队和剑桥大学划艇队就雌雄莫辨。可我问起我的尼泊尔朋友时，他们说，他们当然分得清绿草和蓝天啦。

原色的性质，以及"颜色"究竟是什么的概念，也千差万别。中国、日本和韩国有五种原色：白、黑、绿蓝、黄红、棕红。我们根本不把白色和黑色看作"颜色"，但我们也有一套不同的原色，其中包括黄色。

思想是我们最强大的生存工具，语言和文化则是思想的表达手段。可惜我们的头脑总是陷入某种思维习惯而不拔。我们对周围的世界时常视而不见，有时候又关注过度。幸而，我们虽则双目迷蒙，好歹还算半明半昧，况且学校稍许教会我们认知了自己的局限，特别是我们学习外语的时候。至此，我们深深浅浅地研究了人类感官的诱惑，研究了人类是怎样通过自己的身体领会现实世界，从而汲取知识的。

30

我们为什么在这里？

亲爱的莉莉：

我已经给你写了很多信，谈到了各种各样的事情。在这封信里，我不打算归纳和总结，只想记下我对隐约浮现过的几个问题的印象。

我们的世界只是一个偶然吗？

大部分昔人和许多今人相信，事物长期发展的道路是上帝或诸神铺设的。上帝是一个大工艺师、大画家、大机械师，他设计了一个精致入微的体系。人们辩称，现存的庞杂不可能是纯粹偶然的结果，它背后一定深藏着一个目的。如果你相信这种说法，许多谜团将迎刃而解，混沌的表象也将更容易接受。

以我个人的意见，我看不出有什么证据，表明创世的背后隐藏着一股与人类之力相仿的力量，虽然我确实承认存在一种程度非凡的秩序。在我看来，很可能是因为生物和物理的基本规律在亿万年中发挥作用，终于造成了现在的结果。这些规律导致不息的微小变异，而那些有效的变异，那些改善植物和动物（包括人类这种动物）幸存机会的变异，最终保留下来了。此外，再加上人类的天性，连同他们的实验意识、文化记忆、改善世界的欲望（以及瞎费劲、反致一团糟的能力），也就可以解释为什么世界变成了今天的模样。

在这样的背景下,许许多多的"偶然"——克利奥帕特拉的鼻梁的形状、在日本近海摧毁忽必烈船队的风、拿破仑的出世——改变了世界。同时,还有一些深刻的力量和规律,包括前述的人口规律、经济规律和政治规律,它们和这类一次性偶然事件在共同发挥作用。因此我们看出了两种因素的混合:一是偶然或无意的后果,一是可认知的普遍规律。

什么是相互关联?

面对一个极其复杂的问题,首先把它分解成可以解决的小问题,然后各个击破,这种做法一般很有效。所以,我们在学校的学习是分科进行的,比如分成经济学、生物学、历史学、文学、物理学,等等。这很好,很有必要。不过,分开以后,还得把零散知识重新组合起来才对。要想在认知世界的道路上走得很远,我们必须以关联的眼光看待事物。

我们不可能认知家庭体系怎样运行,除非我们了解家庭体系怎样与法律、经济、宗教和政治相匹配;我们不可能认知人口的变化,除非我们懂得一点儿生物学、经济学、法律和宗教;以此类推。所以,虽然我们一次只学习一个亚学科,或小科目,我们必须永远意识到每一学科在大画幅中的适当位置。

为什么要比较?

你或许已经注意到,我一直频繁提及世界各地,尤其是我从事研究的那个尼泊尔村庄,以及我经常访问的日本。若欲认知自己,我们必须后退一步,离开狭隘的日常天地,扩大我们的视野。最佳手段之一,是把我们的世界同其他许多现实的或可能的世界、现存的和既往的世界进行比较。比较的办法可以是旅行，包括不折不扣的物理的旅行，和形式无限的虚拟旅行。后者的实现，既可借助书本、电影和电视，也可通过与文化背景相异者的交谊。

我们对自己的生活和制度很容易熟视无睹。只有看看别处，再回顾自己，我们才能注意到我们日日呼吸、已经习以为常的空气。我们的世界是亘古至今的人为建构物，是一个虚构的文化，然而由于它属于我们，我们难免认为它理所当然，认为它是唯一明智的生活方式。

英格兰人（和美国人）盲目吗？

认为自己的世界是理所当然和自不待言的，这种诱惑，如果你我是英格兰人，就来得格外强烈。作为岛国居民，我们向来有点儿隔绝于外国影响。我们住在某洲的一隅，据观察，居隅之人总不免自视特别。但是我们并不因此而觉得自己古怪，相反，我们傲慢地认为自己的方式理所当然，何需辩护，古怪的是别人。有一条据说来自英格兰报纸的大标题，道是："海峡之雾：大陆莫入。"

近二百年来英格兰人或英国人成就斐然，所以越发骄傲得不可一世。由于运气不错，英国曾逐步开发了全球最大的帝国，通过帝国，又将它的多种基本观念传播出去，让许多今人赖以为生。英国的一揽子观念包括：工业生产、科学方法、民主政治、简单的家庭体系和爱情型的婚姻、私有财产权和商业资本主义、宗教宽容、团队游戏、大量文学杰作。影响力后来又被美国进一步加强，因为美国精炼了英国的许多思想观念，并成为了它们的强大后盾。

综观今日世界的许多地区，它们是说也英式、想也英式、玩也英式，且经营英式资本主义经济、英式个人主义社会生活、英式民主政治和英式法律体系。当然，这话未免夸张和简单化。其实这些东西搬到外国后，进行了大量的修改。况且，如第二信所述，我们认作"英式"的大部分东西，原本是舶来品。

不过千真万确，如果你云游四方，你将处处发现英格兰文化和美国文化的强烈反映。在某种程度上，现代世界是经由一个尾部狭小的漏斗来到我们身边。历史像沙粒通过一个煮蛋计时器一样，首先渐渐变细，然后经由一个英格兰通道散开。因此，你不禁再一次觉得，你的祖国有许多事物又自然，又普及，以致叫人视而不见。也正因为此，我们以学不好、说不好外语而声名狼藉，这确实令我们很难和不说英语的人打交道，限制了我们享受个中乐趣的能力。

英格兰奇特吗？

一旦你跳出想当然的窠臼，你会立刻意识到，从历史角度和跨文化角度看去，表面上"理所当然"的东西实际上非常奇特。英格兰很像查尔斯·达尔文的加拉帕戈斯群岛[①]，由于它的半孤立状态，有奇怪的生物在那里演化出来。

英格兰的一切奇特之处，我想已经用不着提醒你，因为它们充满了我的信件。我们抚育子女、落入情网、信仰"真理"、信仰法律面前人人平等的方式，都是奇特的，还有我限于篇幅而未能提及的很多事情，也是奇特的，例如我们奇特的幽默感和我们奇特的饮食。故而我们是怪僻和矛盾的集大成者。

[①] 在厄瓜多尔西部。达尔文于1835年曾在此停留，是为确立其伟大理论的最关键时期。

人类奇特吗？

如果说英格兰人奇特极了，他们也只是人类的一个标本，如前所述，人类整个物种就很奇特。第一信提到的理智与情感的冲突、身体与头脑的冲突，等等，有着广阔的表现。它们多来自一个中心矛盾，散文家威廉·哈兹利特描述为："人类是一种智慧的动物，因此对于他自身而言也是一个永恒的矛盾。他的感官集中于自我，他的思想却伸展到宇宙尽头，结果他在两者之间被撕成碎片，而绝无其他可能。"

若论他们的家庭、爱情、友谊和戏耍行为，人类是适于为伴的社交动物，然而他们又大力从事暴力、战争和迫害。他们奋不顾身地追求信仰，追求知识，建构认知，以图建立一个更好的世界，但是他们也谋求权力、秩序和统治权。种种矛盾不一而足。

正因为此，我们实在不能说，人类基本上是这样，或基本上是那样。人类这物种是一大团矛盾，可塑性极强，具有为善和为恶的一切潜能。你若研究它的荒唐，它可以让你绝望至极，有时面对它创造的美好和它发现的真理，你又惊奇得透不过气来。

我们是怎么来到这里的？

前面的信一直试图告诉你，你居住的世界是怎样形成的。我已经提出我的意见，说那是进化加革命使然。英格兰的进化修远漫长，达一千余年。虽然英格兰的事物永远在发生细小的变化，间或也发生更剧烈的变化，如17世纪中叶的剧变和1780年以后的工业与城市变革，却从未有过天翻地覆的时刻。

革命，可以定义为不仅玩家变了，连规则也变了的时刻。人们决定不玩板球，而改玩足球了。但英格兰人基本上老玩同一种游戏。从盎格鲁—撒克逊时代至今，法律、语言、家庭等体系总是一成不变的熟面孔。但是细则日日修正，以适应日日尝新的世界。

许多社会和文明没有英格兰这么连贯的历史。它们是先朝东走，突然又改向西行。它们玩了板球，又玩足球，再玩曲棍球。历史上一些著名的革命，特别是1789年的法国大革命、1917年的俄国革命、1940年代的中国革命，就是活生生的例子。但是即使沧海桑田，潜在的连贯性也时常大于人们的想象。

今天我们总听人絮叨：由于全球化和新技术的缘故，世界正在经历革命性的变化。尽管如此，我们仍感知了很大的连贯性，同样，很多法国人觉得1789年的大革命仅仅改变了一部分事物，很多中国人认为只是又出了一个皇帝。日本人有史以来多次改弦易辙，成功地走过了中华时期、封建时期、新儒教时期、欧洲时期和美国时期，但是在一切时期的底下，深藏着同一套结构，深藏着同一种思维和行为的习惯性方式，深藏着同一种奇妙地延续下来的行动准则。

尤其是英格兰和日本，可用"变化的同一"这一悖论形容得恰如其分。它们好像那只著名的鞋子。用新的皮革给它打了一块块补丁，给它装上了新鞋跟和新鞋尖，它变成了彻头彻尾的新材料，但在形状和功能上还是同一只老鞋子。怪不得故事里的那位哲学家首鼠两端：到底它是同一只鞋子呢，还是另一只鞋子？

什么东西束缚了我们？

我一直试图向你揭示历史表象之下的内在联系。日常事件背后潜伏着大量一脉相承的结构和牢不可破的趋向。换一个比喻：诸文明沿着各自的道路埋头前进，虽不乏偏离的机会，但它们受制于一种强迫性的冲动，只能坚持既定的方向。

物理、生物、经济、政治和社会的动力，决定了文明的趋向和道路。它们束缚我们的生命，犹如语言限制、但不绝对决定我们的思想和言论。要想驾驭它们的威力，最好的办法是了解它们究为何物。自由寓于知识。当苍蝇认识到自己身陷捕蝇瓶时，它已经建立了一点自由。下一步它或许会找到捕蝇瓶的出口[①]。

文明不同，道路也不同。在道德上，没有哪一个文明天生更完美。每一个文明瑕瑜互见。当前的主流体系是一种个人主义的、民主的、资本主义的、工业的和科学的体系，它多有迷人之处。它为很多人带来了美好的物质生活；它使人们感受到平等，使人们能主宰自己的生活；它可以消除恐惧和压迫。不少文明被它所打动。

另一方面，它也有大量缺点。它可以让个人陷于孤独和迷惘；它经常使人感觉有罪和无能；它给个人压上了沉重的担子；它许诺平等，但可导致惊人的不平等；它可以蚀尽生命的真谛，尤其可以把工作变成沉闷的苦差事；它制造了生态荒芜，让毒品和色情泛滥成灾。无怪乎，即使在它富裕而开放的鼎盛时期，许多人仍然拒绝它的奉献，认为是空虚的追求享乐。

可以肯定的是，任何信条，只要许诺中止现世苦难和痛苦，都能蛊惑我们。佛教大概有最理想的答案吧，既然它暗示我们可以超越苦难。但我们终究是动物，竞争的动物。全凭吞噬其他物种和彼此吞噬，我们才幸存下来。

我们可以奋斗，让世界多一些美好，少一些迷乱，少一些不公，但不可能把世界重新变回想象的乐园，尤其因为这样的黄金时代从来就不存在。不论用意多么良好，建造人间天堂的企图一般都以恐怖告终，这类恐怖，我们认为与法西斯主义等运动密切相连。

---

① 苍蝇与捕蝇瓶的隐喻来自哲学家维特根斯坦（Wittgenstein, 1889—1951），他研究语言时，认为语言已沦为思维桎梏，我们用现成语言思考，就像玻璃瓶里的苍蝇，四处碰撞，却没有想到应该往上飞。

它们多半造成地狱而非天堂，因为它们的立足点是一种全然不现实的观念，根本不符合人类的实际天性和社会的实际运作。

归根结底，我们只能承认自己的矛盾天性。我们不妨谦逊地追求一个目标，那就是尽量少伤害与我们共享这个小小星球的其他物种，包括动物和植物。

让我们借用道格拉斯·亚当斯在《银河系漫游指南》[①]中的说法来提醒自己，我们是多么微不足道和无足轻重的物种：

> 远远的，在银河系西部一个螺旋形水湾的土里土气的终端，是一潭无名的死水，那儿有一颗不起眼的昏黄的小太阳。沿着这太阳的轨道，在大约九千二百万英里的距离之外，盘旋着一个绝对渺小的蓝绿色行星，它那儿从猿传下来的生命形式，尚原始得惊人，仍以为数字手表是妙不可言的构思呢。

还有什么话要说？

我已经尽力解释了我认为的世界之道。我的信始终写得很短，省略了大部分细节。幸亏互联网光临人间，使我能够指点你去参看别的内容，以补充我的叙述。

浏览你自己的网站，www.letters2lily.com，你将找到——

莉莉，你自己写的三十封短信。它们提出问题，我设想你问了我这些问题，并希望我以本书的信件作答。你在网上可以听到我亲自朗读我的四封复信。

另外还有三十封短信，解释我的亲身生活如何导致我写出本书

---

① 英国作家道格拉斯·亚当斯（Douglas Adams，1952—2001）的这部名作，成功地结合了戏剧与科幻，现被好莱坞改编为同名科幻片。

中的某些信件。我列举了一些书籍和别的资料，我觉得它们特别有助于理解本书涉及的主题；其中一部分你已经知道，另一部分你可能喜欢看一看。

网上也有其他读者对本书的反响，你同样有机会添加你的评论，或者在一个国际论坛（聊天室）上讨论本书的话题。最后，我在网上注明了本书引文的来源，并向那些用各种方式帮助我写出这些信的人鸣谢。

范围更扩大一些，你可以在我本人的网站（www.alan-macfarlane.com）上看到我的亲身经历和生平，以及我的各种著作和文章，那是本书三十封短信的基础。你还可以浏览来自世界各地的大量影片和照片，以及我的演讲、我出镜的电视片，等等，它们标出了我对本书所述谜团和问题的探索之路，也给这三十封过于简练的信增添了声色。

* * *

互联网确是一个帮手，然而莉莉，我还有很多话想对你说。但我终于勉强搁笔。我要转送给你一首诗，作为一声最好的道别，它是你的曾外祖母，也就是我的母亲艾丽斯，写给我妹妹的：

为爱女恳请

时光呵请慈悲为怀！凶险的世界，
无情地挤压那蜷缩的花叶。
但摧花的岁月不意间悄然逝去，
请赐予一片圣地让她寓居。

让她的成长一直充满惊异，
保佑她的美目永远流溢好奇：
为什么有这块闪光的鹅卵石？

哪来这绸缎的叶,骨质的枝?

交付给她你的万千奥秘——
是彩蝶的衣衫,是白桦树皮。
用你的微风和青草向她求爱,
在夏秒的时分令她释怀。

把她那花一样幽雅的胴体,
放进迦拉海德①高贵的胸臆。
宁静中她将豁然开朗——
男人变作朋友,朋友化为情郎。

时光呵请慈悲温柔,请诲人不倦,
指点她哪里是俗人不及的林园。
那儿的晨曦谁也无法偷走,
每一个早晨都能爱个尽够。

---

① Galahad,亚瑟王传奇中一位品德极为高尚纯洁的骑士,因此而获得圣杯。

译 后 记

这本书的读者是谁？在西方，它的标靶读者群几乎不言自明：是莉莉们，也就是那些十几岁、处于一个开始自省的年龄段、对人类行为方式和社会运作方式不断提出问题的青少年们。但这本书的中国读者是谁？答案却不这么单纯。

在我们中国，当今的青少年以及近几代人都是在《十万个为什么》的陪伴下长大的，通过这本自然科学的普及读物，我们解索了自然世界的许多奥秘：为什么竹子长得特别快？为什么食人鱼特别凶猛？为什么潜水艇能在水中航行？等等。与莉莉同龄、像莉莉一样勤思好问的中国青少年，会不会也思索过她所提出的那一类关乎人文科学的问题：我是谁？爱情是什么？为什么世上有不平等？无疑也思索过，只是由于训练方式不同，我们能够提出的问题或许数量比较有限，譬如我们大概不会问：什么使我们成为个人？民主运行良好吗？然而，不论数量多寡，问题终归是存在的，可惜我们无处寻找参考答案，因为我们没有类似于《给莉莉的信》这样的书籍。

自然科学和人文科学之间仿佛真有一道森然的屏障，以致成为两个互不对话的分立的畛域——这几乎是一个普世存在的现象。然而我们知道，客观世界并非以两个分立的体系在运行，这只是人为的、晚近的、未必永远合适的划分。正如本书作者在"什么是相互关联？"这一小标题下所指出的："我们在学校的学习是分科进行的，比如分成经济学、生物学、历史学、文学、物理学，等等。这很好，很有必要。不过，分开以后，还得把零散知识重新组合起来才对。要想在认知世界的道路上走得很远，我们必须以关联的眼光看待事物。"对于各学科的关联性和相辅相成性，或全部可信知识的整体性，如果举一个简单化的例子，那么我们记得，达·芬奇曾在文艺复兴时代现身说法。不过，虽然强行分开了学科，并将众多的学科大体归类为自然科学与人文科学两个畛域，但一般说来，这两个畛域都很活跃，都在开展着既广泛又高深的研究与实验，同时也都充满怀疑、挑战与创新的精神。如果某地的自然科学十分开放，人文科学却一片寂寥，其中有些学科甚至有点儿讳莫如深，这种现象倒是奇怪的，此中必有值得究问的缘由。

与世界其他地方的情况相比，中国的人文科学当前尚处于起步阶段，或者更准确地说，处于"第二次起步"阶段——因为中国的近代学术建制实际上发端于清末，到了1930—1940年代，中国在人文科学方面已达到一定水准，堪与国际学界进行某种程度的对话。以后人文科学在中国的再度沉寂则是其来有自。比如在1950年代初期进行的大学院系调整中，人文科学由于它的"资产阶级性质"而从宏观上遭到否定，域内一些具体学科如社会学、政治学、法学等甚至遭到取缔。

人文科学的"资产阶级性质"大概无可抵赖，假如我们不质疑这个标签本身的科学性的话。首先，近代学术建制是西方人开创的，人文科学中的许多具体学科是西方人设立的；其次，比起"中性的"自然科学，人文科学更加灌注了西方的价值观。一个很能说明问题的例子当推人类学的来历、发展以及它最初隐含的殖民主义话语模式。作者艾伦·麦克法兰本人也通过多种著作，论及作为西方价值观典型代表的英国观念及其对现代世界的影响。他在本书中列举了一揽子英国观念所包括的各项内容，并以"沙漏"作为隐喻，讨论英国意识形态与现代世界之诞生的关系（第30封信）。在另一部著作中，他直接对中国读者介绍英国如何对现代世界起到一种助产作用："既是通过19世纪大英帝国的强大影响，也是由于一个新文明的诞生，这个新文明最初照搬英格兰方式而形成自己的大部分性格，以后又扩大了自己的影响——它就是美国。"(《英国个人主义的起源》中译本序) 鉴于人文科学所背负的深刻的西方烙印，建国后扬自然科学、抑人文科学的种种举措，不妨说是当时政治环境的需要、当时必然的历史产物。不论如何，其结果便是我们今日看到的人文科学在中国的回复青涩。

近半个世纪之中，几代中国人致力于自然科学的普及与发展，并取得了斐然成就。从基础层面上看，我国大中学校进行的自然科学基础教育非常扎实；从高科技层面上看，我们的神州5号和6号宇宙飞船已经载人上天。尤其到了当今的信息时代，全世界科技领域的每一项最前沿发展都为大多数中国人所熟知。但是世界上人文科学领域的基础知识和发展成果于我们却一直非常隔膜，情况至今没有根本的改善。如前所述，由于训练使然，我们的青少年不大可能提出莉莉那么多的问题，而且我们不知道：人们有必要像了解微积分学中的"极限"、物理学中的"熵"等概念一样，去了解"符号"、"仪式"、"民族国家"等概念，因为这些概念其实同样蕴含着科学的思想方法，助我认知世界。结果，无知者无奈。比如说，当我们看到恐怖主义盛行时，当我们发生遭人诟病的早恋时，我们只是白白地感到困惑或压抑。原来我们的自我认知是这样欠缺啊。值得欣幸的是，中国共产党十六届三中全会提出了建设"和谐社会"，这一理论不仅包含科学发展观，也容括了以人为本的理念。求知的需求，加上良性的气候，似乎在宣示一个人文科学新时代的来临。

所以我们的眼界和阅读范围在新的世纪有望大幅度扩展。英国人以热爱读书自诩。这不是盲目的自大。调查一个普通英国人的书架,你在类别繁多的读物中很可能发现几部社会学或人类学普及读物,他们把这些人文科学书籍当小说一样读,或者给予自然科学普及读物一样的重视。你甚至可能发现相当深奥而专业的著作,因为他们的训练使他们更容易培养这方面的兴趣,同时也因为这些学科在西方是"显学"。如果把这当作某种指数,一个普通中国人的书架会有一个空白。我们需要扩充我们的书架。而如果把人文科学知识的普及当作国民教育程度的一个指数,则我们的基础教育就存在一个缺憾。因此可以主张,进行一次补课是并非不必要的举措,对于十几岁的青少年和缺过课的成年人都是如此。这就回答了"本书中国读者是谁"的问题。

* * *

《给莉莉的信》可以列为我们合适的校外自修教材之一。本书于去年(2005)在英国出版后,立即吸引了多方读者,并引起了学界和读书界广泛的讨论。首先,作为本书的标靶读者群,十几岁的英国青少年"意外地发现它不是一部以导师自居的常规说教,也没有低估青少年的智商"。他们在阅读过程中觉得它的说理"清晰而睿智",并恰如其分地造成了一次"挑战性的"阅读经历,总之,"真诚地认为它是一本好书"。家长们则表示,这本书,"家长也应该从孩子手中借过来读一读",因为它"准确地抓住了未成年人和成年人全都在思考和关怀的问题"。至于英国学界,有学者评论说,《给莉莉的信》"有益地提醒了人们:我们平日对太多的东西不以为意和想当然,而为了这个原因,这本书的读者范围将大大超过作者意向中的读者群。"一位本身就是作家的女士发现了它那"圣经般韵律"的散文风格,觉得这是一本已经"久违的"感人而优美的书。

作者艾伦·麦克法兰向以行文简洁流畅为著述特点,且时常伴有特别的幽默,此外,即使叙说高深的理论,也从不故弄玄虚,与我们这厢常见的佶屈聱牙的文风形成鲜明对照。本书更将他那雅俗共赏的一贯风格发挥到了极致。我们在书中确实会读到许多经文般的格言,如第 10 封信中:"真相是战争的第一个伤亡者,个人的自由和权利则是第二个。"会读到许多隽永的语句,如第 2 封信中:"今天不再有任何一个男人(或女人)自成一岛了。"会读到许多诗意的描述,如第 27 封信中:"我写这封信的时间是五月杪,我们的花园弥漫着正在怒放的忍冬的芬芳,第一茬儿黄玫瑰已经开花,丁香在渐渐地凋敝。我在园中的日本茶室写信,茶室葆含着我们焚过的美妙熏香、我们沏过的馥郁绿茶的记忆。"会读到许多幽默的讽示,如第 29 封信中:"一个把我们当作研究对象的俄罗斯人类学家,或许会得出一个合乎逻辑、然而并不正确的结论:因为我们在语言上不区分这两种蓝色[深蓝和浅蓝],所以牛津大学划艇队和剑桥大学划艇队就雌雄莫辨。"有时候会发现作者故意让你觉得意犹未尽,如第 3 封信中:"老年,是未入老境者绝不能理解的一个境遇。"有时候会发现他用特别的方式加强语气,如第 18 封信中的正话反说:"只要陪审团认为你有罪,你便有罪。你不妨去监狱里或绞架下为你的无辜而抗议,那是你的权利。"就连引文,也都挑选得那样精当,如第 11 封信议论不同的人对天堂有不同的设计时,引用了鲁伯特·布鲁克的诗句:"[鱼们说]有一个地方空间不能逮,时间不能及;/那里有更湿的水,更黏的泥!"他笔下的意象和隐喻也都极有创造性,如影射英国国民性的"鲁宾逊"、论英国影响的"沙漏"等。

  我们中国读者的理解力和鉴赏力,如果不说自有高明之处的话,至少不比任何人低下。2003 年秋本书作者第三度访问中国,曾携稿(当时本书刚刚完成,尚未在英国出版)访问北京的个别青少年和武汉某高中的一个班级。这些年轻的中国读者对本书作出了异常热烈的反应。他们不仅对书中的大部分基本理论心领神会,而且思索过诸如宗教信仰之类在中国不常提及的问题。2005年秋作者应李嘉诚基金会邀请在中国南方几所大学讲学，曾以本书中的若干话题，如"巫术"、"民主"等，作为主题发表演讲，伴同汉译，译文则取自商务印书馆这本当时尚未付梓的中译本。听众主要为社会人类学专业的学生，已受过相当的专业基础训练，但仍认为本书的整个论说和隐含的认知方式使他们深受启发。

* * *

英国由于它的独特历史而对现代社会之形成发挥了不可小觑的作用，又由于它别具一格的国民性而在现代社会的运作上扮演了游戏规则制定者的角色，这是已有公论的事实。故国内有作家在报刊上撰文，不无调侃地总结说："时间上的格林尼治、空间上的经纬度……人权、法律、政治、军事、语言、道德、银行、邮政、铁路、金融、保险、航空、桥牌、赛车、足球……的各种规矩全部始自英国。"（唐师曾，2005，7，26）艾伦·麦克法兰在本书中谈到"游戏"时，也说英格兰人是各种游戏的"大发明家"。至于英国的学术传统和学术地位，在国际上无疑堪称首屈一指。身处这样的位置，英国学者的说话角度有时候难免令人产生一种"英国本位"的感觉，英国人对外国事物的落后性也偶尔有点儿"想当然尔"。作者意识到这种可能的倾向，所以预先说明他是"从一个特定的视角写作，那是一个年长的、白种的、英国的、男性的学者的视角"，议论的重心当然会时时落在英国的特殊经验上，而不避对英国文明的长处"褒扬过甚"之嫌。

然而，如作者本人所希望的那样，也如中国读者将会发现的那样，本书并未囿于英国语境，而是"适度地逃离了这些藩篱"，说出了许多"适用范围更广阔的道理"，它确实可以跨越国界，而成为我们大家脑力活动的良师益友。另一方面，应该说，一定的英国语境并不是不受欢迎的，既然英国文化为世人提供了这么多的借鉴。

在东、西方的一切相异之处以外，英国文明和中国文明至少有一个共同的特点，那就是雄厚的文化底蕴和悠久的历史。在这一点上，我们只会有过之而无不及，因为严格地说，中国属于第一代文明中的而今犹存者，我们积累的文化遗产只会更加丰厚。在我国人文科学开始走上发展之路的今天，我们当以海纳百川的胸怀，汲取西方人文科学领域内某些"显学"的研究方法，借鉴其研究成果，然后深入地、系统地、诚实地研究中国自己的历史、社会、文化和人民，早日告别对西方热门论题的模仿，走出自己的路，为人类的思想宝库作出应有的贡献。

* * *

作者艾伦·麦克法兰是英国著名社会人类学家，剑桥大学社会人类学教授，在学术上有很高的建树，被英国学术院和欧洲研究院任命为两院院士。他的研究范围极其广泛，涵盖历史、法律史、历史人口统计、人类学、社会学，以及数字和视觉媒体。早年毕业于牛津大学以后，他在英国、喜马拉雅地区、日本等地从事田野工作，在此基础上，迄今已完成了十六部著作，包括《英国个人主义的起源》（商务印书馆已于2008年将出版中译本）、《玻璃的世界》（商务印书馆已出版中译本，2003）、《都铎和斯图亚特王朝英格兰的巫术》、《现代世界之谜》、《资本主义文化》、《和平的野蛮战争》等。其中《英国个人主义的起源》被认为在西方知识界引发了一场意义深远的革命，因为它"不仅为史学奠定了一些新的基础，而且清除了史学界最近一个世纪树立的某些伪上层建筑"（英国《新政治家》周刊）。他的各种著作已被译成法文、德文、西班牙文、日文、韩文等多种文字，在几十个国家出版。以《给莉莉的信》为例，其日文译本和韩文译本在英文版出版之后不久即已面世，与英文版几乎同步，而且这本书还将译成其他七种语言。他的好几部著作都曾同步推出英国版和美国版。

尤其值得注意的是，艾伦·麦克法兰的研究成果以多种形式行世，除专著和论文以外，还不乏影视形式，因而他在英国是一位著名的作家和影视节目制作人。此外，他十分重视对数字和网络形式的利用，建立了"数字东方"等若干个学术和个人网站。

近年来艾伦·麦克法兰对中国发生了浓厚的研究兴趣，几乎年年来访，并以讲学、助建研究机构等方式，毫无保留地与中国学者交流，热情帮助中国人文科学的发展。在感谢之余，我们也感到欣慰——进入21世纪的中国是一个学术开放的中国，"内陆之雾：大海莫入"（仿书中语"海峡之雾：大陆莫入"）的时代已成明日黄花。

年已六旬的艾伦·麦克法兰近来深感有必要将他所理解的世界之道晓喻晚生。他的外孙女莉莉今年七岁，已经在缠着他问各种各样的问题，他不难预见，十年以后她会为更多更复杂的问题所困扰，他也不难推定，许多当前十几岁的青少年正在被这些问题所折磨。既然他"不会永远留在这里"，所以他提前写出了这本书，以备答疑解惑，帮助莉莉们"理解这迷乱的和令人迷乱的世界"。给莉莉的这三十封信乃是他积年认知的一个总结，研究过艾伦·麦克法兰其他著作的人会在这里时时瞥见他那些更艰深的论著的影子，只是这些影子如今已变得轻快亮丽，令我们不得不承认，深入浅出地普及学术是一件多么有意义和多么愉快的事业。不过，当教授踱过他家花园里的"思想之路"，走进那间日本茶室，开始伏案写作时，他的肩头并不轻松，因为正像圣者克里斯朵夫一样，他背负着一个孩子。你若问："孩子，你是谁？"他会说："我是未来的日子。"

严潇潇

2006年1月，于剑桥

图书在版编目(CIP)数据

给莉莉的信:关于世界之道/(英)艾伦·麦克法兰著;管可秾,严潇潇译.—北京:商务印书馆,2017(2022.9重印)

ISBN 978-7-100-15376-8

Ⅰ.①给… Ⅱ.①艾… ②管… ③严… Ⅲ.①文化—世界—青少年读物 Ⅳ.①G112-49

中国版本图书馆 CIP 数据核字(2017)第 228855 号

权利保留,侵权必究。

给莉莉的信
——关于世界之道

〔英〕艾伦·麦克法兰 著
管可秾 严潇潇 译

商 务 印 书 馆 出 版
(北京王府井大街36号 邮政编码100710)
商 务 印 书 馆 发 行
北京市十月印刷有限公司印刷
ISBN 978-7-100-15376-8

2017年11月第1版 开本 880×1230 1/32
2022年9月北京第2次印刷 印张 10⅞ 插页 2

定价:68.00元